思想

REFLEXION 15

文化研究：游與疑

編輯委員會

總編輯：錢永祥

編輯委員：王超華、王智明、沈松橋
汪宏倫、林載爵、陳宜中

聯絡信箱：reflexion.linking@gmail.com

網址：www.linkingbooks.com.tw/reflexion/

目　次

思想評論

從女性主義立場闡明資本主義*

安・卡德 著　陸品妃 譯

　　2009年9月23日，安卡德教授應邀至清華大學哲學研究所發表一篇題為 "A Feminist Defense of Capitalism" 〈從女性主義立場闡明資本主義〉的演講。資本主義作為影響社會各個面向的經濟體制，引起很多關於它是否適當以及引發甚麼效應的討論。卡德教授選擇為資本主義辯護，從身為婦女一員的經驗出發，聚焦補充通常不去考慮女性特殊處境的理論說明與建構，明辨資本主義獨具哪些特性能與女性主義立場一致並提昇女人的平等福祉。乍看之下，女性主義與資本主義二者似乎並不相容，因此引人側目而具有爭議性。不過也正基於此，其論述也為資本主義老論題注入另一番新思維與新向度。期望翻譯卡德教授此篇明確析理之文，能助益華語世界再次省察資本主義的可行性，進一步理解女性主義的合理性。特別是就世界性金融風暴而進行亞洲各地社會發展轉型之相關思考時，相信此文值得參考。

*　本文是從於國立清華大學哲學研究所的演講修改精簡而成。謝謝哲學所大方作東、與會者熱切具啟發性的討論。特別感謝陸品妃邀請我訪問台灣、她優秀的評論以及翻譯此文。

　　此次演講訪問獲得清大人文社會學院、性別與社會研究室、社會學研究所支持，譯文亦受行政院國科會博士後研究計畫與專題計畫主持人哲學研究所陳思廷教授贊助，於此敬致謝忱。

譯者識

一、介紹

　　資本主義腹背受敵。從2008年開始的金融危機重現了金融不穩定，儘管許多政治領袖與經濟學家原本認為，這些問題自1929年大蕭條之後早已被消除。資本主義的批評者來自四面八方，他們憂慮環境生態、世界貧窮、已開發國家的勞工職務外包，擔憂人口販賣與奴隸問題。眾多針對高度發展的資本主義所發的批判中，有一支源自女性主義，認為資本主義不僅對自然世界及勞工階級不利，對女人更加不利。女性主義者指控資本主義勢所不免地導向不平等，女人受害更甚於男人。社會主義式的女性主義者則提出一套經濟民主制度版本，聲稱那將改善每一個人的生活，對於女人而言更是如此。

　　我在我們的一本即將出版的書裡論及[1]，資本主義已為20世紀人類壽命與生活品質帶來巨大改變：資本主義促使收入所得躍進——已開發國家的個人平均所得劇升、健康衛生狀況轉變——平均壽命延長50年、人口生育率改變——婦女平均生育從6個小孩降到2個。在本文中我則檢視，不平等如何引起政治亂象與不穩定，而這些問

1　*Capitalism For and Against: A Feminist Debate*, ed. Ann E. Cudd and Nancy Holmstrom（Cambridge University Press, forthcoming）.

題需要仰賴制度性的節制與管理。我將要論說，資本主義若要進步開明而廣受支持，就必須抑制不平等。我從女性主義作爲進步開明的社會運動、以及作爲謀求人類自由的社會運動兩方面，來爲一種有所節制的資本主義辯護。首先，資本主義提倡創新：資本主義支持那些可以改善每個人生命品質與壽命的技術創新，而此情況特別適用於女人。另外更重要的是，女性主義爲資本主義辯護的理由在於它支持社會創新，尤其是針對有害的父權傳統之創新。因此我提出的第二項辯護便是，資本主義反對盲目崇拜傳統、降低了傳統社會對性別與種姓階層的壓迫。

　　資本主義這套體制的特質爲：在無歧視、以法律行之的保障下，資源由未經統合的個體私有，生產以合作的、社會的方式爲所有公民進行，以及在自由、開放、競爭性的市場上進行物品、勞動、服務、物資與金融資本的交換。有關這項定義，我們首先該注意的是，定義蘊含了這套體制本質上即接受社會與政府的約束制裁。自由放任式的資本主義實際上永遠不可能實現，因爲事實上資本主義的興盛乃至於存在本身都需要財產權，而財產權需要藉由立法機關定義，由警察力量保護。無論就經濟上生產與交換所寄身的社會與法律架構如何產生而言，以及就這些生產與交換活動本身的進行來說，這套體制的核心，乃在於社會性質的、合作性質的互動。再來該留意的是，這項定義強調此系統的競爭特性。資本主義是一種合作競爭的形式，也是一套社會接受的規則，每個參賽者都尋求自己認定的最佳利益。它作爲一套社會體制的規範價值，既由比賽的規則而定，也取決於參賽者定義其最佳利益的價值。最後第三項該注意的是，前述定義並不述明資本主義如何與資源分配關連，政府或私人慈善事業可以重新分配生產與交換的結果，但也僅止於某個程度而已。若是透過物品的重分配，以至於打消了民眾開設公司行號

或生產貿易的動機與能力，這樣的體制已非資本主義，或者變成了反資本主義。

我認為資本主義可以開明進步地向女性主義的理想前進。當然這樣的看法頗具爭議性。因此我以討論兩個關於資本主義的批判性問題展開對其辯護。首先，隨著時間的推移，資本主義有沒有為女人（以及其他人）帶來較少的壓迫？提問此問題的方式有二，即往前看與往後看。我認為往後看的答案非常明顯，性別、種族、種姓與其他群體（group）在工業革命之後，都比起之前所受的壓迫來得少，於是我將重心放在往前看的提問上——對於消除現行壓迫而言，資本主義是不是優於其他經濟體制？其次，資本主義使得不平等明顯加劇，是不是意指它是一項退步的社會制度呢？現在我們先探討第二個問題。

二、不平等之議

在我們的書裡我論說，種族、性別、與種姓群體的壓迫狀況原先即存在，並非由資本主義所設定；事情應該這樣看待：在長久以來壓迫那些群體的背景之下，資本主義製造了財富收入的不平等。不過，就算那些壓迫狀況不存在，資本主義依然會產生財富不平等，不論隨其而來的道德或社會不平等是甚麼。針對資本主義提出的不平等抗議便宣稱，資本主義產生不平等勢不可免，並且在道德上不可接受。我們要檢驗這個抗議是否有效，第一必須考量資本主義在所難免地增加或者製造不平等到甚麼程度與地步，第二則是細察構成道德上不可接受的不平等是甚麼。

不平等是兩個主體的關係，並且它係相對於某項有價值之物（good）而言。當一套社會體制降低群體或個人之間相對於某項有價

值之物的不平等，就會在群體或個人之間相對於其他有價值之物的面向上增加不平等。針對資本主義所提出的不平等抗議即認為，資本主義增加了窮國與富國之間、以及個別的貧窮者與富有者之間的財富與收入不平等的差距。此項抗議並非毫無爭議；它取決於納入考量範圍的是哪些國家，哪些時間階段。如何衡量財富與收入的不平等，則是爭議的另一所在。Bob Sutcliffe與David Dollar二位經濟學家基於不同立場就此不平等之議進行論辯，他們都同意以下的說明是對當今世界經濟不平等的基本描述。第一，全球不平等在過去兩個世紀以來穩定成長；不過從1980年起，卻緩慢地走下坡。第二、構成全球不平等的最大因素是國與國之間的不平等，而非國家之內的不平等。第三、中國經濟自從1980年開始的成長，是解釋第一項與第二項成立的關鍵之一[2]。然而，大多數經濟不平等的成長，屬「飆上」("flying top")形式，也就是說，那是由處境較優者在財富與收入的增加所造成，而不是因為處境較差者的財富與收入的降低所導致。其次，那些於此時間階段處境最苦的國家，即是那些未成功發展全球化資本主義經濟的國家。因此資本主義雖然創造經濟不平等，但那主要是透過它正面的財富創造效果，作用到參與全球貿易的國家上，而非經由絕對地貧窮化那些生活在資本主義國家裡的個別公民。

　　但是，甚麼構成道德上不可接受的不平等呢？能夠不平等地分配的物品，可以分成競爭的(rival)或是非競爭的(non-rival)兩類。要說一項物品是競爭的，即指它之被某人享有，就排除了別人的享有。

2　Bob Sutcliffe, "The Unequalled and Unequal Twentieth Century" & David Dollar, "Globalization, Poverty, and Inequality Since 1980," in *Global Inequality,* ed. David Held and Ayse Kaya（Polity Press, 2007）.

地位、政治權力與影響力、或是牙刷，在某個程度上都屬於競爭的。任何物品，只要它歸類於人類安康生活必需品與競爭屬性，道德上來講，它們都應該儘可能平等地分配。但是，財富與收入並非必然歸屬於競爭屬性，這是因為只要總財富是上昇的，它們便不一定得是競爭性的。增加一些人的財富並不必然降低其他人的財富。所以，要是資本主義僅只提昇某些人的財富與收入，而並沒有降低其他人的財富與收入，那麼這種不平等本身便無道德問題。

假使不平等是由不公平而來，那也是它道德上不可接受的一個理由。資本主義本質上帶來不平等是因為，它在市場上分配物品，但人要進行交易行為，則是因為對於物品與服務的需求不同。那些為市場帶來高度需求或相對稀少物資或技術者得到高報酬，但那些並不擁有物資與技術者，在一個每個人自由地為滿足需要與欲望而交換的系統裡，則無法得到同樣好的報酬。如此即為不平等之出現，清楚地提供了一項道德上可接受的理由。但是，當不平等是由暴力與詐欺產生，它們就不是有道理的不平等。當然究竟甚麼構成暴力與詐欺，得由一個社會的政府透過立法與執法來決定。

批評資本主義者常把不平等與貧窮混為一談，引用世界上貧窮者與富有者的相關貧窮統計數字來反對資本主義造成的不平等。大多數贊成資本主義的人同意，嚴重的貧窮在道德上並不能接受，儘管他們彼此對於如何處理這個問題抱持不同意見。多數人辯說，資本主義最能處理貧窮問題，因為它正是創造財富的最佳工具。如同我們先前提到，資本主義創造不平等是透過物品與服務的不同需求，而不同需求正是貿易之所以可能的原因。當人人為生產物品與服務的不同需求彼此競爭時，資本主義也促成了創新，而創新會增加世界總財富。既然不平等是解釋創新的部份理由，不平等於是在道德上變得更可接受。

然而事情並非如此簡單，批評者譴責不平等時確有幾分道理。首先，財富與收入的不平等不可能與政治權力和勢力的不平等切割。資本主義是一套制度性的系統，訂立市場結構的規則、決定所有權、貿易限制的法律管制。其明確的規則與管制方式，可以爲了某一群人量身訂做或施惠某人。就像對那些永遠不可能長得高大如內線球員的矮小球員們來說，有了籃球球賽的三分球長射的規定，從外線長射三分球的能力於是使他們較有價值；同樣的，觸身犯規的執行取決於違規發生的地點是在內線或外線這種規則，也有利於矮小球員。管理資本主義式交換的規則，是由國家內部與國際決定。如博格（Thomas Pogge）指出，國際間可以決定，一個國家的政府是否是其領土資源的合法擁有者，也可宣判它爲非法政府、禁止貿易、或否定借貸特權。國際貿易由世界貿易組織監督，世界貿易組織可以決定某些貿易限制可接受、有些不可接受，以此圖利某些製造商、勞工與消費者或其他。政府從國家內部更能夠決定產權問題，並影響貿易事務。所以政治影響力大大地介入，成爲決定資本主義市場運作的關鍵因素，連帶也影響個人財富與收入的多寡。

個人與國家間的經濟不平等，對於這些治理機構與制度產生不同影響。富有國家以及它們的公司行號，可以用不同方式影響資本主義的制度性規則。他們可以雇用經濟學家與律師，釐清哪些規則對他們有利；他們可以透過聰明的行銷策略促成觀點影響輿論；他們可以操作出對他們有利的合約，因爲他們負擔得起拒絕那些對其較無利的合約，得以遂行其談判優勢；他們甚至可以賄賂有權有勢者，立下對他們生意有益的規則。因此，經濟不平等可以加大不平等，而這並不公平。

其次、財富與收入的不平等，可能產生令人不願接受的不穩定的政治情境，而讓所有人的生活通通變差。即便某種不平等本身在

道德上可接受，但巨大的不平等會引發巨大的嫉妒與挫折，進而造成社會不安、暴力，並腐蝕財富。再者，當眾人不論基於甚麼理由費盡心機想要取得財富的時候，他們較可能陷入無尊嚴或者敗德的交易。女人最可能陷入此境，因為她們通常比較窮，比較不顧一切地想要好好餵飽她們的小孩，也因為她們比較容易受到無尊嚴的對待（而且被迫接受），例如代理孕母的合約、游說賣身作妓、被親人賣掉。墮落因此成為嚴重不平等下一個很可能的後果，特別令女性主義者擔憂。

因此，要說只有當最窮的人是絕對的貧窮時不平等才顯得要緊，其實並不恰當。嚴重的不平等之所以有害，並非指其本身有害，而是因為它那些偏心施惠於富有者的規則損害貧窮者的利益，並且導向鋌而走險、墮落與社會的不安，進而傷害每個人。那麼，不平等應該被消除到甚麼程度呢？要是資本主義可以幫忙消除貧窮，我們需要理解，這必須在消除貧窮與消除不平等之間作取捨。也就是說，完全消除不平等，不啻消除了資本主義，以及資本主義可望帶給處境最差者的利益。制度性的規則因此必須以一種同時消除最糟糕的貧窮和最扭曲的不平等的方式，給予全球貧窮者在全球市場裡較好的競爭機會。儘管資本主義不會被不平等之議所排除，但在一套已經啓蒙開明的資本主義裡，不平等確實必須抑制。

我們不僅可以基於減少貧窮與增加財富來贊成資本主義，資本主義還體現了重要的自由，也就是自由貿易以及自由選擇職業、居所與合作夥伴。要完全享有這些自由，一個人需要有適當的收入以及社會供給的機會，例如教育機會、一個許多不同公司行號與服務業得以活力盎然存在的經濟環境、以及取得資本的管道。這些需求得以成立，代表了更資本主義化的需要，以創造財富與鼓勵投資，但是請容再一次提醒，嚴重的不平等是會減少貧窮者的政治權力，

而這種權力才能確保制度性的規則、讓貧窮者獲得足夠的財富與適當的機會。為了細緻地權衡取捨，我們需要在減少不平等與創造財富（或減少貧窮）之間兩全其美；另外也需要檢視，資本主義增加個人自由以促成這些選擇的種種方式。在我們環顧人類歷史後會發現，在個人自由方面受到限縮最多的，正是女人的自由。

三、從女性主義立場闡明資本主義

　　為資本主義作辯護，通常理由是創造財富或提倡自由；倒是少見說它特別支持女人享有物質安康或自由的生活。資本主義改善女人物質安康狀況的方法來自於提升她們壽命品質與長度的科技創新：科技提高母親的平均壽命、嬰兒更健康、節育，以及減少婦女的家務勞動。資本主義為女人提供這種最重要形式的自由，靠的是它破壞傳統文化的傾向，或者說，從根本上將傳統文化轉型。我所謂的傳統文化，指的是在其文化之內，社會角色與關係由傳統規則與規範決定，一個人的位置則由這些根據他們出生時的地位之規則所決定，而不是因其本人的作為、功過、或個人偏好。傳統可以定義為一套受人遵循的信念與價值、儀式與實踐，不論是正式或非正式、言明或非言明者所構成的文化。由於傳統構成社會意義，壓迫的信念與欲望即循此產生。

　　我們關於價值的很多信念是從文化來的。我們小時候從父母與其他長輩那裡開始學起，他們則由他們的長輩那兒學來。傳統文化使每個人習於根據各個人被給予的地位評價彼此。我們很少有理由去質疑被給予的價值，而傳統文化則常以排擠之苦與暴力，威脅我們接受這些價值。我們的某些背景信念構成了共享的文化意義，允許我們形成信念與欲望，再藉著這些信念與欲望，來理解以及質疑

另外的信念與欲望。

　　另一種從文化學習價值的方式，即是透過各類職業的相應地位。傳統文化中，宗教領袖享有最高地位。宗教傳統將女人排除在神職人員之外，排除她們享有最高地位職業的可能，並以此教導我們，女人比起男人沒價值。傳統文化也賦予母親地位，但是這個方式通常是女人可以獲得地位認可的唯一模式。有這麼多母親，宗教領袖卻鳳毛麟角，因而母職雖也被賦予某種尊重與榮譽，不過卻非權威，並且仍舊比不上給予男人的那種尊重與榮譽。

　　宗教建立家庭生活的方式，為女人與男人在家庭生活中所扮演的角色的正當性提供了說明。在多數文化裡，婚姻首先是一項宗教事件，再來才是一項民權地位。以基督教立誓的婚姻，要求女人「榮耀與服從」丈夫，但並不要求丈夫服從他們的妻子。回教以不對稱與不平等的方式，規範男人與女人的角色，給予男人主控公共事務上的地位。同樣地，所有非改良式派別的猶太教，都規定女人與男人的職務不同，而且不能當祭司。世界上沒有一個主流宗教及其分支，平等地對待女人與男人。另外宗教還進行性別與性欲的建構、加強性區分。

　　女人的欲望已經被傳統父權文化鑄模。拉丁美洲民間文化裡的「聖女」（marianismo）是與「男子漢」（machismo）相對應的角色；聖女相信女人在道德上與精神上比較優秀，但仍應該服從男人，其優秀正彰顯於她們的自我否定與自我犧牲。「聖女」喜歡她們的男人如願，猶勝過自己願望的滿足。還有一個例子是，非洲女人強迫女兒行陰蒂切除手術，因為她們認為那將使女兒更漂亮，男人也比較容易選擇與這些女孩結婚。兩個例子裡面，女人所擁有的欲望在獲得滿足之際，都正好協助維繫了讓她們產生這些欲望的那一套壓迫結構。

在傳統文化裡，宗教制度主控並且決定地位、物品與勞動的分配、以及其他個人與集體的權利。宗教制訂甚麼應該做、甚麼不應該做的規範，規定一個人是不是能夠毫不畏懼或不帶羞恥感地公開出現、誰應該服從誰。由於宗教主控物質與心理生活的每個面向，宗教有力量決定一個文化會是正義的或是壓迫的、至少有起碼的活力或是貧瘠得毫無希望、平等的抑或階層的。然而，就算一個傳統文化是壓迫的、貧瘠的、階層的，受偏袒的既得利益群體照常作息維持自己的位置，再透過宗教操作，社會因而十分穩定而難以改變。

在傳統社會裡，女人不僅因為社會地位比較低所產生的心理效應而受害；比起非傳統的資本主義社會的人，客觀上她們也處於較差的物質環境。女人在傳統社會擔負較高的生育率，平均壽命較短，也比較容易死於分娩[3]。這些國家通常比較窮，而當它們變得比較資本主義而開始改革時，卻仍舊以傳統為名，施行對女人的束縛，女人一樣被視為較無價值的存有者、吃得較少、受較少教育、不像男人享有那樣多的行動自由。女人在傳統社會的收入，通常也比在資本主義的非傳統社會少，尤其相對地少於男人[4]。傳統社會的性別相關發展指標與資本主義社會的差距很大[5]。女人比較不容易握有政治

---

3 有項估計顯示，截至1983年，每年有50萬婦女死於分娩，其中49萬4千人處於發展中國家。死亡率最高發生於非洲（在西非，每萬人出生的比例中，有70婦女死亡），與南亞（每萬人，有65人）。持續性的高生育率和隨著年齡與時俱增的風險，婦女在一些發展中國家婦女所處的低階社會地位，以及長期使用未經訓練或受到較差培訓的助產人員，似乎都是這些數字背後的主要因素。見 James C. Riley, *Rising Life Expectancy* (Cambridge University Press, 2001), p. 115.

4 Human Development Report 2007/2008, Statistical Update 2008, http://hdr.undp.org/en/statistics/

5 The Gender Related Development Index（GDI）說明衡量壽命與健

影響力。一般而言，傳統社會給予女人的生活正如霍布斯所言，粗鄙、野蠻而短暫。

　　資本主義藉著提倡創新與自由對抗傳統。首先，資本主義本質上直接提倡會改善生活品質與壽命的技術創新，對女人尤其有此效果。創新是社會物質進展的主要方式，而資本主義向來提供創新的動機。在一固定的科技組合之下，勞動的生產力之增長總是有限，資源也只會因為生產的消耗而愈來愈少。一項科技有其壽命，終有一天很難再靠那項科技取得利潤。創新是必要的。創新帶來新技術與資源的利用；成功的創新在製造、資訊傳遞與管理、人類交通、以及我們一般而言的生活方式各方面，帶來巨大的改變。

　　資本主義是我們所見唯一能夠帶來如此快速與革命性科技改變的一套體制，我們現在生活的方式，其實正是這種改變的結果。以20世紀的歷史為例，在非資本主義國家裡，唯一重要的技術創新是由政府介入的企業，而且主要是國防事業。將創新侷限在這些地方，會減少企業全新科技創新的可能機會，這是因為政府集中心力想要發展的領域項目，即使是在實施極度計劃經濟的國家裡，仍舊不如由私人、個別公民在多元利益驅策的經濟下企圖發展的項目。這意思不是說，非資本主義國家不求技術效能的進步。眾所皆知，在法西斯時代的義大利火車總是準點。但是這種容易在非資本主義國家

（續）

　　康、教育、生活品質的統計數字，再根據統計數字中的性別不平等扣分。在這項指標裡，北美與歐洲國家比起富有的傳統石油輸出國如葉門、沙烏地阿拉伯，表現大幅領先。United Nations Development Programme, "Measuring inequality: Gender-related Development Index（GDI） and Gender Empowerment Measure （GEM）," Human Development Reports, http://hdr.undp.org/en/media/HDR_20072008_Tech_Note_1.pdf（accessed September 5, 2009）

冒出頭的科技進步，其實都是一些發展有限的東西，而不是革命性的創發，如火車頭、電話、汽車、飛機、電視、電晶體、或個人電腦、以及更涉及本文主題的創新如洗衣機、縫紉機、避孕藥丸。

由資本主義間接帶來的社會創新更是徹底，尤其是在破壞有害的父權傳統這點上。透過提倡人、觀念、與事物的流通，技術創新很快地造成社會的變化。資本主義的發展讓女人走出家庭，由於她們在勞動市場的產值高於家務勞動，她們開始走入公共生活。透過混雜不同的人、文化實踐與事物，資本主義讓女人與男人都接觸種種新觀念。資本主義減少傳統社會對性別與種姓階層的壓迫。那些想要維持傳統文化的人，必須與資本主義引發變動的傾向對抗。

時至今日，很多文化都走到十字路口，或者繼續其傳統的、充滿宗教性的文化，或者容許資本主義將其文化質變到一個無法回頭的地步。資本主義把許多文化帶到這種分水嶺，因為它引導會割裂盲目崇拜傳統的信念與欲望，也因為它引介自己的拜物教，取代了對傳統的盲目崇拜。資本主義所提供的，不僅是交易的新方式，也是一種看世界的不同方式。

資本主義供給顛覆傳統的四種機制，形成終結父權壓迫女人的一條路徑。物質上而言，資本主義擴大女人機會的選項，轉移傳統形貌扭曲的欲望與錯誤意識。藉由提供女人工作與薪資，資本主義為女人製造家庭以外活動的機會，以及能夠打開眾多門戶的收入。許多發展中國家，我們主要指那些男人人力資本相對較低的國家，不消多時女人便能與男人競爭相同薪資。這給予女人在家庭與社區內較大的談判能力，因而也有較大的能力抵抗其社群裡的男人對她們的暴力與剝削。資本主義也提供女人成為企業家，也就是自己當雇主的選項。由孟加拉的尤努斯創立的葛萊敏銀行及其許多的社會企業分支即是具體證據，證明這是發展中國家的女人一個真實可行

的選項。

　　資本主義為顛覆傳統文化提供的第二種機制，是個人權利的意識型態，而女人可以用來去除傳統的性別意識型態。資本主義主要從極大化個人自由來推導其合理性，資本主義社會宣揚個人主義的意識型態，有助於拆除父權與性偏見的傳統文化規範與實踐。傳統社會常見的反對避孕與禁止墮胎便是例子。資本主義之下，教育不足的孩童和技術不足的勞工比較不具價值，以此直接提供了動機，對抗產生童工，因為加強教育孩童為其進入成人就業市場作準備，是更有利的。資本主義也間接地誘使生養較少子女，好讓家庭能夠好好地負擔嬰孩的營養與健康照顧。即使到了資本主義社會，女人與男人仍舊都必須抗拒傳統扣留女人生育與身體自主權利的力量；而資本主義所強化與依賴的個人主義意識型態，也幫助女人與男人，看清女人的價值在於她們自己有價值，而不只是因為她們履行了社會界定的從屬角色。至少，她們是有自己偏好與品味的消費者，而那會使市場想要去迎合她們。資本主義也是自由主義世界觀的一部分，最重視個人與個人自主性。一旦個人權利的意識型態變得廣為人知與討論，認為女人比較差的錯誤信念便會被質疑與駁斥，進而挑戰那些視女人為次等的評價。

　　第三，倡議自由市場交易的同時，資本主義也提倡互利觀念。亞當斯密看不見的手，即是這個觀念的一種原創性表述。在資本主義裡，每個人追求自己的利益，而群體的利益亦隨之而起。互利觀念的另一項表述則是雙贏賽局，每個參與者都能同時得益。遵循一個管控得宜系統內的規則，每個人以不犧牲他人的方式，達成自己的目的，也不會有一將功成萬骨枯之事。互利觀念反對女人在預期沒有利益的情形下，為了他人犧牲自己的利益。資本主義即以這種方式，將平等觀念神聖莊嚴地載入市場交易本身。

　　最後，因爲資本主義提倡創新，資本主義政府與公司行號因此提倡科學，視爲通往科技創新的路徑。科學提供批判分析信念的工具，因而是一種揭露與摧毀錯誤意識的方式。爲了尋求具有創造性、創新的勞動力量，成功的商號尋求受過高教育、以及從廣大不同背景來的員工。若一個社會要鼓勵這樣的創新，它需要教育不同生活背景出身的個人，增加能夠發明新科技與新生活方式的創意人才。但是這樣廣泛分配的教育面臨一個難免的副作用則是，個人將有批判能力，質疑當前世代的盲信。資本主義以這種方式，也創造了條件，犀利地批評對資本主義的盲目信仰。

　　其他不同於資本主義的選項，如經濟民主、市場社會主義，也能供應有別於傳統文化的世界觀。但是它們比較不能成功地幫助女人對抗壓迫條件。因爲它們並不誘發創新，所以儘管提供了改變機制，卻不那麼有效。首先，市場社會主義提供女人工作機會，但也會以傳統迫使女人接受。對照而言，資本主義給她們與男性夥伴提供誘因，先激發一些物質生活上的小改善，最終則帶來自我形象與期望的大轉變。如果自我形象的改變可以終結對女人的壓迫，市場社會主義的方式是由上而下強迫置入的自我形象。其次，市場社會主義以社群主義價值來取代自由主義的價值，但社群主義價值並不完全反對傳統文化。最後，傳統社會的經濟民主不太可能支持科學。就算支持，市場社會主義的創新誘因微弱而貧乏。其利益散及整個社群而非個人，但是成爲創新者的終究得是個人。

四、進步的資本主義

　　對於有助於終結壓迫女人的科技與社會創新，進步的資本主義必須鼓勵；對於有助於維持貧窮者與富有者之間的不公平的平衡狀

態的惡行，進步的資本主義必須著力減少。關於資本主義與社會主義的爭辯常被極端化；要不就否定資本主義與創新之間的連結，要不就否認或忽視經濟的不平等抗議所具有的道德牽動力量。我相信，在1980年代起柴契爾與雷根開始提倡的新自由主義、與主張消滅私有資本的經濟民主這兩個極端之間，有一廣大的中間地帶。在本節，我將勾勒那既能夠回應創新訴求、又能回應減少不平等訴求的資本主義的組成要素。

回想一下前文所定義的資本主義體制：在無歧視、以法律行之的保障下，資源由未經統合的個體私有，生產以合作的、社會的方式為所有公民進行，以及在自由、開放、競爭性的市場上進行物品、勞動、服務、物資與金融資本的交換。這樣的體制所要求的不歧視他人，根據的理由可以是純粹經濟上的理由，也就是說，在經濟考慮之外在對人作區分，則無效率可言。進步的資本主義不只應該積極推行無歧視；基於相同的理由，它也應該抵制一切對勞動力進行隔離的措施。只有當所有人，不論他們被賦予的地位，都可以自由參與市場互動，那個市場才是能夠自由有效率地運用所有個人才智的市場。因此，進步的資本主義市場會避免性別隔離，並運用政府的力量提供動機，消除工作場所的性別隔離。對於女人而言，這點尤其重要。因為我們已經發現，即使歧視已被解決，隔離仍舊是女人經濟上從屬於他人的主要原因。進步的資本主義會努力減少歧視女人，並且在勞動場域整合男人、女人和所有種族與族群。

前文對於經濟不平等的討論，已經辨明三項不平等之所以在道德上不可接受的理由：第一、不平等會不公平地影響政治決定，施惠富有者；第二、不平等會讓人產生絕望感，而簽下貶低自己的契約；第三、這樣的絕望感也激發社會暴力和動亂。進步的資本主義必須盡可能反制這些傾向，但同時維護科技的與社會的創新這些讓

資本主義進步的動力。

　　要對抗上述不平等第一種後果，最重要的改變是政治的，而非經濟的。進步的資本主義，只能存活於政治影響力平等化的政治制度之內。富有者以四個方式影響政治決定：釐清哪些規則對他們有利；透過較高明的行銷策略，向決策者推銷他們的觀點；富有國家可以操作出對自己有利的合約，因為他們負擔得起拒絕那些對其較無利的合約，遂行其談判優勢；有錢的公司行號甚至可以賄賂有權有勢者，訂定對他們生意有益的規則。相對於此，政府可以透過補助獨立的經濟與政治研究來反制富有者，研究的內容為經濟政策的效應，相關經濟不平等以及阻止推銷特定經濟與政治決定的法律。同樣的，全球性治理經濟的機構可以透過罰則，對付以市場力量訂立對其生意有利規則的富裕國家。這些機構應該設法維持均等與不偏私的規則，使得全球經濟競賽裡的大小球員在整個賽局中都具有同等價值。這些方法不大可能會扼殺創新的動機，因為它們只會使競賽更加公平。如此，這些方法也將吸引更多可能的競爭者來創新。

　　規則若是訂得比較不偏私，就比較不會有絕望的個人與國家。另外我們應該防範有人可能簽訂種種自貶身價的契約，例如娼妓、奴僕、代理孕母、販賣嬰兒、奴役孩童。社會需要論辯討論，決定哪些種類的契約不可接受。同時社會也需要探討，哪些可接受的經濟妥協其實損及尊嚴。例如，女人基於負擔不起養育小孩的理由，感到被迫決定終止懷孕，是可接受的事情嗎？抑或社會應該提供適當的方式，讓她們有尊嚴地養大孩子？只要這類決策事關經濟，進步的資本主義社會決定考量哪些契約其實損及尊嚴時，就必須將這類選擇納入考慮。

　　絕望也可能導向社會不安與暴力，但是進步的社會必須不被這個事實挾持；否則，暴力可能取代文明的辯論與建設性的競爭。我

們假定，社會暴力橫行，對於霸道者之外的任何人都沒有好處。為
了避免發生這樣的事情，進步的社會需要確保沒有任何一個成員的
生活狀況落到經濟安康的程度之下，結果社會的階層流動為不可
能。進步的資本主義社會要以特別優待、投資年輕人等作為，以示
社會支持。例如，國民教育、以及為那些父母無法負擔健康照護的
孩童提供健康照護，這些投資在未來會為社會創造更多更好的合作
成員。進步的資本主義也會對課徵較高比例的遺產稅，用那些稅收
來確保教育機會與健康照護，讓人民能夠最佳化地運用手中握有的
機會[6]。

　　消弭不平等有助於增進個人參與市場互動的能力，如此能夠從
互利的基礎來說服處於優勢者採納。教育事業儘可能地培養大多數
人成為創新者和能夠進行反思批判的思考者，如此將有效地增進市
場互動的效益。因此，進步的資本主義會提供所有能夠讓孩童未來
參與市場互動的資源，亦即讓所有資格符合的學生能夠繼續尋求更
多更高的教育。

　　為了供給社會服務，需要對現存公司行號與個人課以累進稅
率，使稅率本身不偏好富有者。然而，假如給予差異性課稅，富有
者可能傾向不創新或者不創業。在甚麼狀況下，諸如教育與健保這
類公共財的供給變得太沉重，以致侵蝕資本主義的企業家精神，進

6　進步的資本主義可以發展成類似羅爾斯所謂的「產權擁有民主」
　("property-owning democracy")，但是仍舊不應與自由主義式的社會
　主義或者經濟民主相混淆。產權擁有民主藉由排除以下三者：財產
　繼承、政治系統裡被財富所影響的偏私、以及不平等的教育機會，
　為個人尋求發展平台的平等，並且允許資本主義決定財富分配以及
　民間管控自己的公司行號。See Martin O'Neill, "Liberty, Equality and
　Property-Owning Democracy," *Journal of Social Philosophy* 40
　(2009): 379-396.

而消頹其創新傾向呢？有意創業的企業家與創新者，若是看到納入更多社會合作者所帶來的價值，或許就不會那麼埋怨課稅，反而自發地投身於創業活動。社會問題本身，往往正是創新的誘因所在。另外，當社會變得在經濟上更平等，中小型的絕對創業利潤（entrepreneurial premiums）將會變得相對的大。依此看來，技術的和社會的創新確實可以在進步的資本主義裡繼續發展。不過必須承認，平衡點究竟落在哪裡，確實還有些神秘，而答案也取決於所採取的路徑。在人類面臨這麼多社會、環境與健康的衝擊之時，社會不去滯礙創新的動力，至關重要。

　　透過提倡創新以及體現個人權利的意識型態，資本主義反對壓迫。進步的資本主義自覺地運用在個人主義與反壓迫之間的這種關係。資本主義不屑與反對個人權利的個人或群體為伍，為的不僅是維繫個人權利與反壓迫之間的意識型態連結，也為了提倡互利此一理想——資本主義的養分所繫。進步的資本主義以自願交易的邏輯，將互利制度化，落實了「沒有人要在預期沒有利益的情形下，犧牲自己的利益」這個理想。進步的資本主義既然反對壓迫，自然而然地便與女性主義方向的政治轉型結盟。

　　安・卡德，美國堪薩斯大學哲學教授。學術領域涵蓋社會與政治哲學、社會科學的哲學、女性主義理論、決策理論、經濟學的哲學。除有著書《分析壓迫》（2006），亦發表多篇期刊論文。

　　譯者陸品妃，清華大學人文社會學系兼任助理教授、哲學研究所博士後研究員。研究興趣及於平等，女性主義理論、與法律政治經濟社會哲學。著有期刊論文〈「不平等」的平等〉（2006）、〈從平等到履行約定：霍布斯的正義動機與理性利益〉（2009）。

值得與平等：
論平等主義的困境*

祖旭華

一

　　沙特說：「人的出生有如一粒種籽被丟擲到這個世界上，有的人落在肥沃的土壤中，有的人則落到乾瘠的岩石縫裡。」這很生動地描述了人類的生存處境。在我們的社會當中，有人天生就比其他人幸運，不僅僅嘴裡含著金湯匙出生、擁有富裕的環境，甚至天縱英明，擁有比別人更多的聰明才智。這些先天上優渥的條件，使他們比一般人更容易創造出成功而美好的人生。我們不得不承認，這些人比一般人幸運得多了。相對來說，有些人出生在貧困的環境中，聰明才智也比不上一般人，甚至有些人是帶著先天上的殘疾缺陷來到這個世界，似乎是受到了命運的捉弄而注定比一般人坎坷。他們若想要在這社會上成功，就必須付出比一般人更多的努力或代價，堪稱不幸。但是，有沒有人生下來就值得（deserve）他的幸或不幸呢？換句話說，有沒有人值得擁有他天生的聰明才智與其優渥的環境呢？撇開宗教上頗具爭議的因果報應論不談，我們可以很確定地

＊　筆者要感謝台大哲學系林火旺教授曾與筆者討論本文的初稿。

說，答案是否定的。因爲既然我們無法選擇出生的環境、也無法選擇擁有多少聰明才智，卻單單只是因爲這些天生的不平等，就使得一個社會中有些人有更大的機會過得比另一群人幸福，顯然是不公平的。

二

以上的論述爲許多學者所主張的平等主義（egalitarianism）譜下了基調：羅爾斯認爲，既然出生帶來的天生稟賦不是當事人所該得的，那麼就應該被視爲公共資產，而這也意味著，因爲先天不平等所造成的資源分配不均應該受到矯正，並重新分配資源；鼓吹平等主義的健將德沃金也支持這種看法，他認爲資源的重新分配是絕對必要的。但這些平等主義者都預設了：沒有人在先天上值得他們的聰明才智與環境，因爲他們的聰明才智與環境，並不是他們付出代價掙來的，而完全是運氣所造成的結果。不過，這個預設表面上看起來十分符合直覺，事實上並不能支持平等主義；相反地，這個預設會導出令平等主義者也難以接受的結果。加拿大籍的政治哲學家納福森就認爲：若真的沒有人值得他們的聰明才智與環境，那麼沒有人可以說是值得其因聰明才智與環境所得來的成果，因爲聰明才智與環境完全是運氣使然，並非他們該得的，所以當他們靠著聰明才智與先天優渥的環境，而獲取了比一般人更多的資源時，他們自然也就不應該享有這些資源。然而，納福森認爲，我們並不能因此就說這些資源一定得被視爲公共資財、應當與社會中資源相對匱乏的弱勢共享，因爲如果硬是要這麼說的話，這會引導出一個荒謬的結果：相較於出生在貧苦環境且具有先天殘疾的弱勢族群，我們一般人也不具有更多資格可以擁有比他們更好的聰明才智與環境，但

若是沒有人真的值得其聰明才智與環境得來的結果，那麼一般人因其聰明才智與環境所促成的任何成就或成果，都是我們隨時可以剝奪並重新分配的。但這顯然流於專制，是平等主義者所無法接受的結果。

若要避免產生這種情況，平等主義似乎就不宜再堅稱沒有人值得其聰明才智與環境。退而求其次，平等主義一個比較合理的基礎似乎是：**相較於其他人，沒有任何一個人有資格擁有更多的聰明才智與其天生的社會地位**。換句話說，每個人的確值得他們的某些聰明才智與天生的社會地位，只是就這些天生的不平等而言，沒有人值得比別人擁有更多；否則的話，要是真的沒有人值得他們的聰明才智與天生的不平等，那麼我們因之而來的一切，都可以說是我們所不值得的，而一切我們所不值得的，任何人都可以隨時隨地予以剝奪，進行資源重新分配。

然而，即便平等主義退而求其次，承認我們的確值得我們的一些聰明才智與社會環境，這也無法使得平等主義成為一個站得住腳的主張，因為若是我們值得這些聰明才智與社會環境，那麼我們也理所當然值得靠著這些聰明才智與社會環境所得來的成果與成就，否則，說一個人值得他部分的聰明才智與社會地位，就只不過是空話。而若是我們值得我們的成果與成就，那麼顯然地，我們運用天生的聰明才智與社會地位所形成的成果與成就，在社會現實運作的框架下，一定會因人而異，所以必定還是會造成每個人的成就與擁有的資源是不平等的。

由此可見，平等主義陷入了一個兩難：若是主張沒有人值得他們的聰明才智，那麼這會推導出一個荒謬的結論：一般人的成就隨時都可以被剝奪。這顯然不會是任何支持平等主義的人所樂見的結論；因為如果不能保有自己的成就，那麼人就沒有任何需要努力的

理由了。就另一方面來說，平等主義若是主張人值得他們的部分聰明才智，那麼平等主義就必須承認：運用此部分聰明才智所得到的成就必須屬於這些人，否則，說這些人值得他們的部分聰明才智會變得毫無意義。然而，若是這些成就必須屬於這些人，那麼這些成就也必定會因為社會運作的因素而有多有少，那麼這顯然有違平等主義的精神。

三

　　平等主義者可能會做以下的答辯：他們仍然主張人不值得自己的聰明才智，但是他們否認人的一切成就僅與其聰明才智和天生的社會地位有關，他們認為，人的成就之中，也有部分是因為自己後天努力而來的成果。所以當他們主張人不值得他們的聰明才智之時，乃意味著純粹只因為天生的聰明才智與社會地位而得來的成就，應該被視為公共資產，而並非認為人的一切成就都可以變為公共資產。因此，只有公共資產必須要重新配置，至於個人後天努力的成果，乃是個人後天的成就，個人有權利保留，如此人也才會有努力的動機。而每個人所獲得的報酬，則根據每個人付出的努力有多少來決定。就這個原則而言，應用於每個人也都是平等的，因此平等主義還是可以成立，即便每個人所獲得的報酬的結果是不平等的。

　　以上的論述引申出兩個問題：第一，為什麼後天努力的結果，人才有權利保留，而天生聰明才智帶來的成就，就必須被視為是公共資產？平等主義者可能會回答：因為沒有人值得他天生的聰明才智，而人後天的努力才是人真正所值得的。然而，我們還是可以追問：為什麼沒有人值得他天生的聰明才智？而為什麼人卻值得他後

天的努力呢？平等主義者可能會回答：天生的聰明乃是幸運的結果，所以沒有人值得這種天生的聰明。但這種回答無疑是預設了：每個人所值得獲取的事物都應該是其努力的結果，而非幸運的結果。但若平等主義的論點是奠基於此預設的話，其理據未免太過薄弱而顯得不具說服力。因為基於同樣的理由，我們可以說我們的生而為人，甚至我們的出生，都不是我們努力的結果，在此理由之下，我們甚至不值得生而為人，那我們何嘗比豢養在家中的小貓小狗付出過更多的努力、爭取到生而為人的資格？我們甚至不值得來到這世上，成為一個生命體。畢竟，如果說沒有人值得生在富裕之家，因為此乃是幸運的結果，那麼為何不能說上千萬個精子中、只有一個能夠成為受精卵不是幸運的結果呢？如果平等主義者認為，基於沒有人值得他幸運而非努力結果的這個理由，而主張人的聰明才智與社會地位間先天的不平等應該泯除，那麼他有何一致的理由，可以主張人與動物間、人與非生命體間的先天不平等不用被泯除呢？畢竟，從平等主義者論述的基調看來，有誰可以說我們值得生而為人呢？如果平等主義者認為此不平等也要泯除的話，那麼顯然一隻青蛙、一條阿米巴原蟲、甚至一塊石頭，都要與人類一樣被平等地對待才符合社會正義，這種論點只是使得平等主義變得荒謬。

　　第二個問題則是：哪些是單單因為聰明才智引起的成就、哪些是單單因為辛勤努力所引起的成就，真的能夠截然劃分嗎？如果不能的話，那麼將某人的成就視為是公共資產而重新分配時，我們能夠斷言所重新分配的成就真正是因為其聰明才智所引起的嗎？如果不行的話，這就表示任何的重新分配，都有可能損害到個人因辛勤努力所引起的成就。而個人僅僅值得他努力而來的結果，如上一段所顯示，此乃是平等主義基本的預設，如果平等主義者連此都否認的話，那麼其說法無異是自相矛盾。

　　一個人的成就往往是幸運加努力的結果，所以若說一個人不值得他的成就，也就是說他既不值得他的幸運得來的成就，也不值得他的努力而得來的成就。因此，說一個人不值得他的幸運得來的成就，不代表他不值得他整體的成就，因為他的整體成就之中有可能有他個人所付出的努力而得來的成果。平等主義者若想要重新分配因天生幸運而來的成就，就必須清楚地區別在一個人的成就之中，哪些是由天生不平等而來的、哪些是由努力而來的？但這兩者在實踐上似乎是很難區分的。

　　海耶克舉了個例子來說明：有兩個歌唱家，聲音一般美妙，每次演出都可獲得一百美元。但其中一個是苦學而來的，另一個則是天生的好歌嗓，然而實際上她們獲得的報酬，並不會因她們的努力程度不同而有所差別，而是端賴於她們的表現。因此若我們要泯除天生才能所造成的不公，那我們就必須在聽到她們曼妙的歌聲時，區分有多少是出於努力、有多少是出於天賦，再據此來重新分配她們的所得，以達公平。但如何區分是很難辦到的，所以若要重新分配成就時，就可能會剝奪了人的努力，而這和平等主義的預設——人至少值得他純然由努力得來的成就——相互矛盾。

　　那麼平等主義者要如何為自己的立場辯護呢？如果講究平等在實踐上會如以上所述般剝奪了人的努力結果，但有個好理由這麼做，那麼平等主義似乎在某種程度上還是可以成立。

四

　　羅爾斯就認為，所有值得的概念都預設了社會合作。我們似乎不難想像若在社會不合作、你爭我奪的情形下，根本不可能有人可以主張自己值得什麼東西。羅爾斯說：

既有的公正合作制度建立了一套公共規範與公共期待，那些希
望過得更好的人們，若實踐了這個制度下所獎勵的行為，那麼
他們的確有權利擁有他們的好處。在此意義下，較幸運的人可
以擁有他們較好的處境，他們的較好的處境乃是社會機制所確
立的合法期待，而整個社群有義務達成這些期待。但這種意義
下的值得只是一種資格(entitlement)，預設了合作體系的存在[1]。

羅爾斯很明白地表示，值得的概念必須預設社會合作，但社會
合作又必須要有公平的合作條件，所謂的公平合作條件對平等主義
而言，就是沒有人值得其天生的不平等，而所有因天生的不平等所
得來的好處，都應該重新分配，所以社會合作的前提又必須奠基於
平等主義之上。

如此看來，平等主義似乎在某種程度上又可以成立。因為雖然
實行重新分配可能會剝奪了一些個人努力的結果，而使得個人喪失
了一些努力的動機，也會使得社會變得比較沒有效率，但是基於社
會合作的考量，兩相權衡之下，平等主義者認為社會合作還是比效
率來得重要。畢竟，主張任何人值得他的成就，必須要在社會合作
的前提下才能成立。

但必須考慮的是：值得的概念必須要預設社會合作嗎？是不是
如果社會不合作，說某人值得他努力的成就即變得毫無意義？的
確，或許不難想像，如果社會不合作的話，那麼每個人努力的成就，
就沒有保障，那或許每個人將處於霍布斯所描述的自然狀態。

但是必須想想，社會合作的目的，難道不是為了獲得我們成就

---

1   John Rawls, *A Theory of Justice* (Oxford: Oxford University Press
     1999), pp. 88-89.

的保障嗎？如果是的話，那麼只因爲我們的成就只有在社會合作下才能獲得保障，據此來斂取我們的成就，這難道不是一種不一致嗎？

若缺乏社會合作，那麼個人的成就或許就會失去了保障，但失去保障是一回事，而說一個人因此就不值得他的成就是另外一回事。舉例來說，在缺乏社會合作的情況下，小華努力認真地去打獵覓食，並靠自己製作了許多生活日用品，而小明卻是遊手好閒、無所事事，專靠扒竊維生。有一天，小明偷了小華冒著生命危險所狩獵到的一頭山豬、以及花了三天才做好的長矛，難道我們不會認爲，小華比小明更值得擁有那頭山豬與那支長矛嗎？如果會的話，那麼這就顯示了值得的概念不同於獲得保障的概念，並不需要預設社會合作。

由此可見，在慎思判斷之下，值得的概念先於社會合作概念。人們先意識到有些東西是屬於自己的，乃是自己努力的結果，個人欲保障這些東西不受他人侵害，因此才有必要與他人社會合作，所以社會合作是手段而非目的。倘若社會合作是目的而非手段的話，那麼便可以順理成章地以社會合作之名，剝奪人的一切努力結果，這顯然有違我們道德上的直覺與審慎的判斷。既然社會合作的目的之一，是保障個人所值得的成就，那麼以社會合作之名剝奪個人成就，似乎就不合情理。

誠然，社會合作爲個人帶來的利益，遠遠超過比社會不合作中個人所能擁有的成就，但這不代表個人值得的概念需要預設社會合作。的確，鮮少有人會不同意因社會合作所帶來的利益應該公平地分配，而在分配的時候，個人貢獻了多少、值得這些利益當中的多少，當然必須建立在有此社會合作的前提上，但這也不代表值得的概念必然預設了社會合作。如前幾段所說，我們可以毫不矛盾地想像，沒有了社會合作，個人仍然值得他的成就，即便此成就會比他

在社會合作情境下時所獲得的來得少。所以，要說個人值得他的成就，前提不一定要是社會必須合作，但起碼必須是他的成就乃是出自他努力的結果。但哪些成就是出自於個人努力的結果、哪些成就是出於個人的聰明才智，若我們無法確切指出的話，那麼任何平等主義所講求的重新分配個人成就的舉動，都可能會傷害到個人努力的成就，這點筆者前面已論述過，此不再贅述。

五

　　若是平等主義者承認值得的確不用預設社會合作，其實也就間接承認了：沒有理由可以證成人靠努力而來的成就是可以被重新分配的。那麼是不是還有任何理由可以挽救平等主義呢？這時平等主義者唯一的退路，似乎便是主張人連自己努力的成就都不值得，因為若是人連自己努力的成就都不值得這個論點可以獲得證成，那麼平等主義者似乎就可以順理成章地主張：所有人的成就都是應該被重新分配的。

　　有些平等主義者認為，人之所以會努力，乃是因為有努力的性格。而性格的養成與出生的環境有很大的關係，因此是先天上被決定的，並仰賴在運氣之上。這種因命運偶然而造成的不平等不是人所值得的，所以應該加以泯除，而泯除的方式便是靠著成就的重新分配。羅爾斯說：

> 沒有人值得他在天生秉賦分配中的地位，也沒有人值得他在社
> 會中的最初起始位置。若說一個人值得可以使他努力地去培養
> 他的能力的優越人格，這種說法也是同樣地有問題。因為他的
> 人格大部分有賴於幸運的家庭與社會環境，而這些都不是他值

得的。而值得的概念似乎不能用在這些案例上[2]。

　　但這個論點有兩個基本上的缺陷。第一個缺陷乃是從理由來看：質言之，我們要問，之所以說人不值得他的努力，也不值得他的聰明才智，乃是基於什麼理由？平等主義者的理由是：此兩者都是命運偶然所造成的。那麼我們同樣要問，每個人的出生難道不是一種命運的偶然嗎？在什麼情況下，可以說我比其它精子更有權利成為受精卵呢？而我們身而為人，難道不也是一種命運的偶然嗎？在什麼情況下，可以說我的生命比一隻青蛙的生命更值得成為一個人呢？如果我的出生、我生而為人都是命運偶然的結果，那麼按照這些平等主義者的邏輯，我就不值得被出生、也不值得生而為人，若以此為理由，便可以主張其他的精子、一隻青蛙、和我應要受到平等的待遇（且讓不同的平等主義者按照自己的喜好去定義平等），而這顯然是荒謬的。

　　第二個缺陷乃是從結果來談：若是人不值得他的聰明才智與社會地位性格，也不值得他的努力性格，那麼我們要問：人到底值得什麼？在這種平等主義下，人似乎不值得他的一切，那麼這又使我們回到文章一開始的問題，如果是如此的話，人的成就是任何人隨時都可以剝奪的，這顯然是一個令人無法接受的結果。針對這點，筆者前面已討論過，就不再贅述。

六

　　筆者在文章一開始說明了平等主義的基本預設，平等主義者認

2　*Ibid.*, p. 89.

為沒有人值得他們的聰明才智與社會地位，並認為一切人的成就都是因之而來的，所以為達公平，必須泯除這些天生不平等，而實施的方式，便是進行成就的重新分配。但筆者認為，平等主義所奠基的基本預設是值得懷疑的，因為若是沒有人值得他們的聰明才智、社會地位以及他們的成就，那麼並不能得出成就應該重新分配的結論。人必須要值得擁有某些成就，重新分配才有必要；否則，若人不值得他的一切成就，那麼基於這個預設，可以推論出所有人的成就是任何人都可以剝奪的正義原則，這顯然也是平等主義者所難以接受的。

有鑑於此，平等主義的預設似乎可以修改為：沒有人值得擁有比他人更多的聰明才智。此預設意味著，人還是值得擁有他的部分聰明才智、以及運用此部分聰明才智得來的成就。但同樣的聰明才智所被運用的結果，一定也會帶來不平等的成就，那麼似乎平等的理想是難以實現的。

因此，平等主義者為了使其立場可以成立，便做了一些退讓。他們不強調結果上的一樣才叫平等，他們認為，每個人的報酬應該視其努力付出的程度而定，這個原則在應用上，對每個人來說都是平等的，但是單單因為天生不平等而來的成就，仍然應該被泯除。但在此，平等主義者顯然預設了人不值得一切非由其努力、而純然由幸運而來之結果的普遍原則，但此普遍原則在應用上，會推導出我們不值得出生、我們不值得為人的結論。平等主義者似乎沒有一致的理由，可以主張我們不值得因幸運而來的聰明才智與社會地位，以及同時主張我們值得出生、我們值得為人。若是平等主義認為我們的確不值得出生、不值得為人，這只不過使其論點變得荒謬罷了。

此外，人的成就有哪些是因聰明才智而來、有哪些是因努力而

來，是難以區分的。若是如此的話，那麼任何重新分配成就的舉動，都有可能傷害到人因其努力而來的成就，此與平等主義現在的預設——保障人的努力成就——是不一致的。

平等主義者此時可能會訴諸於社會合作的概念。基於社會要合作的前提，那麼就不得不有公平的合作條件，而所謂的公平合作條件，就是人因天生不平等而來的成就應該被泯除。如果因為無法區分天生不平等造成的成就、或是努力得來的成就，而在重新分配時侵害了個人努力的成就，這雖然是令人遺憾的結果，但基於社會必須合作的理由，卻不得如此。更重要的是，所有的值得概念必須要在社會合作的框架下談論才有意義。

但平等主義者在此混淆了值得的概念與保障的概念，或許我們可以承認社會合作乃是使個人值得的成就獲得保障的唯一方式，但這並不代表值得的概念在除去了社會合作的成分之後，就變得毫無意義。關於這點，我在之前的段落已有論述，在此不再贅述。只是必須提醒讀者的是，我並未否認社會合作的重要性，只是要強調，值得的概念不必要預設社會合作，而社會合作的目的，乃是要保障個人所值得的成就。

行文至此，平等主義似乎沒有好的理由可以證成其主張中的不一致，也就是說，平等主義似乎無法說：雖然個人努力的結果有可能會被犧牲，但我們有更重要的理由，可以證成此結果。除非，平等主義另闢新徑，根本否決人值得他努力的成就，但這種說法，除了立論有問題外，這又使我們回到討論的原點，也就是人不值得他的一切，這會導出平等主義難以接受的結果。

綜上所述，平等主義似乎是很難成立了。但其實也不盡然，本文的目的只在呈現奠基於「沒有人值得他的天生才能與社會地位」這個預設之上的平等主義，其可能遭遇到的外在批判與其內在的不

一致。而奠基於不同預設之上的平等主義，或許仍有生存的空間，只是本文中提到的幾個對於平等主義的批判，或許也適用於其它類型的平等主義，這是個值得我們繼續思考的問題。

　　祖旭華，現為澳洲國立大學哲學博士候選人，研究興趣包括倫理學、政治哲學、心靈哲學、科學哲學，著作曾發表於多種英中文哲學專業刊物。

思想對話

香港、盛世中國與公共知識分子
梁文道／陳冠中對談

今年2月1日，陳冠中與梁文道兩位先生同時訪問台北，《思想》藉機邀請兩位假紫藤廬茶藝館對談，討論香港、大陸以及台灣三地的思想狀況與知識分子角色。陳冠中與梁文道均曾長期在台灣、香港、大陸以及西方多個環境裡成長、工作、受教育，比一般長居一地、只關注一地議題的人，有更為廣闊開放的視野與關懷。他們的觀察與意見，格外值得參考。

編　者

一、香港：兩岸三地之間的觀察

陳冠中： 1949年後香港整個文化圈，受台灣的影響是相當大的。以我個人爲例，中學時閱讀的《明報月刊》，當時就常刊登殷海光或談論知識分子的責任等言論，大一時在偶然的機緣下我又走進了一間書店——「文藝書屋」，裡面大多都是台灣的書籍，像是《文星》、《皇冠》、白先勇、余光中、李敖、柏楊、張愛玲的著作。這些書對我一生的影響很大。

1960-70年代，香港文化界老一輩人仍舊熱衷談論中國政治問

題。1970年代初因爲釣魚台等事件，興起了青年運動。當時有一本親北京的雜誌叫《七十年代》月刊，另一本完全由年輕人辦的叫《七〇》雙週刊，兩本完全不同取向的刊物。後者的許多成員之後都成爲無政府主義者或托洛斯基份子，前者的成員與讀者則很重視中國問題。當時大學生間有很多毛派與四人幫的支持者，也有反對毛派的左翼大學生，雖然兩派在大學仍屬少數，但算是大學生參與社會、關心國家的一個興盛時期。1976年四人幫倒台後，毛派都消失了，有些進入了外商公司、後來也都成爲愛國人士。我在那時出版《號外》雜誌，剛開始也有批判性的西方式新左文章，但同時也有很多介紹波希米亞及雅皮文化生活的內容。在1980年代香港金融地產起飛，整個思想市場被自由市場基本教義派佔據後，文化氣氛也轉向世界城市的品味風格，批判的態度逐漸消失了。之後的不同時期我在台灣和大陸都經歷過類似的文化氛圍的轉向。

1990年代到了中國大陸之後，很多情況是不一樣的，他們知識界用的話語仍舊是香港1960-70年代的話語，像是知識分子責任、中國往何處去、革命還是告別革命等，仍要討論人文的商品化問題，這是香港80年代後一度已經比較少談論的。我剛開始的時候不太參與，很多人希望我談中國大陸的問題，但我當時認爲自己對中國的理解仍然不夠，不好意思過於介入。直到2005年錢永祥叫我爲《思想》寫關於中國的問題時，我才好好思考如何去論述中國。雖然文章寫的不滿意，但透過寫作過程，我才慢慢整理我的思緒跟想法。大陸的問題意識與香港、台灣是有點不太相同的，要理解他們必須進入他們的語境中，這樣的態度也會對於我們理解香港、台灣本身有所幫助。後來我觀察到一位公共知識分子的出現，就是梁文道，他是真正engage，我從他身上學得很多觀察的視角。目前，大家很難脫離中國大陸的框架去思考問題，不參與其中也仍會受它的影

響，而不參與將會很被動。現在不能再以隔岸觀火的態度去看待大陸，而是要真的參與它的公共事務、公共領域，但是需要盡量的理解大陸思想界的問題意識，作爲知識分子，發出我們的聲音。

　　梁文道：關於香港我有個想法，九七年後香港內部的問題是沒有把解殖或去殖作爲眞正的課題集中探討，更不用說作爲政治、社會的變革日程表的一部分。香港雖然已經回歸，但解殖或去殖並不是宗主或主權誰屬的問題，而在於這個政治結構與社會肌理如何在殖民時代被組裝、被建構成一套體系，而這套體系在香港有沒有被更動的問題。

　　1997年前有一段「香港熱」，很多國際文化研究或後殖民研究都討論香港的問題，但我覺得遺憾的是它們並未觸及政治解殖的層面。這個問題不僅未被討論，而且被另一個問題給置換，也就是如何保持香港的平穩過渡，最關鍵的詞彙是「一國兩制」、「50年不變」。這組詞彙是來自於中英雙方的角力，加上香港普遍表達對共產中國的恐懼，於是最終決定保持原來的樣子：北京政府必須保證香港如同之前一樣，用基本法的框架大致把它封存下來，而且保證保鮮期50年。結果香港進入了一個非常詭異的狀態，到現在爲止香港等於冷凍、封存了英國的殖民體制。這是在中國、英國、香港三方都接受的情況下造成的。當時香港人並不覺得這是個問題，但這樣的殖民地狀態我想在1997後矛盾就逐漸出現。我舉個最簡單的例子：香港的貧富差距非常嚴重，在全世界經濟體的排名大概都在前三位。香港的政治體制是存在一個特首，雖然我們都認爲他是北京所派命的，不過程序上仍是由選舉委員會選出。這個選舉委員會是由八百人構成，分別由界別委員會選出，這些界別包括文化界、金融界等，當然他們被配置的票數比例不太等同。這些界別所扮演的是社會的功能性團體，這個運作方式像是義大利法西斯時期所形成

的政治結構，亦即把社會分成各種界別，再分配政治權力，用一套體制將彼此組織起來。這些界別看起來都可以發揮功能，但事實上僅被少數的界別掌握。舉個例子，香港的幾個大財團便壟斷了這些界別。因此，八百個委員內，這些財團可以操控大約四、五百張票。因此，香港政治權力的分配同樣也是不平等，而且貧富差距與政治權力的不平等是重構的。因爲，這個政治經濟結構確保了最有錢的人同時也是最有權力的人。這在港英時期就已經出現，香港當時的港督背後有個行政局，行政局內部有幾個當然的委員，例如匯豐銀行的主席，這代表的是英國金融體系如何在殖民地內部進行政治統治。這個體制延續下來，現在只是換成了選舉委員會與立法會的功能組別，但仍然確保商業與金融菁英壟斷社會與政治的地位。香港是最服膺於自由放任經濟學的經濟體，Milton Friedman曾讚譽香港是資本主義的天堂，香港人也很高興，但我們所付出的代價是在亞洲四小龍裡，是最晚實施九年義務教育的地方。這與香港政府不願投入免費義務教育有關，因爲一旦要投入公共支出勢必得增加稅收，而這是資本家所反對的。同樣地，亞洲四小龍裡，除了香港之外，其他三小龍都經歷慘痛的產業升級，香港則無法走向第二階段工業化，因爲一旦採行工業化，便需要政府大量的投入，香港商界是不會同意像台灣發展新竹科學園區的模式。

　　香港在這樣的內部矛盾下，2003年出現了50萬人的「七一遊行」，雖然這場遊行如今看來具有反動的性質，但至少開啓了一個社會運動的氣氛。之後也出現許多保運活動，像是文化古蹟保育，許多青年與當地的居民結合，一起參與保護舊城區、歷史古蹟的運動。這個運動在我看來，出現了香港的解殖想像。保護歷史古蹟與解殖在香港產生了弔詭的關係，舉例來說，前年有群香港年輕人在保衛皇后碼頭，這個碼頭傳統上是英國港督就任或英國皇室成員來

香港時上岸的碼頭。但政府規劃要拆除，供財團進行大型的商業計畫。香港年輕人的捍衛引來許多的批評，例如有些報章輿論認爲他們是在迷戀殖民文化、在保衛英國殖民遺產。但在我看來這個保衛文化遺產的運動恰好是解殖的想像，因爲首先，它並不否認殖民的歷史，也不試圖掩蓋；其次，更重要的是，它不僅在保衛殖民記憶，也是在對抗香港城市發展的邏輯。香港城市發展的邏輯是我們有大概五成的土地是公園，其餘狹窄的土地才來建築、開發。這是政府炒作土地價格的作法，政府的稅收就是從這些土地增值而來。這種作法造成地租昂貴，也限制了香港人有多樣生活的想法。這個城市發展的模式正好是殖民時期主要的經濟命脈之一，而香港主流社會也完全接受以這種經濟增長的模式。今年的反高鐵運動，都是在這些脈絡下伸展開來。只是目前真正的反殖意識有多強仍不夠明確，裡面的本土意識，在我看來並不是所謂的「港獨」運動，而是在進行解殖的工作。因爲，這些民主與社會運動都是針對香港整個政治經濟體制的殖民地遺產進行的：一方面保護文化古蹟，另方面也要求民主參與、甚至釋放劉曉波；追求本土並不意味放棄對中國大陸政治的關懷，甚至可成爲中國與香港彼此之間社會運動的結合。例如Twitter裡面有許多中國內地的朋友支持香港人反高鐵及爭取更多的民主參與。反高鐵運動的意義不僅止於香港，在中國近年來發展的許多高速鐵路，也犧牲了許多人民的生活、拆遷許多農村，香港反高鐵必須提高到一個視野，反對高鐵背後的意識型態，而這個反對訴求對於整個中國也非常有意義。

二、如何理解「盛世中國」？

　　陳冠中：1992年我到中國後，感覺到中國正發生劇烈的變化；

但2008年的變化更是巨大，那年中國發生西藏三一四事件、五一二地震、奧運、西方金融風暴等，中國政府華麗轉身，民眾覺得西方並沒有那麼好，而中國的發展使政府和民眾的自信心都高漲起來，我感覺到中國人的盛世感在2008年逐漸浮現，我聽到更多的是年輕一代人這樣的想法。其實他們處在矛盾的狀態，一方面生活壓力非常大，很難進入好的大學、要靠關係找到好的工作、憂慮是否買得起房子；但另一方面，他們也特別忠黨愛國，容不得有人批評中國，對他們的父輩一代對黨和政府的批評也不耐煩，他們相信現在是很好的時代，所以他們特別支持政府。國家所傳達的意識型態和歷史解釋，他們完全內在化了。由此我似乎觀察到下一輪中國的模樣，時代提供一個故事給我，於是我寫成小說。2009年1月份之後我開始動筆，寫了半年完成。我把時間推延至2013年，事實上，是在寫2009年；希望藉由時間的推延把2009年的情況更突顯出來。我想問的是：如果這樣一個盛世真的出現，知識分子如何自處，幸福的意義是什麼？中國作為一個大國已經崛起，這個21世紀的大國應該是怎麼樣的大國？

對於大國崛起的事實，中國內部的知識分子很多也是非常興奮的，願意因此忽略或漠視許多問題。譬如說，中國對少數民族的統治是否屬於殖民主義，知識分子大都是不想也不能觸碰這種問題。要知道甚至一個民主的共和國也可以是實行、支持殖民主義的，法國第三共和就是法國殖民主義最盛的時期。

在近幾年中國對於異議的聲音採取更多樣的壓制方式，也就是說，面對這樣的盛世，體制內已經不存在糾錯的機制，每個有位置的人都在說官話，盡力附和政府，這種情況到這兩年特別嚴重。而因為中央政府近年稅收增加，非常富有，也提供了許多資源給予學者，導致學者為求做學問不願多批評政府，許多產官學菁英都在政

府的資源挹注下，過著豐富多彩的生活。以致於知識分子雖然大都知道社會有問題，但不想站在政府的對立面，他們能夠做到「不說真話，但也不講假話」已經難能可貴了。

近年大陸思想界的分歧很厲害。我曾參加過一個座談會，與會者有自由派也有軍方鷹派，主題是討論中國的未來；鷹派的學者跟我說，他們支持中國的民主憲政，不過通往憲政的道路現在只能是軍政；他們與自由派都批評政府，但軍方鷹派對政府的批評主要是反對政府摸著石頭過河的經驗主義，指責政府對中國的未來缺乏強國應有的遠見與戰略。

反觀，台灣或香港其實在以上和其他許多話題層面都可以著力，提供一些不同的想法。

梁文道：台灣與香港兩地在談中國的時候都有用中國來談自己的傾向，就和中國人談論美國其實都是在談自己，美國只是個區分內部政治立場的座標一樣。同樣地，台灣與香港的大眾媒體每次在談論中國時，也都是在談論自身。在香港，談論中國只有兩種態度，一種是典型的反共反華，他們對中國的評論都是制式的，譬如說山西要是又發生了礦難，這類評論就非常簡單，最後的結論就是一句話：因為共產黨不民主。為什麼奶粉裡會有三氯氰胺？答案也是因為它是獨裁國家。所以談中國談了半天，只是不斷地加深與固定原有的刻板印象，無法細膩而深入地讓大家看到更多東西。另外一種類型的評論是這樣的：他們會說中國很大、很複雜，不能用簡單的價值來判斷，例如劉曉波被抓，我認為言論自由是基本的底線，這樣的作法絕對是不對的。但有一些學者似乎只是模仿中國官員的講法，大談「凡是都要有個過程」之類的論調。這兩派言論表面上是在談論中國，但其實都只是在投射自我主觀的願望，或者在表達與中國的某些關係罷了。我在香港常聽到許多讚揚中國的聲音，譬如

曾經有個富豪找我去吃飯，問我為什麼對中國常有意見，他認為中國目前非常好，要做什麼馬上就可以做、要蓋什麼馬上就蓋起來。香港許多人很羨慕中國，認為這樣才是魄力、效率、速度。然而，這些速度或效率背後的真實面卻是很少被理解。他們這些意見只是反過來在批評香港日益增強的民主意識而已。

　　這兩種中國評論的類型，同樣也發生在台灣。台灣輿論在談論中國時也多是在談論自己。香港與台灣都把中國當成座標，作為自己內部人群區分的方式，而非把中國視為一個真實存在的對象。這是兩地今日要談論中國最大的問題。

　　對於中國知識分子面對的課題，我觀察到的是中國目前存在著一種法西斯的傾向。1990年代中國知識界出現幾次的論辯，像是新左派與自由派的區分，雙方都是站在知識分子的立場對中國未來的走向有不同的判斷。最近幾年的論辯有著很巧妙的演變，除了新左派與自由派外，出現了另一組的立場，目前仍未有明確的名稱去定位它，但一般稱為保守主義者，或者國家主義者，他們認為人類社會存在著政治統治者與被統治者的關係，而他們從事古典學研究，目的在於陶養人格、培養政治領袖。國家主義者出現後，原有的新左派與自由派出現微妙的牽動。新左派過去批評英美的新自由主義，並與中國的改革開放劃上等號，然而，在經歷金融風暴後，之前一些新左派成員如今的論點，卻反過來認為中國的改革開放是對的。更有許多學者開始思考「中國模式」，全方位地從法學、政治、經濟、社會闡釋「中國模式」，例如有位中國法學的學者就不斷提出中國憲法有自身的特色，它是黨政軍三位一體。「中國模式」具有吸引力之處，在於他們往往以挑戰西方霸權與主流論述標榜自身，認為中國有自身的一套，不受西方宰制；他們預設了一個本體論上的中國，西方理論資源根本派不上用場。對外在西方的知識版

圖上佔有一席之地，對內則對政府的作法提供了正當性。新左派與
保守主義出現了緊密的結合。這種趨勢我覺得非常值得觀察，這也
是我憂心的，中國是否會出現一套國家主義的論述。

三、兩岸三地的公共知識分子與社會運動

　　陳冠中：1970年代當我開始撰寫文化評論時，對於上一代香港
知識分子掛在口邊的這個詞彙是比較偏向玩世不恭的嘲諷，到了中
國後，我也並不把自己定位成中國知識分子。當近年來英美思想界
越來越多使用公共知識分子一詞後，也轉而影響中文的語境，三地
民間也逐漸較常用公共知識分子這說法，鼓動了讀書人、文化界重
新肩負一些改革與批判的使命。一開始我參與中國大陸的文化評論
時，我並沒有想被說成公共知識分子，只是希望能帶給大陸不同的
想法，主要座標是北京、上海、粵港的城市與文化，或者觀察輿論
中比較少人談論的面向，提供一些新的想法，像是大陸出現維權運
動，我就介紹美國的社區運動、消費者運動的資訊。我當時並不直
接評論中國時政，直到受梁文道等人的一些啓發，這三五年我才逐
漸意識到我們不能把自己當成外人，或避免麻煩而不發言。我們對
中國的認知只能透過直接觀察與寫作，才能釐清我們對中國的認
識，否則僅是停留在對它片面的疑慮或不安。我想香港、台灣與海
外都能夠提供一些思考角度給中國，不能只是旅遊、城市、飲食男
女的文化書寫；而中國也必須存在公共知識分子，若沒有批判的聲
音，那麼中國這個準超級大國盛世的發展將是可悲的。今天我想說
的重點是：台灣、香港的知識分子群體必須努力在大陸發出聲音，
成爲大陸公共知識分子話語的一部分，介入大陸本身的知識分子討
論。

　　梁文道：「中國模式」或國家主義論述的出現，相對於許多香港的學者，我是較不悲觀。我認為即便許多年輕一代的學生崇尚中國的盛世，但另一方面他們也很容易自動變成維權人士，原因在於像是廈門或廣州等地方，人民原本並不想主動參與政治，但由於地方政府和部分外資破壞了他們原有的生活、污染了家園，使他們的生命深受侵犯，這才有了主動抵抗的情況。去年更有趣的例子是，有一群網友他們平日只玩網路遊戲，像是「魔獸世界」，根本不討論時事，但文化部決定暫停這個遊戲，於是他們一夜之間都成了反對者；文化部決定封鎖的原因也不是要控制什麼，只是因為政府與企業變成一個龐大的利益體制，為了維繫自身部門的利益，主動去管控網路。這個體制會莫名其妙地干預其他領域，為自己創生了一些反對者。此外，媒體與律師也是天生的反對者，由於媒體本身就是要報導新聞，然而，中宣部時常干預新聞播報的選擇，在長久的干預與壓制下，媒體會自動的變成自由派。律師也是一樣，長年面對政治的濫權和司法的腐敗，他們不得不從骨子裏變成反對派。所以我認為這樣的體制只會製造自己的敵人。

　　對亞洲或第三世界國家像是非洲與拉丁美洲，中國投入了相當多的資源在做國情研究，然而，這些成果最後都上升到國家主義的層級，研究目的也轉化為如何回應西方的問題，缺乏自主的研究，以及與第三世界的知識對話和連結。在國家調控下的研究會產生許多知識關懷的偏差，像是我曾和一位水利學者聊天，討論西南水利工程對東南亞的影響，在雅魯藏布江、金沙江這些地區的水壩建設，已經導致湄公河的水位下降，整個中南半島的水稻生產都會深受影響，那該怎麼辦。學者的回應竟是：那也沒辦法，因為中國要發展。我覺得這樣的知識關懷很可怕。這反映出中國的世界觀是非常侷限的，區域問題、亞洲問題都不在他們的視野中。我覺得這個區域的

許多知識與社運都應該要連結。不過有時很多知識或資訊的相互學
習，其成果是非常出乎意料的。我去廈門訪談一些朋友在PS廠的抗
議活動，我很好奇他們如何組織，標語和口號是怎麼形成的，這種
型態與風格的街頭運動又是怎麼出現的。很意外的是，原來有一部
分是看台灣的電視學到的。台灣的街頭運動某程度上成為他們模仿
的對象，像是他們也會高喊：「大家說對不對！」香港對廣東也有
類似的間接影響。

　　關於知識分子的身份，我個人是堅持必須把自己當成知識分
子，聽起來像是廢話，不過我認為，雖然在中國，知識分子的身份
一直存在，但它的意義可能會變成一種形容詞，像是榮譽或尊稱，
有時會把知識分子等同於學者。譬如中國媒體常稱我是學者，我就
回絕這樣的稱號，因為我不在學院教書；也有一些媒體人用知識分
子這樣的榮譽稱謂來質疑我，認為我只不過是做媒體的為什麼自居
知識分子，我就會反問：你做媒體怎麼能不把自己當成知識分子？
對我而言，「知識分子」像是個志業(vocation)，它可以是任何職業，
作家、媒體人或學者，相反地，你可以是教授但卻不一定是知識分
子。所以我一直把自己當成知識分子，因為若不如此，我就沒有責
任可言。其次、我從不把自己當成外人，我在台灣出生，香港是我
的家，我長期在中國工作，書寫的對象是中國。我常在想我是不是
個人類學家，但人類學家很少把自己寫的東西給他田野所在地的人
看。但我做的正好是這個，那我到底是算內人還是外人？我一直不
把自己當成大陸的外人，但同時也意識到我處在其中有些區別。知
識分子在任何社會中，都要將自己定位成既在內又在外：「內」的
意思是在社會中承擔一份責任，這點對我而言，是非常重要的，把
自己當成內人就是承擔這份責任。我最好居住在那個社會中，有什
麼風險盡量一起接受。但另一方面，「外」的意思是必須要有距離

感，保持一種批判的(critical)的距離，關於批判論述我比較保守一
點，認爲它仍然是在距離感中產生的。這種身份的定位，我個人沒
有答案，但卻是我每天在琢磨、衡量的課題。

梁文道，香港鳳凰衛視評論員，中國大陸《南方周末》、《南方
都市報》，香港《明報》、《蘋果日報》及馬來西亞《星州日報》
等多份報刊專欄作家。近著爲評論集《常識》(2009)，現正準備《後
殖民香港》一書定稿。

陳冠中，上海出生，香港長大，曾住台北6年，現居北京。從事
寫作、電影製作、編舞台劇、辦刊物等多方面工作。著述甚多，最
新近作爲《盛世：中國2013》(北京與台北同時出版)。

文化研究：
游與疑

自1999年成立學會以來，「文化研究」倏忽走過10個年頭。作為一個跨學科的新興領域，文化研究飽受批評與質疑。然而，作為一個知識運動與思想場域，它確實給台灣社會與學界提供了不同的知識想像與批判動能。去年適逢10周年，文化研究學會以「根源與路徑」為主題舉辦年會，探問文化研究到底意謂著什麼？對台灣的知識狀況造成什麼影響？在其他華語社群裡，它又發揮著什麼樣的作用與意義？本專輯的文章脫胎於2009年年會的引言與討論。我們感謝劉紀蕙、羅永生、柯思仁、劉育忠、王蕙蘭、邱澎生、劉人鵬、游勝冠同意將文章修改後交由《思想》集結成冊，向廣大的閱讀社群呈現文化研究在不同華人社群與知識場域裡的樣貌；也謝謝吳彥明與王智明的文章為專號加入不同的側面。

　　誠如專號所展現的，文化研究的思想核心不在定於一尊的理論範示或是全包式的文化想像，而在於「不斷變化的知識活動」（劉紀蕙語）。文化研究不僅僅是一個挑戰知識界線的學術議題；它更參與在社會運動、文化教育與公民行動等場域裡，進行辨詰，體現知識與行動的辯證動力。正是在不斷變化的知識活動裡，文化研究展現了「游與疑」的思想特色：既游移於不同的思想譜系，亦對既成的學科想像提出質疑。在游、疑之間，文化研究不僅重新整編了文化的意義與範疇，也突顯了知識活動的思想意義。我們相信：文化不只是固有的傳統，更是一個複雜而糾纏的「生成」運動。以游、疑之姿重省文化生成的多重面貌正是文化研究的使命與提煉思想的不二法門。

編　者

根源與路徑：
文化研究10周年*

劉紀蕙

一、台灣這10年的文化研究發生了什麼？

台灣的文化研究學會創立於1998年。但是，其根源當然並不是始於此點。從1980年代中後期衝撞威權體制的各階層運動，以及知識界所展開的在地化反省與實踐，例如1988年以左翼批判立場出發的《台灣社會研究季刊》，1991年以邊緣位置挑戰正統的《島嶼邊緣》，或是當時大量出現的街頭政治劇場與後現代文學藝術：這些轉變的底層所牽連的，是台灣知識場域某種從邊緣掀起的地層擠壓與轉型。

1998年，陳光興結合台灣學界人士，成立了文化研究學會。這10年間，經過了五任理監事工作團隊的努力，舉辦了10次的年會，由清華大學、交通大學、中央大學、台灣大學、東吳大學、文化大學、師範大學輪流舉辦，《文化研究電子月刊》出刊了86期，《文化研究學刊》出版了6期。目前學會成員200人左右，不過，每一次

---

* 本文為「文化研究的根源與路徑」座談會（2009年1月3-4日）的引言。

年會的參與人數眾多，曾經高達1000人次。這些活動顯示了文化研究所累積的影響力。

但是，如何理解這些現象，則須要認真面對到底真正發生了什麼轉變的路徑？文化研究爲何會吸引學院內外的研究者？體制內的學術成規爲何不能滿足文化研究的學者與學子？甚麼是學術體制？爲何文化研究的工作持續是處於體制外的活動？爲何體制外的文化研究之體制化工作仍舊需要被討論？

二、文化研究的體制外性質

學術體制是知識形態穩定自身的框架。19世紀以來的學科透過知識分工原則，根據研究對象，設立了區分知識形態的範疇。人類學、社會學、心理學、政治學、經濟學、歷史、文學、藝術、哲學等等不同傳統學科，成爲規範人們學術工作的認知模式與研究路徑。學科的分化越精細，研究的對象越具體，則知識的格局也就越被侷限；更有甚者，研究問題的設定與解決方案，也早已在預設的框架中被決定。如此，學術體制所完成的，只是不斷自動複製的知識工作。

但是，我們對於知識的需求往往來自於我們對於變化中的世界所帶來的難題之思考，以及對於種種文化現象所產生的問題之探索。這些難題之思考與探索無法被既定的學術體制所滿足；它們是屬於歷史的，也屬於社會的，牽涉了政治經濟，也牽涉了文學藝術；最終，這些思考都會進入哲學式的思維。

文化研究之所以會發生，便是因爲問題感的迫切性以及知識上的不滿足。無論是從社會學領域岔開，而進入批判理論與文學藝術的檢視，或是從歷史學延展，而納入文學藝術、性別與政治經濟的

考量，或者從文學藝術切入，拓展出族群關係、社會歷史脈絡與政
治經濟因素的探究，都是從根本的問題感所驅動而進行的銜接與拓
展。文化研究只是個空泛的名稱，跨領域研究也只是表面的現象：
在文化研究這個空泛的名稱所撐開並容許的各種跨領域路徑之下，
真正發生的，是不斷變化與發生中的知識活動。

　　因此，文化研究並無法被任何定義或是根源所固定。在不同歷
史社會環節以及不同的在地機構中，由於不同的問題感之驅動以及
不同研究者的組合，都會形成不同的文化研究。台灣20世紀末期所
啓動而到21世紀當前延續的文化研究，必然與20世紀中後期在英國
或是美國所發生的文化研究不同，也與亞洲地區不同國家所發生的
文化研究不同。文化研究如何能夠在不被固定的同時，持續讓其所
撐開的知識空間發揮其刺激研究與累積思考的效果，就是文化研究
學會可以進行的體制外之體制化工作。

　　在過去10年之間，台灣的文化研究學會完成了甚麼體制外的體
制化工作呢？

三、體制外的文化研究的體制化工作

　　首先，我們要從台灣的文化研究學會過去所進行的幾項體制化
的工作來討論。

（一）文化研究年會

　　過去10年來，文化研究學會與不同大學的相關科系合作，英美
文學、社會學、大眾傳播、城鄉所，籌劃了不同議題的會議，包括
「科學、美學、權力」，「人文社會學術的文化轉向」，「重訪東
亞：全球、區域、國家、公民」，「靠文化」，「去國／汶化／華

文祭」，「眾生眾身」，「城鄉流動」，「樂生怒活」。每隔一年
會有一次擴大的東亞國際性會議。值得注意的是，每一次的年會都
是由學會當屆的理監事工作群與不同學校的研究者組成會議籌備小
組，因此這些組成是臨時而流動性的。在集思廣益與腦力激盪之下，
每一屆年會的形成都具有相當大的機動性。這些標題之下所涵蓋的
複雜議題，以及投稿者的多元來源，顯示了文化研究在不同學科領
域所產生的撞擊。每一屆年會所產生的大量論文以及吸引的眾多參
與者，已經呈現了文化研究的豐富生命力。值得我們觀察的是，今
後文化研究學會是否會繼續充分發揮此具有邀請現有的學術工作提
供深化的成果，又有激發與開啓新興學術生態的功能（？這句話有點
難解），而可以具體促成不同學科之間的知識對話與挑戰。

（二）文化研究電子月報與文化批判論壇

《文化研究電子月刊》的「三角公園」與「文化批判論壇」，
以電子期刊與文化批判論壇的機動性，充分利用每一屆理監事工作
團隊的活力，邀請學會會員與學界、社運或是文化人士，對於當前
社會的文化議題與學術脈動進行觀察與評論。因此，幾年下來，文
化研究月報所刊載的專題與論壇紀錄，反映出了這段時間文化研究
學者的敏感焦點。

我們大致可以區分為幾個範疇：

(1)政治文化觀察：呂秀蓮抓狂，族群認同，選舉文化，大和解
　　可能或是不可能，轉型正義論述，政治暴力研究，激進和平，
　　後殖民台灣

(2)文化現象與公共政策的分析與批判：電視改革與媒體政治，
　　電眼與城市監視，電影環境與產業，移民與外勞問題，外籍
　　新娘與代理孕母，生命政治與生命管理，社會創傷經驗療傷

策略，人文醫學與疾病敘事，博物館文化政治，體育、奧運與文化，暢銷書與出版文化，學生制服，動物權，環境政治，全球化，社會運動的多元化

(3)大眾文化的分析：城市空間，流行音樂與消費文化，飲食文化，搖頭丸，台客，哈日，迷文化，酷兒研究，霹靂火，性產業，援交

(4)東亞議題：上海摩登，東亞後冷戰問題，緬甸連線，日本國族主義，想像中國崛起

(5)學術體制檢討：文化研究方法論與學程規劃座談，台灣學術教育國際化的問題、教育改革出了什麼錯、卓越如何追求——從教育部推動大學整併談起、全球化與學術生產、SCI/SSCI 迷思之檢討

　　這些具有當前性的新興議題，由於是仍在發生中、尚未解決、甚至是尚無法清楚思考的問題，因此吸引了大眾的關注，也刺激了學術界的焦慮。在紫藤廬所舉辦的文化批判論壇，是思考與辯論的激盪，也是後續研究與書寫的動力起點。透過《文化研究電子月報》的流通，更可以邀請不同角落的讀者參與此思考與回應的工作。

　　由於《文化研究月報》的三角公園可以透過電子作業完成，因此仍舊可以維持每月或是隔月一期。不過，三角公園需要規劃，或是由專題主編提供稿源，《文化研究電子月報》的編輯往往為了稿源不足而焦慮，偶而不得不脫刊。文化批判論壇在近兩年則更顯得漸趨疲弱，2006年與2007年從前兩年的每年10場逐漸降到每年舉辦五場，而2008年則僅舉辦一場。

　　要敏銳地捕捉當前發生中的文化議題，是不容易的。這個敏銳度還需要配合具有分析問題癥結的犀利觀察能力，以及邀請不同領

域關注此問題的研究者參與對話的組織能力。因此，一個可以合作而具有異質性的工作小組的腦力激盪，是必要的基礎。

如何能夠讓《文化研究月刊》保持這種具有彈性而機動的方式集結與回應社會文化議題，也是值得認真面對的問題。

(三)文化研究學刊

《文化研究學刊》是文化研究學會支持的學術性期刊，半年期，至今進入第七期。除公開徵稿之外，該刊編委也主動規劃專題。論文形式除了正式論文之外，亦有批評與回應、思想論壇、思想翻譯、展評、藝評、訪談。該刊審查嚴謹，退稿率在七成以上。歷年來收到來自於華語世界各地(台灣、新加坡、大陸、香港、澳門、韓國等地)的稿件，不僅促進台灣的跨領域學術對話與知識能力，也凝聚了國內外華語地區文化研究活力，成爲華語世界文化研究的重要指標。

在《文化研究學刊》的論文中，我們注意到了一些新形式的問題意識與論述的發生。比較突出的議題，例如「誰的台灣文學史」、「當代史學與後現代的糾葛」、「政治暴力的反省」、「關於帝國與現代性的當下痕跡」、「影像的紀實與政治」、「子安宣邦與東亞現代性議題」等。這些議題指向了學術關注的變化面貌。

文化研究學刊的繼續發展是值得期待與嚴格要求的。文化研究的拓展，思考的累積，學術知識工作的突破，要在這些學術論文的格局中觀察。這是更不容易的工作。組織上唯一可以考慮的，是維持一個具有前瞻性、理想性、長期發展、穩定的主編人選與適度汰換更新的編輯群編制，既有規劃的主導性原則，又有開放的彈性。但是，學術論文有其學術規範的慣性，研究問題也有其難以突破的認識框架與知識範疇之限制；要挑戰此框架，並不是組織工作所可以完成的面向，而需要每一個研究者自身的突破與持續工作。《文

化研究學刊》如何能夠鼓勵與吸引研究者的思考工作，抗拒學術體制的內在重複，也抗拒流行理論的套式遊戲，則是個複雜的問題。

四、台灣的文化研究相關體制的展開與困境

台灣的文化研究活動並不僅限於文化研究學會的相關體制。台社季刊、中央的性／別研究室、國際邊緣、交通大學的社會與文化研究所、新興文化研究中心、亞太／文化研究中心（原屬清華大學），以及其他社運團體，一直都是台灣文化研究展開的不同側面。除此之外，棲身於不同學術單位的文化研究之研究者，無論是英美文學、傳播、社會學、人類學、歷史、藝術或是人文醫學，都或多或少滲透而調整了各個專業領域的研究取向。

然而，雖然文化研究在台灣這10年來有相當活潑而多元的發展。在體制上，文化研究卻仍舊有其曖昧不明的位置。

交大社文所是比較幸運的例子。社會與文化研究所7年前在偶然的機緣之下成立，今年又邀請到了陳光興加入陣營，目前除了本人、朱元鴻、陳光興之外，另外有政治思想、文化歷史、中西古典哲學背景的六名成員。截至目前為止，產出碩士論文二十餘篇，每一篇都有其獨特的問題意識，大致分布於三個區塊：第一是關於歷史論述與文化意識型態的重新問題化，第二是進行中的文化活動與社會現象的觀察與分析，第三是文化體制與機構的運作與生產機制的分析與檢討。過去四、五年來，交大社文所與清華大學、中央大學聯合舉辦跨校文化研究學程，近年來也開始與北京清華大學、上海大學文化研究中心、華東師範大學進行學術交流。這些都是難得的學術力的集結與交流。

但是，整體而言，台灣學界對於「文化研究」仍舊抱持著戒慎

的態度，這是難以突破的困境。

文化研究所面對的體制性困境，反映出了台灣整體學術界的學科慣性思維模式。這種慣性模式使得學術審查制度在既有的學科成規中不斷複製自身，也使得新興的學術體制難以出現。

理想上，高等教育的大學部是基礎教育，在基礎教育之上，新興的知識形態可以透過不同的學術機構中人才的組合以及學程的規劃，有彈性地發生。除了大學部的學程之外，研究所更是屬於學程的組織形態。研究者累積多年而發生變化的研究問題意識與研究取徑，無法被其早年求學過程中的學科所規範。一個具有彈性發展的學術生態中，應該容許各機構內發展中與逐漸成熟的研究團隊，根據其長年所專注的研究議題以及自然形成的研究群，規劃一個具有體制性的學程。如此，一則可以使研究者更爲投入其研究而尋求突破，再則可以使資深的研究者訓練與帶領年輕的研究者。

但是，台灣的學術界體制實際上是缺乏彈性的。中央大學過去二度申請成立文化研究的博士班，都被教育部的審查程序駁回。其理由十分可笑，其中一種理由指出「缺乏英國或歐美文學之較專門課程，部分教師開設過多專門課程」，「缺乏中古、18世紀新古典主義等課程，而偏於近代與現代，專注於文化課題；文學課程遠比理論課程少」，另外的理由則是指「以美國與台灣爲例，文化研究已趨飽和，英美各大學紛紛取消此一學系，也許應以英美文學博士爲主，文化研究爲輔。但申請單位目前似乎以文化研究爲重點，與市場乃至世界學術潮流頗有差距。」這兩種理由的共通處在於，審查者以既有的體制來質疑新興而仍在變化中的文化研究。

顯然，台灣學界透露出了兩個明顯的心態，其一是以目前文化研究棲身之專業領域來限制與規範文化研究的發展模式，例如英美文學系按照固有的英美文學專業領域，來要求文化研究的必備基

礎，或是人類學要求田野的必要性，而不承認歷史敘事分析或是思想史的工作，歷史研究則強調檔案，無法容忍理論的探討；其二是以所謂的英美大學市場（其實或許是美國）以及所謂的世界學術潮流，來限制本地的文化研究之發展與體制化。問題是，爲何要以英美模式來預期台灣的學術路徑？爲何要以原本所從出的單位來限制新的學術體制的發生？何謂市場？何謂飽和？此處已經牽連了錯誤計算的思考模式與衡量尺度。

當然，中央大學英文系的挫折並不是唯一的例子。多年來，台灣學術界向國科會提出的專題研究計劃申請案，或是升等的過程，若涉及文化研究，便會因爲領域定位不明，而被不同專業領域的要求所質疑或是否定。

上述兩種例子，一個是學術機構的審查，一個是個別專題研究計畫的審查，都面對了跨領域學科的窘境。台灣當前的學術環境並不具備充分的跨領域能力的研究人才。因此，所謂跨領域審查，只不過是由兩種或是數種專業的箝制性視野，所進行的多重原則的檢查與排擠。

台灣學術界對於文化研究的抗拒，剛剛好反映出學術界沒有學術探究的自信心，不敢跨越專業領域，不敢面對知識的變化、拓展與不確定性。

五、文化研究學者所必須面對的內部體制化問題與未來

不過，台灣學術界對於文化研究的抗拒，同時也凸顯了文化研究在台灣的意義。「文化研究」不僅意味著在地化的跨領域學術研究，面對新興文化議題的探討，突破實證研究的思維限制，更是對於既有學術疆界的持續挑戰與衝撞。

　　文化研究在台灣，必然會與在英語國家，或是歐洲，或是澳洲，有其根本的不同。然而，文化研究在台灣所面對的新興文化議題或是知識界的問題意識，卻又必然需要與國際學界對話。

　　文化研究者必須面對自身各種知識與認識框架之極限的挑戰，包括如何在跨領域研究處掌握必要的方法論或是思考層次，深化專業的能力，鍛鍊從文化對象與歷史脈絡之分析中萃取理論思維的能力：這種挑戰，不僅學者必須面對，研究生也必須自行面對。或者，更為真實的說法是：文化研究的跨領域思維與對話必須發生在每一個研究者的身上。從研究生開始，問題意識的產生，研究對象的選定與掌握，必要的研究方法的納入，包括檔案、田野、論述分析，以及論證的展開，都必須研究者獨自進行而完成。

　　文化研究曾經被視為是不同學科領域或是社會實踐場域的接觸區，這個接觸區所轉接的不同力量其實會持續發生變化。文化研究無法或是不應該在逐漸成形的領域中劃分界線，區分配額，而應該讓這個轉接區域保持開放。如果新興文化或是社會實踐被納入學術研究的視野，卻無法激發與深化具有原創性的理論性思考，那麼，這個異質性的納入仍舊無法在知識或是理解上拓展任何空間。

　　我們以相當理想的假設來說，如果每一個屬於文化研究的研究論文的發表，或是碩博士論文的完成，都解決了某種未曾被思考或是解決的問題，開拓出了不同的研究路徑，深化了此問題意識的理論性思考，或許就表示文化研究又向未知領域推進了一步。如果研究論文僅只是複製既定的研究問題，強化文化研究已發生的領域範疇，那麼，文化研究便會在領域化的同時被自身消解。

　　身為學術界或是體制內外的我們，如何能夠讓這個「文化研究」的空間保持開放以及敏銳度，讓身處其中的學子可以有針對自身關

切之問題進行探究的勇氣，讓知識從自身開始變化，就是非常重要
的問題了。

　　劉紀蕙，交通大學社會與文化研究所教授。主要著作：《文學與
藝術八論》(1994)、《孤兒‧女神‧負面書寫：文化符號的症狀式
閱讀》(2000)、《心的變異：現代性的精神形式》(2004)。目前正
在進行《心之拓樸：1895事件後的倫理斷裂與重構》專書的撰寫計
畫，預計於2010年底前出版。

文化研究與文化教育：
香港經驗談

羅永生

　　很高興有機會來到台灣參加文化研究學會的10周年紀念會議，並借此和大家分享一下在香港推動文化研究的經驗。我來自香港嶺南大學，而嶺大的文化研究課程，也是香港第一個本科生文化研究課程，所以我想我比較適合的，還是以嶺南發展文化研究的經驗為本，作一些檢討和反思，補充一下我們這個地區文化研究發展的「根源和路徑」。簡概來說，和發展台灣文化研究的經驗有所對照的，恐怕就是我們的經驗更多地來自本科生的教學，而不是文化研究作為「研究」工作的經驗。

　　在這兩天的會上，聽到不少朋友回顧文化研究的理想性傳統。包括指出文化研究的某種「未完成」的性質、文化研究並不是一門學科、不是一門專業，又或者強調它的跨學科特色等。更有朋友直接指出，文化研究不應是一個固定的框框，反而應該是一種態度、一種立場、或者一種可能性。這些關於文化研究的理想性傳統的說法，當然可以追溯到文化研究與西方新左翼的淵源，強調它的社會介入面向，而文化馬克思主義的影子，亦影響到今天的文化研究工作，離不開一種對文化所具的政治潛能的關懷。也就是說，文化研究者應該關心「文化」如何作為一個可以建立及發揮推動歷史作用的能動性（agency）的戰場，從而亦著重文化研究者如何扮演那種具

抗拒性的知識分子角色，以及如何在社會建立批判性或反對性的公眾空間等。

不過我想說的是，要令上面那些理想落實，我們同時應將文化研究自身作為一種感情結構以及知識結構來看待。我們要問的問題，可能正是一個關於「文化研究」的文化研究問題，也就是去問「文化研究」作為一種知識和感情的結構，是如何座落在不同的文化及社會環境當中，如何體現在社會日常實踐當中的。而如果要作這種叩問的話，或者我們應該更廣泛的考察一下，在不同的社會脈絡底下，文化知識的生態是如何的。具體一點就是說，文化知識在一個社會裡的生產、流通、消費及再生產機制是怎樣的。換句話說，也就是當我們考慮文化研究的角色和定位之時，也要一併考慮整個公共空間和教育體制。

從這個角度出發，結合起香港文化研究當中的「嶺南經驗」，我個人觀察到目前大體上存在著三種文化研究。第一種是在某些學科內，以文化研究作為其中一種分析工具或理論進路的文化研究；其次是在不同學科的邊緣地帶，起著某種挑戰或顛覆性知識作用的文化研究，以及第三種，亦即成為了教學及研究機構中的一部分，以課程(學科或準學科)形式存在的新的「文化教育」。

過去，我們從文化研究的緣起和發展歷史，比較突出地關注前兩種「文化研究」。總的傾向就是將「文化研究」看成是一個以「研究」為主的「研究方案」，也就是將文化研究視為最終依託自身於既有和傳統的大學體制底下的一種知識生產方案。可是，在新的關於「文化知識」的流通、消費新模式，也就是關於「文化」的種種創新的教育模式，和關於「文化經濟」(包括創意產業、城市的創造力等)的新論述和制度創新趨勢急劇冒起之後，我們就更有必要，在這種新的文化知識生產與文化知識消費如何以新的扣連方式出現，

如何提供(或者阻礙)新的可能性的前提下，針對作爲一個研究方案
的文化研究，進行反思、檢討和前瞻。

　　香港文化研究興起於香港特有的人文學術生態，這個學術生態
的特質有待仔細研究。然而，從個人經驗，我大體會將之描述爲一
個「不對稱的公共空間」。也就是說，香港一方面既有一個相對強
的政治及言論自由空間、在法制傳統底下積累了不少積極社會活動
(activisms)、社會運動、和公共評論(public criticisms)的傳統。但另
一方面，香港的學術體制，卻是一個沒有經過有效和全面的「解殖
民」過程的官僚殖民學術體制。因此，在這個體制內，並沒有發展
出一種能彰顯主體性的人文學科或人文研究傳統，爲相對自由和活
躍的積極社會活動提供足夠的人文反思和思想知識資源。這種「不
對稱」的狀態，亦與社會上一般的反智主義、犬儒心態，及受這種
文化氛圍所影響的教育及考試體制息息相關。

　　近20年來文化研究在香港的發展，需要放置在上述的脈絡下評
價。它最初在中大和港大的文學科系滋長，也在某些傳播學或其他
社學科學課程的邊緣存在，以及在一些公民社會的文化社會評論刊
物所孕育，並不時以一種「文化評論」的風格出現。不過，使得文
化研究大步開展的，卻是「九七問題」所引起的「身分危機」。

　　回顧1980-90年代香港文化研究的研究成果當會發現，文化研究
的確可以在某程度上，幫助說明香港特有的身分認同。一方面是因
爲當其時由英美學院向亞洲擴散的文化研究熱，有助香港年輕一代
的人文學科研究者，給予香港的歷史和生活經驗一種自我說明的工
具。另一方面，文化研究爲「消費文化」，或者「消費在文化所起
的作用」等問題，給予了合法的學術地位，突破了舊有的人文學傳
統，也適應了1980年代急劇發展的傳播媒介、娛樂事業，和當其時
迅速轉變的香港生活方式。另一方面，乘著文化研究而引進的後殖

民評論，也藉著「混雜性」等概念，引發研究者的興趣，說明香港的後殖民處境。1997年之後，一些從事文化研究者亦呼應了大體由「反國安法」（「二十三條」）事件所象徵的那種對「本土性」、「解殖民」的反思，以及因此而興起的歷史保育及新城市社會運動。

　　從知識生產的角度，文化研究對日益被商品化和納入消費過程的歷史經驗和生活空間的關注，爲香港提供了一種獨特的視角，啓發香港人對自身生活經驗的反思。不過，真正令文化研究在香港的文化生態下生根發展的，卻是大學體制對文化研究的相對開放態度。這個開放過程一方面代表原有的人文學科對新興學科有所吸納，但更大的動因是對在1990年代興起的「全球化」話語，提供了大學學科重整以開辦新的課程的機會，並使文化研究能夠積極回應和介入關於「知識經濟」、「創意產業」等的新的文化想像。

　　以嶺南大學來說，讓文化研究有機會從既有學科的邊緣，轉化爲大學本科教育體制當中的一個部分，是因爲在學院升格爲全面的受資助大學的過程中，需要新的理念和課程設計，以配合發展本地的博雅教育（liberal arts），爲嶺大在香港人文學科教育上，建立更清晰的定位。而往後，文化研究系以自負盈虧的方式，開辦以在職文化工作者爲主要對象的文化研究碩士（MCS）的課程，則更是文化研究介入學歷消費市場，回應社會上關於「新經濟」下彈性勞工的需要，和「終身學習」的呼籲的成果。

　　無論在本科還是碩士課程，文化研究都要面對一項挑戰，就是如何使文化研究突破一種有局限性的「美國經驗」，那種經驗只會將文化研究看成是一種在相對封閉的精英大學校園內，或知識分子圈內流行的批判理論，其功能不外是補充或扶助既有的學科。但嶺大這兩個基於教育本科生和在職碩士生的課程，則著重在教室的脈絡下，重新整理文化研究的多元傳統，批判地吸納這些多元傳統下

所積累的多樣知識資源，並將之轉化成一種既有批判反思指向，亦有實際效用，讓學生在課堂外，也可以付諸各種形式的文化踐行的學問。所以，在課程設計和內容編排上，課程以開放的進路，同時吸納美國、英國、澳大利亞等地的文化研究發展經驗，並積極在亞洲、中國及本地吸取有關文化研究發展的成果，融貫在課程內。

很顯然，在「教與學」的複雜流程底下，文化研究本科生課程所面對的挑戰，多是關乎如何服務政府公共教育體制下所出產出來的「平均化」學生，如何引導他們突破那種對「文化」概念的一知半解，以及對學習普遍存有的犬儒和冷淡態度。而本身是在職的碩士學生，則帶來課程所要維持的學術要求，與在職者期望知識的實用性和相關性的張力。

美國學者瑞埃定[1]曾經以美國經驗提出了一個說法，認為學術界中文化研究的興起，其實是大學職能的重大轉變的象徵。他認為，「文化」、「大學」和「國族」是息息相關的，因為在過去，「文化」曾被視為「國族認同」的基石，而「大學」則是「國族」維護和發展其「文化」的重鎮。文化是國族認同的建立工程所不可或缺的手段，可是，在「全球化」底下，「國族」的重要性讓位給全球市場，「大學」的職能亦需要改變。從受國家無限支持對其「文化建設」有利的「大學」，到逼令「大學」要依從「全球市場」的原則和律令而運作，過去的學科之爭和理論及意識型態之爭，通通須要讓位給一個以「卓越」為名的管理原則，只求「大學」達成各項抽象的管理指標，例如論文在品質管理位階上的位置和出版數量，教學評鑑相關的各項質素指標等。在這個趨勢下，「文化」亦經歷

1	Readings, B.（1996）*University in Ruins*. Cambridge, MA: Harvard University Press.

了一個「解魅」的過程，其徵兆是文學的衰落，絕對的美學標準的消失，並以「文化研究」取而代之。瑞埃定並令人感慨地將這個過程比喻為立在「廢墟上的大學」（university in ruins）。

很顯然，瑞埃定的觀察所反映的，仍然是屬於一種緬懷以國族為中心，來給文化知識工作做精英式定位的心境。不過，澳大利亞的文化研究學者杜寧[2]，雖然沒有這種「國族」對「文化」的支持急速下跌的危機感，但也有類近的一種觀察。他認為「全球化」事實上對文化研究的發展提供了有利的條件，雖然文化研究的知識對「全球化」現象每多批評。

無論如何，我們不難發現，「全球化」的確一方面造就了「文化知識」需要被重新組合、併配，以適應「教育市場化」的需要，但另一方面，「全球化」也透過瓦解現有的文化疆界，刺激各種身分認同的政治出現，造就了文化研究發展的條件。

香港文化研究的發展經驗，從作為一種公共評論的風格和討論熱點，到成為一種教育方案，則剛好印證了這種同時出現在「知識生產」和「知識消費」領域裡面的趨勢。10年來嶺南文化研究的發展，則更進一步提供了一些經驗，讓我們一方面可以反思文化研究與公共教育體制互動的問題，另一方面，也涉及文化研究如何面對「教育市場化」的挑戰。這些挑戰其實並不止於瑞埃定所表達的那種在「廢墟」中追思憑弔的文人情懷，而是實實在在地逼使教師和研究者去反思，文化研究究竟是甚麼？從事文化研究究竟意味著甚麼？以及，以文化研究作為一種終身投入的事業，究竟意味著甚麼？

具體來說，當文化研究所生產的文化知識，居身於一個複雜、

2　During, S.（2005）*Cultural Studies: A Critical Introduction*. London: Routledge.

龐大而又混合了「官僚」和「市場」邏輯在運轉的文化及教育體制，被蓋在學術資本主義的天羅地網下流通和消費時，文化研究所生產出來的那些新的文化知識，究竟意味甚麼？再者，當不少研究者（作為文化研究知識的生產者）最終不免要從研究院的環境，過渡成文化知識的傳授者（作為一個「服務提供者」／「教育服務員」），在課室裡頭教授與「文化」相關知識的現實時，從事文化研究究竟又意味著甚麼？

　　這些問題的反覆拷問，遠遠超過了「知識分子」如何「捍衛」文化研究的理想傳統的問題，也超過了文化研究應否和「建制」合謀，在多大程度上可以作出妥協的問題，而是在一個「知識分子」的生產和再生產已經脫離了它原先「理想中」的土壤，在新的並不斷被體制一再重整的文化教育空間底下，從不同的位置重新思考「文化」到底是甚麼？以及甚麼是文化研究的可能性？

　　我想，這既是一個理論的問題，也是一種實踐的歷史經驗如何累積的問題。我們要問自己，文化研究至今為止，究竟在香港贏取了甚麼？當然，從香港人找尋和建構自身本土身份認同的角度看，文化研究的確有助於把香港乃「文化沙漠」的殖民主義迷思粉碎了；再者，文化研究也把「香港乃東西文化交匯地」這種陳腔濫調複雜化了。可是，我們仍要追問，從長遠的角度看來，文化研究如何可以轉化文化教育／文化學習，使之成為一種能動性（agency）的來源，而不僅是一種建築在理論概念上，讓人僅僅站在某種道德高地的空洞批判姿態。

　　事實上將文化研究不單看成是一種屬於研究者（知識生產者）的理想（一種研究方案），而同時是一種「教育」的理想（一種「教育方案」）的話，我們就要直面「文化研究」與新的「文化教育」之間的關係。而當「文化教育」不應再局限在「國族文化建設」的範圍內，

或精英式的絕對精神的框框內，這個方案就應面對如何處理某個處境底下，複雜的各種文化話語資源問題。今日香港的文化研究及文化教育，可以運用的當然不只是文化馬克思主義，甚至也不是新興潮流的後結構主義、後現代主義。堆放在香港及廣大的華人世界面前的，還有來自五四運動的那些豐富的「文化論述」。它們涉及一些命題和術語例如「文化改造」、「文化使命」、「文化理想」等。

如果純粹從學術知識生產的角度，著重於針對舊有人文學科的框限，我們也許要從文化批判的傳統出發，解構這些宏大論述（或曰一種「大寫的文化」）。但從一種教室實戰經驗而來的反思，又催使我們去重新估量，這些解構會不會客觀上帶來一種所謂「文化的解魅」的非意圖後果。特別在普遍的犬儒、反智的環境下，從「文化教育」的角度出發，從文化知識是如何被流通、消費、再挪用和再生產的角度出發，保持、維護和發展某種關於「文化理想」、「文化使命」的主張和說法，也許有一種維持「文化」的「魅力」，免於為功利的體制邏輯所消融掉，以便重新激發學生的熱情、好奇和主體性的必要。而這一種「文化教育」過程中，如何從積極和正面的角度啟發學生對所學產生熱忱，而不是沉湎於冷漠與懷疑，或者有需要結合教育學所強調的正向引導傳統，和比較正統的人文主義。

所以，從「文化教育」的角度從新考慮的文化研究，不單需要批判性地檢視現行英美等外地的文化研究典範和議題，以及重新發掘在自身文化傳統中尚仍有力的經驗和智慧，更要求我們重新扣連人文主義和人文教育的傳統。這不單是因為文化研究需要在既有人文學科的大傘底下，分享共同的旨趣，也是因為文化研究需要在自身的資源，找尋重新扣連不同文化傳統的可能。

事實上，已成某種典範的英國文化研究每每溯源到雷蒙・威廉士（Raymond Williams）當年的貢獻，而威廉士往往被文化研究史家

稱爲左翼的李維斯(F. R. Leavis)主義者。可是,今天不少對威廉士
的討論,往往只強調他的「左翼」部分,而輕輕帶過他如何是一個
李維斯主義者,也模糊了當年威廉士曾經如何和阿諾德(M.
Arnold)、艾略特(T. S. Eliot)、李維斯等人文主義者,分享他們的人
文主義教育理想。今之論者常常強調威廉士如何最終脫離了這批英
國文學巨匠的精英主義,但卻忽略了他們和威廉士其實都分享著當
其時的「文化危機」議題,共同思考如何維護英國傳統,找尋英國
的國民性和本土性,亦即所英格蘭特質(Englishness)。而更重要的
是,他們都共同地對「文化教育」充滿熱忱,認爲「教育」是一種
至關重要的手段,去維繫一種關於「文化」的理想。例如當時阿諾
德就提出一種說法,認爲教育所應傳授的是「文化」,因爲只有以
豐富的「文化知識」培養人民,我們才能有力地抗衡「文明」的宰
制,免使社會無境陷入「無政府狀態」[3]。這種以「文化」抗衡「文
明」的說法,是將「文明」視爲受機械和物質的定律所支配的(現代)
現象,而「文化教育」所追求的「美」與「善」,可以挽救社會陷
入受「文明」所支配的「無政府狀態」。不過當時聲稱可以抗衡這
種「文明」的無情鐵律的還有宗教。可是阿諾德等人文主義者認爲,
宗教的出路只會帶來狂熱。「文化」應該代替宗教去抗衡「文明」,
是因爲文化素養的培育,可以避免宗教教派信仰衝突所引起的狂熱。

　　阿諾德這種對「文化理想」的陳述,自有當時英國的教育系統
爭論應該由人文主義者還是由教會去主導的背景。中國近代由宗教
主導教育的情況,遠未及英國那邊尖銳,所以,近代中國人對文化
理想的闡述和理解,亦較少有從宗教和人的道德「熱情」之間的關

3　Arnold, M. (1971) *Culture and Anarchy*. Cambridge: Cambridge
　　University Press.

聯去考慮。而關於「文化理想」的陳述，亦往往在不知不覺間，暗
合了「國族」的方案。晚近雖有對「國族」的批判和反思，但亦未
有周全地檢討「後國族」的「文化」觀念，並連繫到與「宗教」的
比較。可是，從香港的經驗來說，我們可以覺察出一種重整「文化
理想」的逼切性，特別是在近年美式「宗教右派」在香港悄悄崛起，
以宗教的話語扣連一時的道德恐慌，表述一種道德和文化的危機
感，並聲聲要為一場「文化戰爭」奮戰。很顯然，這是一種在香港
頗為獨特的反智主義和犬儒文化，以及新式文化殖民主義底下所滋
長起來的問題，但這種種問題給文化研究帶來的挑戰，正是須要指
出，威廉士那一代人文主義者就「文化」而感受到的逼切感，和他
們探索過的可能性，其實至今仍有意義。

　　嶺南大學的文化研究同仁過去數年都在考慮一種說法，亦即所
謂「具實用性的文化研究」（Applied Cultural Studies）。我想，這種
想法既是回溯雷蒙．威廉士當年那種孕育文化研究學問誕生的成人
教育事業，也是一種新的衝擊，讓我們再思一些當代文化現狀的新
方向。我的初步想法來自我的社會學背景，思考瑞埃定所講的在「大
學」成為廢墟之後，「文化」的角色產生急劇變化的問題。如果「文
化」失去了他本來在「國族」體制底下的神聖魅力的問題，那我想
我們要做的，並不是懷舊式的妄圖回復昔日知識分子頭上的光環，
而是要直接面對現實，探索如何使文化事業變成一項具實用面向的
工作。不過，這並不是要我們只能默默的讓「文化」變成受常規及
功利效率等原則所支配的那種例行工作，而是思考怎樣不會讓「文
化」也被常規運作而弄得失去神魅吸引力，或者變成只是「廢墟式」
教育體制底下的一磚半瓦。要考慮的，倒是如何令「文化」工作成
為一種值得終身投身的「志業」。這個課題，也就是對被文化、教
育工業所駕馭而變得公式化的「文化」，以及被官僚體制弄得失去

感召力的「文化」再施魅力（re-enchantment of culture）。

如果在日走下坡、充滿危機的1960年代，社會學家米爾斯在令人失望的美國社會學界，還可以寫出像《社會學的想像力》[4]這樣一本充滿熱情的書的話，那面對今日急切的文化轉變，以及「文化危機」的話語不斷擴散衝擊的情況下，我們是否更應期待有文化研究學者，以啟發學問的想像力和學者的熱情為職志，為人文學科出版一本可名為《文化研究的想像力》的書。我以為，這些關於「文化」的魅力（那怕是一種「大寫的文化」的魅力），像幽靈般徘徊在「廢墟大學」之上，正是因為他們是驅之不散，可以被反覆招魂而再生。何況，我們也不當把阿諾德、威廉士等人文主義者當年開拓的「文化理想」、「文化使命」，拱手讓與好像是「宗教右派」一類的文化保守主義。

正如美國文化研究學者格羅斯伯[5]指出，對「感動力」（affect）的忽略，是現存文化研究範式的一大缺陷。上紀末重新浮現的狂熱宗教現象，提出了不少逼切的文化政治課題，文化研究對這些課題的貢獻亦不少，但對於「文化」與「宗教」關係，以至對「文化教育」的意含，則一直並未展開重新思索。換句話說，當「國族」日漸離棄它對「文化」的投資，拱手由它受市場和管理原則支配之時，「文化」所經歷的並非單純一種衰落，而是它所負載的某些功能，例如能感召，能形塑感動力，能促成「能動性」的功能，悄悄地重新被披著宗教外衣的保守力量所擄獲而已。當我這樣評述的時候，不但想起香港的經驗，也想起近幾年吹遍中國的宗教熱、儒學熱等

4　Mills, C. Wright（1970）*Sociological imagination*. Harmondsworth: Penguin.

5　Grossberg, L.（1992）*We gotta get out of this place: Popular conservatism and postmodern culture*. New York: Routledge.

保守主義運動。當然，今天要重新探索的，不應再像是1920年代中國的「非基運動」所說的那種以「無神論取代宗教」，或「以美學取代宗教」，而是如何使文化研究重新審視「感動力」、慾望、情緒等等往往被忽略掉，但卻對人的文化身分、道德行為抉擇等主體性塑造非常重要的範疇，及它們在文化教育當中的位置。文化研究要正視的是它們那些新的流通方式，並視「文化研究」自身為這些流通過程的一部分。

「文化研究」與其他學科不同，因為「文化研究」會不斷追問和警醒自己是否會失去了介入點。對治之策並不在於幻想自己能寄居於能孕育超然知識分子心靈的象牙塔（這是不少老舊人文學科的困局），同時也不能容許因為批判性、分析性的濫觴，而在不知不覺間變成犬儒文化的共謀。如何解決因為「文化使命」等大論述的退場，使「文化」的熱情被浪擲的問題，關鍵是「文化作為一種志業」（Culture as Vocation）的想像，能否介入新的教育體制，模塑新一代的文化工作者自我認同。

與其說這是一個以某種意識型態內容來了斷的「文化領導權」之爭，倒不如說是取決於「文化」是如何在新的文化生產及消費系統被配置。當詹明信（Jameson）指出，我們這個年代是一個一切問題都變成是文化問題的年代，關鍵的爭持，可能就在於摸索出在今天的各種可行途徑，重新整理「文化研究」與「文化教育」的關係。

羅永生，現任香港嶺南大學文化研究系副教授，著有《殖民無間道》、*Collaborative Colonial Power: The Making of the Hong Kong Chinese*，編、譯著作包括《誰的城市》、《解殖與民族主義》。

新加坡的社會運動、公民社會與文化研究

柯思仁

　　歷史上與現實中的例證說明，一個社會的文化研究往往是以激烈的社會批判與活躍的社會運動（social activism）為基礎。學院裡作為一個學門的文化研究，在很大的程度上，也是與學院外的社會運動場域，以及爭取各種權益、申揚各種理念的公民社會有所重疊與聯結。學術與運動，學院與社會，在相互輔助與支援的情況下，使彼此的協議能力得到擴壯，也各自累積更為豐厚的資源。當然，這樣的典型描述，意圖並不在於進行任何不考慮各種或大或小的差異性的總體概括，而是為了說明文化研究作為一個學門的發生與運作，在很多情況下，是與學院以外的社會動力存在著唇齒相依的緊密關係。反過來說，如果缺乏上述的各種社會動力作為後盾，這個社會的文化研究將會怎樣進行？或者，假設文化研究可以純粹在學院中誕生，它又是否將會反過來促成社會運動的發生？這些顯然也是高度假設性與單純化的說法。不過，在兩種極端的理論性的架設中，新加坡的情況也許可以作為比較接近後者的案例，來說明文化研究與社會運動之間的關係。

　　首先，讓我簡單敍述在2008年最後兩個月發生的兩個社會事

件，說明新加坡公民社會目前所面對的局限與挑戰[1]。

中國客工事件

　　第一個事件是關於中國客工與新加坡雇主、政府之間的關係。
作為一個發展迅速的經濟體，新加坡與許多已開發或發展中（尤其是
人力資源有限的）國家相似，經濟發展相當大程度上仰賴從第三世界
招攬而來的人力。新加坡人力部的官方資料顯示，2008年6月，新加
坡286萬名雇員之中，有略超過100萬是非居民，也就是說，外國員
工占雇員總數的超過三分之一[2]。另外，根據太平洋經濟合作理事會
的報告顯示，在2008年初，所有外國籍雇員總數約75.5萬，其中，
64.5萬（也就是約85%）是持有工作准證的非技術或低技能的勞工[3]。

1　本文首先在2009年1月的文化研究學會年會上發表，因此選擇剛發
　　生的兩個事件作為案例。

2　*Report on Labour Force in Singapore 2008*(Singapore: Ministry of
　　Manpower, Republic of Singapore, 2009). 報告中的資料分為「居民」
　　與「非居民」兩類，前者包括公民與已經取得永久居留權的外國人，
　　但不包括不在新加坡居住與工作的新加坡公民。

3　Soon-Beng Chew and Rosalind Chew, "Coping with International
　　Movement of Personnel: Its Impact on Low Wage Domestic Workers in
　　Singapore," paper presented at ABAC Conference on "Demographic
　　Change and International Labor Mobility in the Asia Pacific Region:
　　Implications for Business and Cooperation"(Seoul, March 2008), 見
　　http://www.pecc.org/labor/default.htm, 最後流覽於2009年8月17日。
　　新加坡政府所發出的給外國員工的工作證件主要有兩種：一種是給
　　非技術或低技能工人的工作准證(work permit)，一種是給具備專業
　　知識或能力者的就業准證(employment pass)。這兩種證件的持有
　　者，享有非常不同的待遇。詳情可參考上述引文Chew and Chew
　　(2008)。

雖然這個數字與前引官方數字之間有一些差距，可以得到的結論是，這些客工占新加坡全體雇員人口的 28%左右，可以說是新加坡目前長住人口中相當龐大的一群。他們的國籍、文化、語言等等也非常多元，主要有來自鄰近的東南亞各國、中國、包括印度和孟加拉的南亞各國等等。雖然數量大，他們在新加坡工作與生活的情況，並未受到新加坡整體社會比較多的關注。譬如說，以中國籍的客工為研究對象的一份報告中，作者提出造成客工不滿的因素，除了工作時間過長與加班的需要之外，還包括本地人對於他們缺乏瞭解與同情[4]。客工在新加坡人的社會空間和意識中幾乎是隱形，而他們的福利與權利也少有人或團體代為爭取。

這裡所敘述的個案，是根據一個參與協助客工的志願工作者在他的部落格裡的紀錄。這個事件，發生在六個來自中國江蘇的客工身上，過程相當複雜與曲折，在此難以詳細敘述。簡單地說，這幾個客工的新加坡雇主沒有按照合同付給工資，客工向雇主的管理層投訴，雇主沒有給予合理的回應，客工於是直接向政府（人力部）投訴。某個人力部官員在與投訴的客工面談時，告訴他們：「如果兩塊石頭碰在一起，會冒出火花。如果是一個雞蛋和一塊石頭的話⋯⋯你們就是那個雞蛋。」另外一次，人力部的官員約了客工面談，客工在人力部久久等候不見該官員出現，意識到事有蹊蹺而離去，卻看到雇主帶著保安人員抵達。原本應該協調雇主和雇員之間的矛盾的政府部門官員，顯然在處理事件時偏向雇主。另一方面，雇主可以隨時向人力部申請取消客工的工作准證，而沒有義務通知客工。

---

4   Low Sui Pheng, Liu Jun Ying, and Soh Shan Shan, "Chinese Foreign Workers in Singapore's Construction Industry," in *Journal of Technology Management in China* 3:2 (2008), pp. 211-223.

當客工的准證逾期後，新加坡的法律可以對他們刑事起訴，並將他們遞解出境[5]。另一方面，根據主流媒體的報導，在這些雇主與客工的紛爭之中，人力部的官員往往起著協調的作用，幫助解決雇主與客工之間的問題[6]。

整個過程中，有兩個非官方組織（NGO）的成員嘗試協助客工，卻顯然沒有多少著力之處。他們得到的印象是，政府在處理與客工有關的事件中，往往偏向雇主。這兩個NGO，一個是TWC2（Transient Workers Count Too），正式成立於2004年8月。另外一個也成立於2004年的 NGO 是 HOME（Humanitarian Organization for Migration Economics）。此外，參與協助客工的組織，還有一個是附屬於天主教會的 ACMI（Archdiocesan Commission for the Pastoral Care of Migrants & Itinerant People），他們的任務主要是福利性的，例如為客工提供暫時的居留處，為客工提供休閒活動，為客工提供免費法律服務和輔導服務等。這三個組織之中，與爭取權益的社會運動性質比較接近的，是TWC2與HOME，而後者也主要在推動外籍家庭工作者（foreign domestic workers）的休假日權利。（目前，相關的勞工法之中，並沒有如此的規定。）與此同時，這些NGO的資源有限，

5　這個事件沒有在主流媒體上報導，這裡的細節根據志願工作者在他的部落格（Yawning Bread）裡的敍述，參見http://www.yawningbread.org/arch_2008/yax-962.htm與http://www.yawningbread.org/arch_2008/yax-965.htm，最後流覽於2009年8月17日。

6　2008年底至2009年初，主流媒體曾經出現的一系列與客工有關的新聞，如：Leong Wee Keat, "Are These Workers Just the Tip of the Iceberg?" in *Today*(Singapore), 31 December 2008. 近兩年刊登於主流英文媒體的關於客工的新聞報導，可參見名為「新加坡客工」（Migrant Workers Singapore）的部落格： http://migrantworkerssingapore.blogspot.com，最後流覽於2009年8月17日。

社會上其他團體對於他們的工作也並不積極支持。這些志願工作者所能夠做的，往往就是在問題出現時，給予個別客工輔導與協助，而沒有辦法在法律或政策上有所爭取。在缺乏資源與社會力量配合的情況之下，這種個案處理的方式，也是這些NGO無法應付得了的。

星展銀行事件

第二個事件涉及同性戀社群成員通過另類管道表達意見的方式。某個意義上，同性戀在新加坡是不合法的。新加坡目前採用的刑事法，沿用自英國殖民地政府在19世紀制定的法律，其中第377A條視男同性之間的性行為為非法。2007年，刪除這條法律的提案辯論在國會中進行，最終沒有通過。政府的說法是，法律的保留是考慮到新加坡是一個保守的社會，不過，政府不會主動採用這個法律條文來提控同性之間的性行為[7]。377A條文的存在但不主動執行，對同性戀者來說，使得他們有活動的空間，但是，這個空間顯然必須是隱蔽於主流社會意識之下。也就是說，他們的活動實質上是非法的，並沒有獲得法律的保障；如果任何時候執法者要對他們加以提控，可以隨時引用這個法律條文。

在這個背景下，以下敍述的事件，可以看到的是同性戀社群如何通過「非正式」與「非運動性(non-activist)」的方式，表達對同性戀社群不公平行為的反抗。新加坡三大銀行集團之一，也是由政

7　Chua Beng Huat, "Singapore in 2007: High Wage Ministers and the Management of Gay and Elderly," in *Asian Survey* 48:1（2008）, pp. 55-61. 新加坡近年發生的同性戀相關事件，可參見 Kenneth Paul Tan with Gary Lee Jack Jin, "Imagining the Gay Community in Singapore," in *Critical Asian Studies* 39:2（2007）, pp. 179-204.

府控制的星展銀行(DBS Bank)，在2008年11月的耶誕節促銷廣告裡
宣布，其信用卡持有人若消費超過某個數目，銀行將自動捐款給一
個指定的慈善團體。這是星展銀行歷年慣有的做法，向來受惠的都
是跨社群的慈善團體。2008年所指定的團體比較特殊，是一個叫做
Focus on the Family(FOTF)的具有濃厚基督教背景的團體。FOTF是
在美國設立的組織，宗旨是以基督教教義爲基礎，提倡「健康的」
家庭生活。不過，他們也是主要的反同性戀組織[8]。2008年11月加利
福尼亞州的支持第八號提案，反對同性婚姻法的運動中，美國的
FOTF是主要資助團體之一[9]。星展銀行捐款給 FOTF 的做法，引起
新加坡的同性戀社群的抗議，不過，不像其他合法(或被主流社會接
受的)社群，他們無法通過主流媒體表達意見。他們在互聯網的雅虎
論壇小組 SiGNel 和社交網路 Facebook 上[10]，展開熱烈的討論，並呼
籲同性戀者和他們的朋友拒絕使用星展銀行的信用卡和各種服務，
寫信或打電話向星展銀行表達不滿。這個事件後來在英文的《商業
時報》報導，標題是：“Online campaign leads to rethink at DBS – Bank
removes ad references to controversial outfit”(網上運動促使星展銀行

8　FOTF 對同性戀課題的看法，參見 http://www.focusonthefamily.
　　com/socialissues/sexual_identity.aspx，最後瀏覽於2009年8月19日。

9　Dan Morain and Jessica Garrison, "Proposition 8 Proponents and Foes
　　Raise \$60 Million," *Los Angeles Times*, 25 October 2008.

10　由 PLU(詳見下文)成員創辦於 1997 年的網上論壇　SiGNel
　　(Singapore Gay News List)是新加坡最主要的同性戀課題討論空間
　　之一，2000年3月搬遷到目前屬於雅虎的論壇小組，目前有超過2600
　　個成員。關於新加坡同性戀運動早期的介紹，參見 Russell Heng
　　Hiang Khng, "Tiptoe Out of the Closet: The Before and After of the
　　Increasingly Visible Gay Community in Singapore," in *Journal of
　　Homosexuality* 40:3 (2001), pp. 81-98.

重新考慮，取下具有爭議性的廣告)[11]。星展銀行雖然沒有表明它們改變立場，不過，在主流媒體報導之後，捐助FOTF的廣告已經從他們的網站上撤下。

在這個事件中，我們看到發揮作用的同性戀者是具有消費能力（擁有信用卡）和高教育水準（使用互聯網，能夠向媒體表達意見）的一群人。不過，他們的「反抗」行爲都是以個人的身分進行，而不是通過有組織的團體代言。至今爲止，新加坡並沒有合法的同性戀運動組織，只有一個非正式的組合PLU（People Like Us，我等之輩），1997年和2004年兩度向政府（社團註冊局）要求註冊爲正式社團都被拒絕[12]。至今爲止，他們都是以非正式的方式進行活動。在男同性性行爲尚屬非法的新加坡，雖然近年政府對於同性戀的態度逐漸開放，同性戀社群的能見度有所提高，活動量也增加，但是，他們主辦的各種活動並不會在主流媒體上露面，也不時遭遇來自社會上保守（尤其是宗教相關）力量的壓力。由於他們的活動在理論上來說是不合法的，因此在面對壓迫性力量時，無法有任何抗爭或周旋的空間。

社會運動缺席下的公民社會

這兩個事件涉及的都是新加坡主流社會以外的邊緣族群。客工社群與同性戀社群，相對於主流社會來說，大部分的情況都是隱蔽於主流意識以下的，如果受到壓迫，情況也不會在主流媒體出現而

11　*Business Times* (Singapore), 5 December 2008.
12　PLU 申請成立正式團體被拒絕的事件以及這個非正式組織的相關資料，參見http://www.plu.sg ，最後瀏覽於2009年8月17日。

被關注與討論。邊緣族群的權益,往往需要通過可以在社會上操作的行動來爭取,可是,這兩個社群在新加坡的環境中,這種行動空間也被壓縮與局限。不過,上述的兩個邊緣族群有一個很大的不同,也使得他們在事件中的結果有所差別。中國客工的教育水準不高,而且是這個社會的外來者。他們在新加坡的權利和福利,如果沒有其他個人或組織加以協助,就很可能會被漠視或遭遇剝削。他們相對於新加坡主流社會的這種(至少)雙重邊緣身分,使他們在沒有外力協助的情況下,幾乎難以通過個人或社群內的行動,爭取自身的權益。相對而言,星展銀行事件中的同性戀者,雖然沒有組織代言與代為爭取,卻能夠通過個人的力量和新媒體的組織方式,表達他們的意見與感受,某個程度上,也由此帶來主流社會不得不正視他們存在的效果。

　　不過,這兩個事件也有一個共同之處,那就是,新加坡的社會運動受到相當大的限制與控制,難以通過有組織的、集體動員性的方式進行。雖然有一些通過個人運用非正式的管道在努力,而目前的通訊方式(包括互聯網和行動電話等等新興媒體),也對這些個人行動有所幫助,不過,整體而言,社會運動少了組織行動的平台,可以發揮的爭取權益和教育社會的功能,顯然造成不小的局限。對於新加坡政府來說,「社會運動」顯然是一個對當權者具有頗大威脅性的貶義詞,這種態度很明顯的和歷史有關。1950年代初到1970年代中,反殖民和獨立運動的浪潮中,學生和工人結合的運動,被看成是受到非法的馬來亞共產黨的操控,企圖發動群眾運動、顛覆政權,建立共產主義國家[13]。

13　Gillian Koh and Ooi Giok Ling, "Relationship between State and Civil
　　Society in Singapore: Clarifying the Concepts, Assessing the Ground,"

　　這種冷戰時代的思維，隨著後冷戰時代的來臨有所軟化，不過，在1959年執政至今未有中斷的人民行動黨及其政府、官僚體系之中，已經形成一種牢固的意識型態。在這樣的背景下，公民社會的難以發揮與發展，被學者認為是由於社會成員的冷漠與保守所造成，而這種現象的導因，是執政黨長期對公民社會的不信任甚至是敵意[14]。缺少社會運動可以施展的空間，新加坡的公民社會顯然缺少一個重要的元素。現代公民社會的一個重要特徵，就是通過兩個層面運作：第一，對於社會現象的批判性檢視，第二，以實際的行動嘗試改變不公的現狀。遠的不說，台灣、香港、南韓，這二、三十年來的經驗，就可以說明這個情況。而在新加坡，實際行動難以展開，對於社會的批判性態度與方法，要具體實踐，也是步步為營。

1990年代以來的公民社會發展

　　一直以來，在這種比較壓抑的社會政治氛圍中，都有人在進行類似公民社會性質的活動[15]，不過，總體來說，「恐懼」的社會心理是相當普遍的[16]。1990年代以來，在政治與經濟相對穩定的環境裡，一些來自不同領域的知識分子逐漸形成結合，並推動針對社會與文化進行批判思考的活動，新加坡的公民社會進入另一波相對來

（續）────────────────────────────

　　　in Lee Hock Guan, ed., *Civil Society in Southeast Asia* (Singapore: ISEAS, 2004), pp. 169-170.

14　*Ibid.*

15　關於新加坡公民社會的總體討論，可參考 Gillian Koh and Ooi Giok Ling, eds., *State-Society Relations in Singapore* (Singapore: Oxford University Press, 2000).

16　2005年11月，公民社會組織「圓切線」曾經主辦過一個以「新加坡人，你怕什麼？」為主題的論壇，見《圓切線》第6卷第1期(2007)。

說比較活躍的時期。這些參與者，主要包括學者、文化評論家與藝術家，雖然沒有正式的(但並不是非法的)組織，他們借用不同的平台進行組織與活動，尤其是各種討論社會與文化課題的論壇。

這些公民社會的行動，其中一個主要的系列活動，是由新加坡第一個民辦的藝術中心「電力站藝術之家」主辦的論壇。電力站是由戲劇家郭寶崑創辦，他也在1990-95年擔任第一任藝術總監[17]。曾經在1970年代後期被新加坡政府以政治理由逮捕與拘禁長達四年半的郭寶崑，向來對社會與文化課題有深度的關注，也是知識界的活躍成員。在他所創辦的電力站這個新開創的多元性、開放性的空間，1993年舉辦了第一次的論壇，主題是「藝術面對面：衝突與匯合」[18]。這個論壇雖然是以「藝術」為主要關注，不過，其中重點課題如「藝術自由與藝術責任」、「藝術作為社會批評」、「藝術的存在：收編與抗拒」等等，都顯示討論框架並不局限於狹窄意義的「藝術」，而涉及藝術與藝術家所身處的更大範圍的文化、社會、政治環境。再者，論壇的發言者與參與者也不限於藝術工作者，還包括了藝術決策者、藝術官僚、文化評論家、新聞與媒體工作者、學者，以及藝術活動的觀眾等等。第一次的論壇取得藝術界、知識界與媒體的積極回應，接下來，電力站於1994年主辦的論壇討論的是傳統、記憶與文化的課題，1995年則討論與生活、藝術、思想相關的空間[19]。

---

17 關於郭寶崑的概括介紹，見柯思仁〈「出發是我的還鄉，漂泊是我的家園」〉，載《讀書》2006年第8期，頁21-28。

18 這個論壇上發表的論文討論紀錄，後來結集出版成書： Lee Weng Choy, ed., *Art vs Art: Conflict & Convergence* (Singapore: The Substation, 1995).

19 這兩個論壇的論文和討論也已經出版，分別是： Kwok Kian-Woon, Kwa Chong Guan, Lily Kong and Brenda Yeoh, eds., *Our Place in Time: Exploring Heritage and Memory in Singapore* (Singapore:

這個系列的論壇持續舉辦，也持續發揮社會效應，當時最主要的知識界成員，幾乎都參與了這些論壇。結合藝術界、思想界與官方成員的論壇，可以說開創了一種深省性的、積極的、公開的公民社會空間。這個空間的特點，是具有公民社會的批判性思考，不過，也有別於1980年代以前的那種與社會運動緊密結合的公民社會。

緊接著這個系列論壇的舉行，一群人成立了一個由個人與團體組成的公民社會運動組織，稱爲TWC(The Working Committee，工作委員會)，在1998-99年的一年之間，主辦展覽、論壇等活動。這群人之中，有好些曾經參加過電力站主辦的論壇，某個程度上，可能是受到電力站論壇的開放討論氛圍所啓發。這次組織的性質是非正式的，參與者都是以個人的身分(即使是某個團體的主要負責人)加入[20]。TWC 的組織行動是新加坡自獨立(1965年)以來少有的「公民社會運動」(civil society activism)，而且參與的個人與支持他們的團體所涵蓋的社會範疇，也是數十年來少見的。這些團體包括：爲女性爭取權益的婦女行動與研究協會、關注馬來社群權益的回教專業人士協會、電力站藝術之家、戲劇團體必要劇場、關注青少年課題的 Project Access、政論團體圓桌論壇，以及非正式的互聯網社群 Sintercom 等。與電力站的論壇不同的是，TWC 並沒有官方成員參與，完全是由民間力量在推動與互動，而且，他們也自稱是 "activism"[21]——這是獨立以來長期被政府妖魔化與壓制的行動與

(續)

    Singapore Heritage Society, 1999) 以及 Lee Weng Choy, ed., *Space, Spaces and Spacing* (Singapore: The Substation, 1996).

20 *The Straits Times*, 19 April 1999.

21 Constance Singam, Tan Chong Kee, Tisa Ng, Leon Perera, eds., *Building Social Space in Singapore: The Working Committee's Initiative in Civil Society Activism* (Singapore: Select Publishing, 2002), p. xi.

概念。他們不僅沒有官方的聯繫，在某個意義上，由於活動性質與
訴求的重點是爭取社會上邊緣族群的權益與能見度，他們不可避免
地與政府存在著一種直接或隱含的張力。不過，在現行法律不允許
公開自由集會更遑論示威遊行，對抗性行動在意識型態與實際運作
上都受到限制的環境裡，他們雖然宣稱是「運動」，實際上的效果
比較是在理念的層面，提高社會大眾對於邊緣族群的認識與關注。

　　在上述公民社會行動進行的同時期，有一個個案特別值得注
意。成立於1994年的「圓桌論壇」（The Roundtable），是由一群以英
語爲媒介的專業人士所組成。這個團體被媒體稱爲「論政團體」，
主要是通過向新加坡唯一的主流英文報章《海峽時報》投函，表達
他們對於新加坡的政策、法律、政治、公民社會等方面課題的看法。
作爲一個以議論時政爲主要目標的團體，他們的運作有著根本性的
局限。當圓桌論壇在註冊成爲合法社團時，其章程規定：第一，不
得主辦公開講座，第二，不得出版刊物。這種奇特的限制，使圓桌
論壇喪失了最重要的言論平台，幾乎完全無法發揮功能。圓桌論壇
的成員，很多是在各專業領域卓有成就的人士，例如：律師、經濟
師、大學講師等。整體來說，成員的背景比起上述兩個個案中的參
與者，具有更高的社會地位與經濟能力。這些年來，圓桌論壇幾次
申請修改章程，但都不被批准。2004年，圓桌論壇宣布解散，根據
最後一任會長陳有利的說法，主要原因是活動形式受到限制[22]。圓
桌論壇的成立與電力站的論壇，幾乎是同一個時候，但是他們的遭
遇和分別取得的成效卻很不一樣。電力站論壇的舉行，由於是由一
個藝術相關團體在主導，並沒有直接警示人和相關監管部門。相反

22　周偉立，〈圓桌論壇的解散：與陳有利的電郵對話〉，載《圓切線》
　　第4卷第2期（2004）。

的，作爲一個目標明確定位爲議論時政的註冊團體，圓桌論壇的成立與計畫中的行動，顯然就直接受到有關部門的直接關注，也受到直接管制。

新加坡文化研究的困境

新加坡的公民社會團體與行動，一般持有一種「謹慎前行」的態度，特別是要避免直接涉及政治的領域，以免被視爲對政治權力發出挑戰。這樣一來，不免存在一個根本性的吊詭：公民社會的主要功能之一，正是對不公的社會現狀進行批判與挑戰，其所針對的對象，往往是既得利益者與權力掌握者。當公民社會的團體與成員在運作時，被壓制性的制度與條規所局限，或者需要適當收斂與自我審查這方面的言行，他們所能夠發揮的批判性與挑戰性，顯然就受到制約，更不用說具有「運動」的性質與功能。

從歷史角度來看，公民社會的活躍，是文化研究發展的重要條件，兩者具有唇齒相依的關係。無論是從英國、美國，或者亞洲的台灣、韓國、香港等地的經驗來說，都是如此。反觀新加坡，缺少了公民社會的實踐（實戰）經驗，學院裡的文化研究，作爲一個學科或學術場域，走的是和其他地方很不一樣的路。沒有發達的公民社會——無論是作爲原因還是結果，而很多時候是互爲因果的——首先，學院和社會之間，形成某種程度的區隔，學術的影響範圍並沒有擴大到社會層面，學術方向的選擇和進行也少有直接來自社會的動力。從人的層面上來說，學者少有直接參與公民社會的活動，更不要說是加入實在的社會運動。其次，文化研究與社會運動相似的一個地方，是兩者都需要透視社會看起來理所當然、自然而然的表相，對現象進行深入的剖析和批判。沒有公民社會的經驗，文化研

究在這方面的態度和能力缺少一個重要的緯度和啓示。

　　儘管如此，並不意味著新加坡的大學裡，沒有文化研究相關的研究和教學。在新加坡國立大學裡，主要得力於社會學教授蔡明發的推動，成立於2001年的亞洲研究院，作為附屬於新加坡國立大學的跨領域學術研究機構，他們所列出的七個研究小組之中，有一個是「亞洲的文化研究」。不過，作為一個以全球性大學為目標的新加坡國立大學，文化研究的範圍定在亞洲，而且以東亞和南亞研究，以及全球化資本主義中的流行文化生產和影響為主，而在地研究相對而言只是其中一個很小的比例。課程方面，新加坡國立大學的文學院設有「文化研究副修」課程，也是由蔡明發策劃。課程中列出26門課，都是文學院各系（社會學、歷史、地理、傳播學、英文、日文等）現有課程中選擇相關的課組合而成，學生只需要修滿六門課即可算完成副修課程。蔡明發也策劃一個「亞洲文化研究博士課程」，學生必須選修至少六門由各個學系開設的研究生課。這種課程設置的方式，一方面顯示文化研究作為一個學科，要達到具體建制化的可能性還有一段距離，另一方面，卻也展現了文化研究，作為一種方法和學術場域，與現有的各個已經相當體制化的學科之間，有著相當程度的互動和滲透。

　　值得注意的是，新加坡國立大學的文化研究相關研究與課程，主要的推動者／策劃者都是蔡明發，而蔡明發也曾經參與前文所討論的兩個重要的公民社會活動：電力站論壇與TWC。這種聯繫不能看成是必然的因果關係，不過卻可以顯示公民社會與文化研究具有某種共同的關注。作為一個學者，像蔡明發那樣積極參與公民社會的討論與組織，在新加坡的學術界是相當罕有的例子。這種情況形成的原因很多，包括新加坡的大學曾經在1950-70年代強烈左傾，而引起政府介入整治與管制的歷史現實，以及獨立以來大學為配合國

家經濟發展的需要，而偏向理、工、商的科系建制，忽略人文學科與精神的培育等等。以21世紀以來的情況而言，在追求全球化卓越表現的大學體制中，狹義的學術生產方面的壓力，也對大學教授的社會參與、思考、批判等的可能性形成負面的效應。這種困境，相信不是新加坡所獨有，而是世界各地的大學都面對的問題，大學裡的成員，如果有社會意識的話，也必須重新尋找自己的社會意義與角色。

　　學院裡的文化研究作爲知識生產，在上述種種環境與體制所形成的局限之下，往往必須嚴格符合狹義的學術出版的規範，也與更大範圍的社會層面難以進行直接的交流與產生影響。這方面的空缺，在社會相對趨向開放的1990年代以來，多數是由民間團體或公民社會行動的期刊或出版物填補。譬如說，1992-93年的兩年之間，新加坡國立大學學會(即畢業生俱樂部)所出版的刊物《評論》在一群年輕知識分子組成的編輯委員會的主導之下，出版了三期具有批判性的專號，主題分別是「城市」、「公民社會」、「民主」，其中作者大部分不是大學講師／教授[23]。當他們準備要出版接下來的一期「文化」，卻遭到內部審查而決定集體辭職[24]。雖然這個編輯與作者群主導的期刊系列出版的壽命不長，這群人之中的好些成員，卻接下來成爲公民社會裡重要的推動者。緊接著下來舉辦的電力站論壇與TWC，論文與討論也在主辦者很有意識的策劃下出版，成爲公民社會發展過程的重要文獻。這些行動與文獻，都是以英語

23　*Commentary* 10 (1992), 11.1 (1993) and 11.2 (1993).

24　被內部審查而未能出版的一期，後來以書的形式出版，即 Sanjay Krishnan, Sharaad Kuttan, Lee Weng Choy, Leon Perera and Jimmy Yap, eds., *Looking at Culture* (Singapore: n.p., 1996). 有關審查事件的詳情與編輯的態度，在書中有所說明。

進行，代表英語知識界的努力與成果。作爲一個語言分化而形成社群區隔的社會，自1980年代以來，新加坡的華語社群面對華語社會功能改變的現實，在上述英語主導的公民社會中幾乎缺席。2000年成立的宣導以華文討論社會文化課題的圓切線，以及這個社團一年兩期的刊物《圓切線》，反而是這20年來唯一持續出版的對公民社會有所關注的期刊。

　　近20年來，新加坡經濟高度發展、整體社會更爲富裕的時期，新一代的公民社會逐漸崛起的吊詭局面是，社會運動無法凝聚力量也難以達到動員效果，公民社會的行動與擴展受到體制與政府的限制，而文化研究的成果在民間比學界累積更爲豐富。與此同時，大學宣稱面向全球，極力爭取也實現進入全球大學排名前列，學院與社會之間的互動不多，關係也相當疏遠。某些個人在兩個空間之間扮演聯結的角色，不過，更深入與廣泛的互相涉入的可能性卻似乎不是太過樂觀。某個意義上來說，至少在執政長達半個世紀的人民行動黨政府的觀念裡，這種狀態是維持社會穩定而致使經濟發展與社會富裕的條件。如果說「發展」與「富裕」是小國如新加坡生存的最主要信條，那麼，社會運動、公民社會、文化研究能夠怎樣回應、反思或挑戰這種目前已經普遍存在於政府與社會各階層的意識型態？這也許是新加坡的知識分子，在思想上與行動上，都必須認真面對的現實。

　　柯思仁，新加坡南洋理工大學人文與社會科學學院中文系副教授。研究重點為中文文學與文化、劇場與表演、新加坡社會與文化等。著作有 *Gao Xingjian and Transcultural Chinese Theater*, 《文學批評關鍵詞：概念、理論、中文文本解讀》（合著）等。

當文化研究進入教育學門：
以文化研究重構當代的教育學想像

劉育忠、王慧蘭

一、導論：從文化研究的理想性談起[1]

　　台灣當代文化研究實是包羅萬象，此可歸因於來自不同研究領域參與者和研究主題的多樣化——從空間與認同或意識的分析（例如都市、移民、旅行、流離、虛擬空間、性別、階級、種族等）、文字或影像的文本分析（傳媒再現的政治或符號分析）、以及各種真實社會問題的討論和運動實踐等。這種與日常／常民文化的緊密聯繫，以及與現實生命經驗場域的疊合，造就文化研究獨特的魅力：它讓學術研究走出研究室的抽象推理蒼白思維，投入現實大眾的平凡血肉生活，並企圖開探挖掘現象背後的深層結構或意涵。

　　上述對社會文化現象背後機制的挖掘，讓文化研究具有一種本質上的「教育性」／「啓蒙」：它讓人們「看見」「看不見的事物」，看見造就影子背後的「真相」。這樣的允諾，標示著文化研究傳統

1　本節部分內容曾以「文化研究具有理想性嗎?」為題，發表於「第一屆教育與文化論壇」的圓桌論壇。該會議由屏東教育大學教育學院與致遠管理學院教育研究所主辦。

中一種與左派馬克思主義複雜的親密血緣，這尤其可見於文化研究的肇生地——英國的文化研究傳統。這種馬克思主義式的文化研究，往往伴隨著「改變世界」的主張並促成社會轉化的積極行動。如果台灣的文化研究，延續這樣的傾向，那麼文化研究所應具有的理想性，自不在話下。

然而，對於後現代主義者而言，馬克思主義式的理想性宣稱，若伴隨不自覺的權力傲慢，往往會流於某種獨斷的大敘事，甚至淪為一種宰制機制的延續與複製工具。因此，當代文化研究在理想性的基礎上，一方面對意識底層與結構深處進行縱向的批判，另一方面更應採取開放的心態和運用一種跨界的橫向串連策略，了解所有的新興文化與差異事物，當做是對各式可能性的展現，樂見所有的「大逆不道」或「傷風敗俗」，因為這都是對既存結構與宰制關係的抗拒實踐。存在的本身就是價值，就需要被了解和正視。差異的存在，渴求的是被理解，而不是被論斷。因此，文化研究可以是一種「差異」詮釋學，其目的是揭露對差異顯出的理解可能性與多樣性，而不是提供正知與真解。

上述具有「批判性」和「差異」詮釋學基礎的文化研究，可不可能或者應不應該接合到教育場域，就成為一個值得探討的問題。如果教育是「讓人成為人」的歷程，文化是支撐此一歷程的廣大生活世界脈絡，那麼我們究竟是通過怎樣的「文化」歷程，讓「人」成為「人」呢？這個括弧裡的「文化」與「人」，在不同的時代氛圍下，總具有某種理想性的特定預設，教育發展或教育研究往往是以此理想性預設為基礎，形成某種內在的規範性要求：提供正向的引導。特定的價值取向正標示教育活動的獨特性，使其有別於其他的人類活動。

本文透過「文化研究在教育領域建制化」的實踐經驗，分析當

文化研究的關懷與旨趣進入教育學領域時，在教育學基礎預設與教育學門的建制傳統上所（可能、而非必然）面臨到的抗詰，並通過分析抗詰的基礎性／歷史性原因，思考「教育學中的文化研究如何可能」的問題。上述分析，涉及了文化研究與教育研究二者在本質上接合的可能性問題、台灣文化研究本身的發展脈絡和建制化問題、教育學基礎預設與教育學門建制傳統上的既有疆界等問題。

　　本文希望藉由對文化研究與教育學二個學門基礎預設的重思，進行跨界／逾越性的創造，嘗試勾勒一種以文化研究為基礎的教育學新面貌，一方面做為與台灣近10年文化研究領域發展的對話，另一方面更企圖召喚一種教育學領域內部的路線分裂，讓當代教育學的思維、想像和行動，能更深刻地反映？社會變遷和各種新興文化圖像以及人生活在其中的意義和可能性。

二、文化研究在教育領域的建制化實踐經驗

　　「為什麼教育系的師生需要搞文化研究？」這大概是許多教育學系學生、甚至是教育學系師長心底的疑惑。為什麼需要研究文化？文化研究對於思考教育有什麼用？或許我們可以從下面幾條線索來分析相關問題。

　　根據杭廷頓（2000/2003）的說法，文化影響著國家的經濟社會發展。他認為，文化影響了迦納與南韓從1960-90年代的這30年內懸殊的發展差異。1960初期二個國家的經濟資料狀況十分相似，但30年後，在1990年代初期，南韓已經成為全世界第十四大的經濟體，迦納卻還是一樣，國民所得平均大約只有南韓的1/15。這個發展的差異，主要可能是由於價值觀的差異，簡單說也就是文化的差異。他也援引了哈瑞森在《未開發乃是一種心態：拉丁美洲的案例》一書

的看法，認為拉丁美洲的文化是經濟發展的主要障礙。從杭廷頓這樣的觀點看來，文化研究可以避免或了解國家社會經濟發展的障礙所在。或者，我們可以從哈瑞森(2000/2003)下面的這段話入手，他將文化研究的使命與效用，解釋地更為清楚：

> 過去半世紀以來，大多數窮國與經濟落後的種族陷入困境。我認為只要將價值觀與態度的改變融入政策、計畫與規劃之中，未來50年內這些國家將不會再有貧窮與不公平的現象」（李振昌、林慈淑譯，xxix）。

我們姑且從最現實也最具理想性的角度來說，為什麼要從事文化研究呢？或許是因為文化研究可以讓一個國家社會的經濟發展持續成長，也可以減少解決貧窮與不公平的現象。經濟問題並不只是資本、市場或數字問題，更涉及生產、勞動、所得、儲蓄、消費和價值觀等深層的文化脈絡。尤其在全球化時代中，經濟的全球化其實與全球化的其他面相密切相關──包括政治、人口、空間、移動、教育、科技和認同等諸多因素。

從社會學科的發展而言，文化研究有其來自人類學和社會學的既有學術基礎。西方的人類學研究源自帝國海外拓殖的需求，而逐漸走向學術建制以及對於地方文化和風俗習慣的微細理解。社會學的發展主要關切社會變遷和秩序，以及都市化的各種發展建制和面相分析。在上述兩種學科的發展之中，對於教育制度或學校教育的論述都不是其重點，但教育所涉及文化傳承或變化的機制卻隱含其中。這也是為何教育社會學和教育人類學成為教育學重要基礎的主要原因。雖然當代教育學以及學校教育的實踐往往偏重個人心理學式或教學策略的發展，但教育學或學校教育發展的真實情境和相關

問題，仍需藉由廣泛的社會人類學理解和討論，才能更適當地透視問題的根源和規畫可能的未來。

當代文化研究的發展其實是具有時代精神和開創意識的。尤其是新興文化研究的意旨，原就是一種突破學科傳統分際，強調更開放和批判地面向社會問題和現象意義的尋求。對於教育研究或學校發展而言，我們所能期待教育的目標應是養成下一個世代的公民和建構具有新價值的社會體制，而不只是複製舊有的教育學知識或制度。因此，新興文化研究對於上述的教育期待，重點並不是提供一種新的學科知識或時髦的學術名詞，更重要的是一種不斷自我反思、顛覆和開創的精神。

Giroux（1985/1995）等人在〈文化研究的必需：抗拒的知識分子與反對的公共空間〉一文中，從北美大學學術領域追求本身的專業化發展所導致的問題，論及文化研究的必要性。根據他們的分析，學術領域的構組，事實上都是通過若干特定學科的實踐，而非自然而然的事情；也就是說，每一個領域其實本質上都是獨斷的，乃是在其歷史情境中偶然地形成。隨著學術領域的發展，其學科結構逐漸以生產出專業人士爲目標，要求對構成當前專業關懷的少數問題必須持續地抱持關注。學科領域的專業化，遂逐漸生產出「經典」（canon）。然而Giroux等人認爲，若我們細究所謂的「經典」，其實乃是「根植在一種階層經濟之上，而文化物也據此被予以排名」。他們因此主張，文化研究必須建立在一種不同的經濟上，必須將文化物看成是相對性的配置；也就是說，文化研究必須帶著懷疑來觀看文化的序階化，因爲通過序階化，文化已被限定爲特定的組成部分，而這些部分被認爲是不可或缺的，但其實卻已預先被政治性地或倫理性地決定了其重要性與價值。

在Giroux等人的眼中，文化研究應該「拋棄讓學生進入代表性

文化的目標」，強調文化的「未完成性」：保有將文化當成是一組在不均衡的權力關係中生活與發展的活動來加以探究的可能性。換言之，文化研究不應該被理解爲一個系所，屈從於大學學術與政治的合作形式，或者是區分專業活動與其他活動的部分疆界，而應該認識到：大學其實與主流社會具有一組特定的關係，「大學既非宰制的所在，也非自由的所在」；而是「帶著相對的自主性，主要的功用是生產與合理化那些標示著社會主流權力關係的知識、技能與社會關係」。文化研究必須發展出各種批判知識的形式，以及對知識本身的批判，以抗拒那些用來標示學科特徵的具體化與分裂化，因爲學科結構的構組正有礙於推翻勞動的科技分派與社會區分，而當前的大學結構不但壓抑著知識分子對反對性公共空間的努力，在傳統的系所中也無法培育出這樣的問題化旨趣。因此，文化研究必須致力培養一種反對性的論述與反學科性的實踐，來處理對於不同序階宰制的對抗、文化經驗的形式衝突與未來的各種願景。從事文化研究的目的，正在於挑戰當前大學追求專精化的學科知識與系所，讓知識分子重回公共空間，重新回到抗拒的知識分子的角色；文化研究也需要發展出一套課程與教育學，來強調知識分子的折衝性與政治性角色，並理解文化層面的相對性本質與分析生活中的文化實踐，拒斥將文化看成是一種預先決定的價值觀與階級範疇。

　　基於對當代文化研究批判性認知的回應，也基於對目前教育系教學和學習生態的諸多觀察和反思，包括：學生對於學習的冷感、無力感、缺乏理想、和現實社會及教師的疏離、教師甄試的超低錄取率導致更多的學生選擇攻讀研究所；教師教學的無力感、缺乏在教學和研究等方面的社群討論和合作、缺乏具體的管道與學生分享社會關懷和帶領實踐、希望爲攻讀研究所的學生加強其社會人文科學的基礎素養和實踐關懷等。因此，2005年開始，本系幾位老師（主

要學術專長和研究興趣爲教育哲學、教育社會學、多元文化、性別研究和批判教育學等）決定試圖在自身所任教的教育學系（原已有「課程與教學」和「教育行政」兩組）創設「文化研究與社會批判組」，一方面企圖擴展和深化所謂的「教育」意涵：我們認爲「教育」不該只是被理解爲已經建制化、系統化的學校教育（schooling），也不應只是教授們預先決定的系統性教育專業知能；另一方面，我們也試圖帶領學生重新去建構對「學習」的感受與認知，讓學生對於「教育」的實踐學習與思索，能建構於社會生活與個人生命的置身所在（situated-ness）脈絡，希望學習不再是純腦部的認知或無意義的背誦活動，而應是有血有肉的體驗互動和有情有義的情意分享；我們不希望只是傳遞一套無歷史性、無政治性、無文化性的去脈絡化知識，而希望培養教育系的學生發展出對於社會文化脈絡、自身與在地更深的理解力、詮釋力與批判力，能將抽象的理論性知識靈活轉用於自身所居處的特定時空，也具備（跨）文化的敏感度、同理心，以及社會參與和公共實踐的熱情與興趣。基於上述想法，我們以下面一段文字當做系內大一升大二分組招生時的文案宣傳，並置於本組網頁的首頁[2]：

> 生命應該是與自身生命深刻對話的學習、無止境地返身回顧、經驗、思考、連結、分享。爲自己選擇一個不一樣的學習生活；讓自己看見一個寬廣的未來；學會營造一個意義豐足的人生。

基於上述理念，設計出本組的課程（表一）[3]。以「台灣在地議

2　摘錄自 http://cclearn.npue.edu.tw/tuition/tedyc-web/
3　摘錄自 http://cclearn.npue.edu.tw/tuition/tedyc-web/E.htm

表一　屏東教育大學教育學系「文化研究與社會批判組」課程
　　　（自95學年入學學生開始實施）

核心科目	批判思考導論、文化研究導論 文化與社會批判紀錄片賞析、 文化與社會批判專題研討、 文化研究與社會批判名著選讀
發展科目	媒體識讀教育、校園文化分析、台灣流行文化分析、 台灣原住民族歷史與文化、台灣原住民族教育、 台灣新興移民與教育 台灣社會變遷與教育改革、社會階級與教育、庶民教育學 非營利組織與社會運動、全球化與教育 性別研究導論、性別教育實作、女性主義教育學 後現代主義與教育、知識社會學導論、批判理論與教育 教育倫理學、教育人類學、教育美學
研究方法科目	生命史與敘說探究

題」、「當代文化議題」和「理論與研究方法」等三大部分為主，
並根據本系課程分組的相關規定訂出本組必修15學分，組選修35學
分（得跨系、組選修10學分），共計50學分。

　　上述的創組構想和課程設計，在本系期末系務會議當中，引發
了相當多的質疑和討論。表面上，主要反對的理由是「對學生來說，
文化研究組的課程內容太難」或「本系目前分為兩組已經足夠」；
但檯面下，更多老師的反對原因和顧慮或許是因為：對於文化研究
的領域不熟、不感興趣或不以為然，同一學系有更多的分組可能危
及部分老師的開課機會和修課學生數。這些質疑正如 Giroux 等人所

分析的，主要來自不同的教育研究工作者對於教育學門知識體系疆
界的歧異想像，以及對於學生學習知能的預設；更具體而言，就是
對於「教育專業」的想像與理解，以及學生有沒有能力學、適不適
合學的認知與預設。對於某些教育系老師而言，除了「課程與教學」
與「教育行政」之外，其他新興學科和議題概不屬於教育領域；為
了強調教育系的「傳統」和「特色」，教育系學生只能學習目前教
育學門既存的主流知識系統，其他都超過學生的學習需要和能力。
除了上述不同的學科認知和學習想像之外，其實也涉及社會中新興
議題或事物能否被教育學科從業人員「看見」或「認可」的某種社
群機制和文化政治。

　　除了說服本系教師接受本組的創設外，另一個難題是如何吸引
學生來選組修課。對於教育系大多數大一升大二的學生或學生家長
而言，「文化研究與社會批判」究竟是什麼？對於學生的現在和未
來有何好處？這些都需要許多的解釋、釐清，以及時間的證明。一
般對於教育學系的刻板想像總是「念教育的以後就是要當老師、主
任、校長」，而對於「批判」二字，台灣社會似乎還停留著許多歷
史陰影(戒嚴時期白色恐怖的傷痕，餘悸猶存)，或是將「批判」等
同於「批評」或甚至是「鬥爭」的誤解，因而即使是學生也需要極
大的勇氣與冒險，才「敢」選修本組。甚至還聽聞發生學生和學生
家長間的衝突與家庭革命，只為了家長不同意學生選修本組，而堅
持要他／她選其他二組。這些困境恰恰說明了學科疆界的歷史效
果，以及對於專業知識體系的想像，多麼局限於既存的學科領域結
構：對於專業(或職業)的追求，似乎成為大學學習的唯一目的，即
使所謂的專業原來可能是特定歷史的沉積偶然物，只是一種既存知
識霸權的窄化傳遞。但上述問題對於學生或學生家長來說，似乎是
太遙遠的議題。

　　在不甚樂觀的情勢下，經過95年度第一學期系務會議驚險的表決結果（7比6的險勝，有趣的是我們系共有24位教師），本組的設立終於通過系務會議的正式表決，並在設組成立的第一年，成功的招生到7名（戲稱是不怕死）的學生，開始了全國第一個教育學系內的「文化研究與社會批判組」，尤其還是在傳統師範教育背景的教育學系之下。這似乎多少代表著教育學門的自我反身性批判與教育學門傳統專業知識疆界的擴大或移動，以及本系自身內部的多元性與開放性。

　　在上述的成立背景下，我們試圖重新思考教育學門與文化研究之間的基礎關係，藉由教師學術社群的建立和合作、積極辦理演講活動、鼓勵學生參加校外相關研討會等嘗試建構知識網絡連結的可能性，以促進教育學門本身的更新與發展。也因此，我們從原來的教育學術社群轉而關注台灣文化研究的發展現況，瞭解文化研究在台灣和國際之間發展的現況和議題，強化自身有關文化研究的素養、基礎和敏感度，以尋找教育學內文化研究的定位與可能取徑。

　　當然，理想其實是需要與現實條件相抗衡或妥協的。以整體環境而言，台灣的高教經費面臨緊縮並不斷強調績效和競爭力、大學的廣設和趨向職業教育化、大學畢業生的低就業率成為社會的重要議題，這些現實的壓力對致力於發展文化研究和社會批判者而言，都是挑戰卻也是動力。

　　本系「文化研究與社會批判組」成立至今已兩年多，仍常有教師誤認或簡稱本組是「文化產業組」，因為文化創意產業是知識經濟的重點，在台灣或全球都是當紅顯學，只要與「產業」沾上邊，似乎就希望無窮、前途大好。對於上述的誤認，我們常不加辯解或樂於被誤解，因為對於一個剛成立的教師社群或學系分組而言，標籤的模糊化或許也是一種彈性和餘地，重點是內部的成員如何透過

思維和協商，以展現其理想和生命力。兩年來，透過教師之間的討論和修課學生的意見回饋，本組的課程和教學活動，仍在持續地對話、反思和修正。我們仍在「邊走邊整隊」，透過不斷的調整和回應，我們還在努力學習，關於世界、關於台灣、關於學術、關於文化和人的一切。因爲是這一切構成了教育的一切。我們嘗試將教育系學生的目光和視野從已被肢解的教育標本還原到活生生的社會世界中。當然，這樣的願望不可能只是透過一個組的成立或修課研讀即可達成，而必須藉由長時間的努力或許才能看到些許成果。

三、小結：探索一種教育的文化研究進路

植基於此，我們試圖去想像一種教育的文化研究進路，一方面努力去推擠現存的教育學門知識體系，消融並外延既存的教育學術領域疆界，以允許跨界與逾越的嘗試和可能；另一方面，則試圖去辨認那種可能與教育研究接合的文化研究面容，思索如何在教育學內在的規範性框架下建構出一種以「抗拒的知識分子與反對的公共空間」爲努力方向的文化研究。

我們主張，教育的文化研究應該繼續揭露經典或所謂專業正統背後所隱含的文化與階級再製機制，不再圍限在馬克思式「改變世界」的大敘述之下；同時也應該避免膚淺的「差異」詮釋學進路：以「生命自會找到出路」爲藉口，無止境地頌揚差異與多元。我們以爲，教育的文化研究應是一種「差異」的「批判」詮釋學，目的在提供對既存現象的差異化與批判性詮釋，具有一種特定價值判斷取向的理解，而不是僞中立的無歷史性批判。這樣一來，或許這種「差異─批判─詮釋」化的文化研究，可以成爲一種「文化教育」與「教育文化」雙向的研究策略：一方面從事「文化的」教育研究，

另一方面則從事「教育的」文化研究。前者企圖通過不斷開採挖掘文化現象背後的歷史性結構，進行一種囿限意識的批判與差異經驗的開採；後者則著力於通過一種對差異現象的多元詮釋與理解，不斷地揭露文化背後的權力運作機制，以逼現一種可能的多元實踐。

於是乎在教育學門邊界消失的地方，通過文化研究所允諾追求的跨界和凝視理解的差異，我們期盼教育終會成為文化的差異想像與多元實踐之地，鼓勵並誘發個體、文化與社會不斷地出走自身的盲點和囿限，展開嘗試、反觀、連結、跨越以及不斷的飛行和遊戲。

引用書目

杭廷頓(2000/2003)〈文化有重要意義〉。李振昌、林慈淑譯，《為什麼文化很重要》，頁i-v。台北：聯經。

哈瑞森(2000/2003)〈為什麼文化很重要〉。李振昌、林慈淑譯，《為什麼文化很重要》，頁vii-xxix。台北：聯經。

Giroux *el.* (1985/1995) The Need for Cultural Studies: Resisting Intellectuals and Oppositional Public Sphere, In J. Munns & G. A., Rajan(Ed.), *Cultural Studies Reader: History, Theory, Practice.* (pp. 646-658). London: Longman.

劉育忠，屏東教育大學教育學系助理教授，研究興趣在教育哲學、後結構主義、歐陸教育思潮、批判教育學。

王慧蘭，屏東教育大學教育學系副教授，研究興趣為教育社會學、批判教育學、比較教育、全球化與教育議題。

橘逾淮為枳？
從新聞／傳播學科論文化研究在台灣*

吳彥明

一、前言

> 複製文化研究的過程不神秘，作為學生、作為學院中的職員，
> 可能妳我都有參與[1]。

「文化研究」作為一個論述形構、嚴肅事業或是歷史集結，在
英美以及亞洲世界中所造成的學術政治效應無須贅論。但弔詭的
是，一如俗諺「人怕出名豬怕肥」，文化研究不僅得經常面對既有
學科的攻擊或甚至是譏訕，內部也不時出現許多自我反省、檢討或
甚至是尖銳質疑的聲浪。美國的文化研究大師格羅斯柏格就不定期
地發表自我批判的文章，標題盡是「罪惡」、「醜聞」、「到底怎

---

* 本文為清華大學社會所「研究實作」課程訓練之部分成果，並曾以
  較大篇幅發表於「2009年中華傳播學會年會」。在此感謝李丁讚與
  姚人多兩位教授愷切的建議與提醒，以及陳光興、馮建三與魏玓三
  位教授的意見分享。
1 蔡如音(2006)，〈文化研究教學營之驅魔取暖筆記〉，《台灣社會
  研究季刊》，62：271。

麼一回事？」或「還有未來嗎？」之類略帶危言聳聽的宣稱。2008
年一篇他的訪談標題是：〈我們〔文化研究〕知道要駛向何處，但
是我們並不知道我們身處何地？〉。他甚至表示，目前美國的文化
研究是呈現一種頗爲無趣、走下坡且越來越不願意承擔風險的狀
態，而文化研究領域中最好的示範作品竟是「30年前」出版的《監
控危機》（換句話說，30年來可以說是原地踏步，或甚至是退步），
目前反而是人類學、文化地理學或非正統經濟學者的作品比文化研
究更像文化研究[2]。這些透露出他在文化研究場域中的不安與躊躇，
以及從中而來的大聲疾呼。英美世界(尤其是美國)的文化研究都如
此了，習慣(或受限)於理論「移・殖」的台灣呢？

　　嚴格來說，文化研究在台灣的建制化始於1998年的5、6月間，
並於年底正式成立亞洲第一個文化研究學會。兩年多後，在2000年
12月，《文化研究在台灣》這本集合了台灣學者對於文化研究在台
灣的研究論述與回顧整理問世；然而，就好比李登輝前總統所提出
「中華民國在台灣」這樣異中求同、同中求異的國家定位論述，「文
化研究在台灣」這樣的指稱方式其實也是意味著「轉移」、「翻譯」
或「再脈絡化」的曖昧定位，曖昧定位指的就是究竟有無「轉移」、
「翻譯」或「再脈絡化」的實踐現象出現？這樣質問，是因爲《文
化研究在台灣》這本書並沒有給予較爲完善的解答。

　　這是一個心有餘而力不足的窘況。例如文化研究學會的網站目
前已成了公佈欄，僅止於提供最新消息(徵稿或論壇月報等)以及歷
屆年會的相關資訊(某一年的還無法連結)，許多教學與研究的相關

2　Grossberg, L.(2008), "We know where we're going, but we don't know
　　where we are: An interview with Lawrence Grossberg" by Younghan
　　Cho. *Journal of Communication Inquiry*, 32(2): 102-122.

資訊都沒有更新或無法連結。陳光興也曾頗灰心某些調查的問卷無法回收完整，這當然是因為文化研究本身跨學科且不具學科建制化的特性使然。因此，要能完完整整地回顧、分析或批判文化研究在台灣的「翻譯」過程不啻緣木求魚；更重要的是，在做這分苦差事之前，一定得先定義何謂文化研究。劉平君[3]曾首度試著這麼作，但一如她在文章中承認的：「未明定其操作型定義以致於無法一一詳細推敲各個研究論文的屬性，只能依抽象原則作一粗略瀏覽」。是故，劉平君依舊無法詳細說明「當中的『翻譯過程』」，只能對一個整體概況與發展結果加以檢討，並且有可能把文化研究在台灣不同學科的「翻譯」過程同質化。

從認識論上來看，作為一種「論述形構」的文化研究，你就是無法對它作準確的操作型定義，說到底，一旦定義文化研究就等於宣判它的死刑；而從方法論來看，就算有的研究符合「某人在某時所定義的」文化研究的問題意識，作者本身可能壓根沒意識到自己是在「做」文化研究，並且，一旦涉及到定義，則必然掛一漏萬，為何甲學者作的是文化研究，而乙則不是呢？這都反映了文化研究本身內在的異化傾向。因此，與其分析「文化研究本身在台灣的變化」（亦即先行定義文化研究），不如分析它作為一個研究問題意識在特定學科的「建構過程」（亦即文化研究是一個空的符徵），這樣的做法不僅可以描繪出較為細緻的過程，也更可以突顯出文化研究作為跨學科提問的「效度」為何。

本文將從知識社會學的觀點，來分析文化研究在「台灣新聞／傳播學術社群」（以下簡稱為新傳）中的「翻譯」過程。除了我碩士

---

3 劉平君(2000)，〈文化研究的「翻譯」：從英國到台灣〉，《新聞學研究》，64：33-72。

班求學階段是位處於新傳這個個人因素，我的選擇當然還有其他原
因。霍爾曾表示，媒體研究一直以來在「當代文化研究中心」的發
展中扮演了舉足輕重的角色。在美國，傳播學科（以及教育學領域）
是第一個接受並提供英國文化研究空間得以發展的學科。有學者更
指出，一旦文化研究變得越來越制度化，與文化研究的關係越為緊
密的就是媒體研究與傳播研究。而除了文化研究本身的期刊之外，
傳播學相關期刊[4]，也常是英美文化研究學者發表著作的重要園地。
更重要的是，根據劉平君[5]的整理發現，台灣的文化研究多來自於傳
統社會與人文學科系所，文學相關的科系就占了51%，傳播相關科
系則占了29%，社會學科為8%，其餘為哲學、歷史、藝術與城鄉研
究等。這樣看來，除了文學相關科系，就屬新傳與文化研究最有一
種「選擇性親近」的關係。

再進一步來看，根據翁秀琪[6]對於台灣傳播教育的整理，台灣學
術圈至2000年有24校70個傳播相關系所，再加上慈濟、佛光、東華、
聯合、靜宜與義守等大學也設立了傳播相關系所之後，目前台灣至
少有30校78個傳播相關系所，初步整理課程安排與老師聘用更可以
發現，不少系所的專任教師中至少有一名教師的教育背景、教學科
目、著作或研究興趣（專長）與文化研究有關[7]，而開設文化研究相關

4　前一類如 *Cultural Studies*、*Social Text*或*Theory, Culture and Society*，
　　後一類如 *Media, Culture & Society*、*Journal of Communication Inquiry*
　　或是 *Critical Studies in Mass Communication*（後更名為*Critical Studies
　　in Media Communication*）等。

5　同註3，頁54。

6　翁秀琪(2004)，〈台灣傳播教育的回顧與願景〉，翁秀琪（編）《台灣
　　傳播學的想像》（上），頁85-111(台北：巨流)。

7　教育背景、教學科目、著作與研究興趣（專長）是透過「媒體素養教
　　育人才資料庫」、國科會網站以及各相關系所的網站所搜尋整理的。

課程[8]的至少就有13校24個系所（參見文末附錄中【表一】與【表二】
的整理）。

　　從上述幾點訊息來看，文化研究與新傳之間的確是關係匪淺，
國外已有文章或專書在回顧與檢討文化研究與傳播研究之間的關
係。然而台灣卻沒有特別關注文化研究在新傳中的細緻發展態勢；
用比較學術的說法就是缺乏一種知識形構或系譜學的體察視角。例
如，綜觀翁秀琪執行的國科會計劃《台灣傳播學門之回顧與展望》[9]
以及據此於2004年出版的《台灣傳播學的想像》，不僅完全沒有文
化研究的蹤跡，更別提所謂的傳播批判理論在台灣的演進過程。除
此之外，如果以一種刻板印象來作比較，與文化研究差不多時間點
進入新傳的批判傳播政治經濟學，雖然在引進初期出現許多不必要
的誤解（例如被貼上經濟決定論的標籤），但在馮建三與程宗明等學
者的運作之下，目前主要的問題意識與特徵已獲得共識（該篇文章出
現在《台灣傳播學的想像》書中就是一個例證）。反觀它的老對手文
化研究在新傳中的運作，就好像不是這麼清楚或有把握的了。

　　作為文化研究在台灣發展的一個重要學術場域，觀察新傳，有
助於說明文化研究在台灣的「翻譯」過程。我關心的不是文化研究
對新傳作了什麼，而是新傳對於文化研究的吸納與轉化過程。而在
方法論上，為了避免先行陷入定義文化研究的窘境，我將關心的重
心放在「教‧學」的層面之上。意即「教什麼、如何教」，這方面
牽涉到的是教科書以及相關著作等一個「上對下的知識傳承圖像」；
以及「怎麼學、學了什麼」，這方面則主要涉及博碩士論文，「下

8　這裡指的是具有文化研究背景的老師所開設文化研究相關的課
　　程，或是課程必須有文化研究這關鍵字的才能列入計算。
9　翁秀琪(2001)，《台灣傳播學門之回顧與展望》(國科會專題研究
　　計劃成果報告) (台北：政治大學新聞系)。

對上的學習面向」。總的來說，本文關注的就是新傳中關於文化研究作為一種隱形學術社群、集體記憶或是想像的共同體的學術(再)生產。

二、「傳播的」文化研究在台灣：一個美麗的錯誤

對於新傳而言，文化研究作為一種跨學科提問的問題意識，是在1980年代末期隨著新傳內外部所發生的雙重效應而進入的，外部指的是當時騷動的政治情勢影響了知識分子對於傳媒一直以來的美好想像，而內部則指1980年代末期受批判思維訓練的傳播學者逐漸歸國並將「批判理論」相繼引介到新傳之中[10]。可是問題就在於，「文化研究」與「批判理論」之間可以劃上等號嗎？或是，「文化研究」是「批判理論」的一支嗎？

根據林麗雲的整理分析，第一篇將「批判理論」引介到新傳的是陳雪雲於1982年在《報學》所發表的〈大眾傳播的理論基礎〉，文章主要是介紹政治經濟學以及社會理論對傳播研究的助益；同樣地，書中也提到林文政於1985年在《新聞學研究》為文〈傳播理論研究的新方向：批判理論介紹〉，介紹了批判理論對傳播研究的影響。但這兩篇相當重要的介紹性文章，卻沒有完整地介紹文化研究的起源與問題意識；不過，林文政約略介紹到文化研究對於大眾傳播研究的影響，但他是以凱瑞[11]著名的文章"Mass communication research and cultural studies: an American view"來引介文化研究的。

---

10 林麗雲(2004)，《台灣傳播研究史：學院內的傳播學知識生產》(台北：巨流)，頁170以下。

11 James Carey卒於2006年5月23日，*Cultural Studies*於2009年3月的專刊中回顧了他對於美國文化研究、新聞以及傳播研究的影響。

凱瑞一向被視為美國文化研究的開山祖師，文章有一段話經常被引用，林文政[12]也引用了[13]：

> 〔傳播的文化研究〕視人類行為，或更精確來講是人類行動，為一種文本。我們的任務是去建構一種文本的**解讀**。文本本身就是一組內含詮釋行為的符號，例如演講、寫作與姿態。<u>我們的任務，就像是文學批評，是去詮釋諸多的詮釋行為</u>（interpret the interpretations）[14]（粗體部分為原文所加，底線部分為本文所加）。

以後見之明來看，林文政的分類經常混淆了文化研究與批判理論之間的關係，也錯把霸權（還有政治經濟學）這樣的分析途徑拿來當作是一個「理論」[15]，更完完全全忽視了是文化研究在1970年代重讀了葛蘭西的著作才將霸權這樣的政治分析概念加以運用，因此反而切割了文化研究與霸權之間的微妙關係。相當關鍵的是，他甚至將文化研究歸為一種研究方法[16]，從凱瑞的說法來看，所謂的傳播的文化研究涉及到的就是一種偏向文本解讀的研究方法。

那麼，從林麗雲書中的文字書寫重新檢視與推敲，陳世敏於1983年出版的教科書《大眾傳播與社會變遷》，應該才是「首次」介紹

---

12 林文政(1985)，〈傳播理論研究的新方向──批判理論介紹〉，《新聞學研究》，35：12。
13 但是此篇文章的出處林文政卻引用錯誤。
14 Carey, J.(1989). *Communication as Culture: Essay on Media and Society* (Boston: Unwin Hyman), p. 60.
15 同註12，頁17-18。
16 同上註，頁11-12。

了文化研究的起源以及在其中文化主義與結構主義之間的辯論關係。沿著此線索檢閱才發現，陳世敏[17]對於文化研究的介紹是在分析大眾社會與大眾文化時連帶介紹的，這不僅是受限於當代文化研究中心當時反制法蘭克福學派這樣的一個立基點，更連帶受限於班奈特在當代文化研究中心開設流行文化課程時所撰寫的著作，略顯尷尬的是，陳世敏將歐陸思潮中文化主義與結構主義的關係，類比爲美國傳播學術領域的使用與滿足以及議題設定（與潛化分析）。

這樣看來，上述的文章都相當仰賴特定的文獻資料，或是從文化研究的某個關心層面加以延伸介紹文化研究，而非較爲全面地介紹文化研究。因此，嚴格來說，就文章內容的書寫完整性來看，張錦華教授在1987年於《新聞學研究》發表的文章〈批判理論：賀爾的文化研究簡介〉才可以說是新傳第一篇正式介紹文化研究的文章。之後她也撰寫了一系列與文化研究相關的文章，並將這些相關作品集結起來於1994與1995年出版了對於新傳相當重要的三本著作（第一本的理論性更顯重要）——《傳播批判理論》、《媒介文化、意識型態與女性》以及《媒體的女人・女人的媒體（上）》。相較於上述所提及的介紹性文章，張錦華教授的這些文章與書籍不僅介紹了文化研究的基本資料，也說明了歐陸批判理論對於傳播理論／研究的助益。因此，對於新傳而言，張錦華教授的作品可以說是將文化研究與歐陸理論有系統地引進與介紹的濫觴。

然而，張錦華教授回國初期的一系列作品無意中也窄化了文化研究的問題意識，不僅將文化研究歸爲傳播批判理論的一支，也將葛蘭西的霸權概念與文化研究切割開來；最爲關鍵的是，無論主題是討論女性主義或是新聞學，這些作品絕大部分都環繞在——或是

17　陳世敏（1983），《大眾傳播與社會變遷》（台北：三民），頁68-82。

最受注目的——有關「意識型態」與「霸權」的討論，這個部分占了相當多的文字篇幅。除此之外，比起前幾篇較無系統性的介紹性文章，張錦華教授的作品不僅深化並延伸歐陸理論的重要性，最重要的是，她將意識型態與霸權等理論觀點配合了符號學的解讀方式，例如《傳播批判理論》中的第九章、《媒體的女人‧女人的媒體(上)》的第二章。

必須鄭重說明的是，我不想作不負責任地過度推論，認為張錦華教授的文章是有意識地誤讀或曲解文化研究而必須負擔全權責任；而是，在新傳中，這些作品設定了理解文化研究的一個關鍵的起始點，甚至是一張概括性的理解地圖，套句行話，也就是議題設定的過程。就好像霍加特的《識字的用途》確立了英國媒體文化研究的方法論，或是強森的〈文化研究究竟是什麼？〉這篇文章設定了美國傳播學術圈對於英國文化研究的理解架構；張錦華教授的這些作品結合了理論介紹與案例分析，對於新傳起了一個火車頭的效應，讓後繼的研究者不僅吸收了歐陸理論，更學習到該如何自己研究實作。因此張錦華教授作為一個學術行動者的影響力不可謂不大，這裡指的影響力並非直指她作為一個單一的學術行動者，而是她在知識體系中的行動力。

所謂的「知識體系」，其實就是形構於整體學術「移‧殖」下知識翻譯的稀釋或再詮釋。雖然文化研究基本上剛開始是以英國文化研究的影響性最大，並於1980年代初期傳到美國的學術圈中，但新傳的發展一直是以美國馬首是瞻，因此對於文化研究的解讀剛好就無意識地陷在以美國傳播學術規範的觀點來解讀英國的文化研究，而不是從文化研究自身的關懷問題意識著手。在這樣的學術脈絡之下，也就無意識地忽略了必須以脈絡性的角度來重新考量文化研究與新傳的契合性。陳光興就表示：

或許是在「大」環境的影響之下，台灣的傳播研究大致上依循著中心地區（特別是美國）的主流典範，典範中所隱藏的「政治前意識」甚少遭到質疑……必須釐清的一點是：在「美國主流傳播研究」的認知上，文化研究被收編到傳播研究的一支，或是被劃分到批判性典範的流派中……傳播／媒體只是文化研究關切文化生產各個面向中的部分焦點……文化研究不能化約地被視為傳播研究中的一支流派[18]。

那在美國傳播學術脈絡下的文化研究究竟意指為何？霍爾在一次訪談中就談到，文化研究在美國的發展幾乎就等同於批判理論，做任何有關批判性的研究，都會被冠上「文化研究」這個名號[19]。套用格羅斯柏格的比喻[20]：「文化研究儼然成了批判理論的符徵」，而這樣美式式的批判理論又總是聚焦在意識形態的討論與分析。受限於美國的學術場域，美國的文化研究產生了一種截然不同的問題意識。

整體來說，美國傳播學術圈對於文化研究的轉譯可分為三個面向。首先，文化研究是在傳播研究領域中的一環；其次，文化研究的分析是植基於傳播的觀點，並進行文本分析或是文本詮釋的方式；最後，文化與傳播其實是一個可以相互指涉的理論詞彙。而這

18 陳光興（1992），〈英國文化研究的系譜學〉，陳光興（編）《內爆麥當奴》（台北：島嶼邊緣），頁13。

19 Hall, S.(1996). "Cultural studies and the politics of internationalization: an interview with Stuart Hall" by Kuan-Hsing Chen. In D. Morley & Kuan-Hsing Chen(Eds.), *Stuart Hall：the Critical Dialogue*(pp. 393-409)（London: Routledge）, p. 367.

20 Grossberg, L.(1988). The scandal of cultural studies. p. 8.

樣的過程就是將「傳播的文化理論」轉變為一種「文化的傳播理論」，
意即將文化簡化成一種傳播的關係。例如，在1983年《傳播期刊》
的專刊「發酵的園地」中，出現了美國主流新傳學術社群第一篇關
於文化研究的文章，作者便是凱瑞：

> 在這篇短文中，我所關心的重點在於傳播研究中的一隅，亦即
> 文化研究……文化研究是一種透過傳播的相關詞彙或理論的思
> 維，而這也同時是一套文化的相關詞彙或理論[21]（粗體部分為本
> 文所加）。

格羅斯柏格[22]就說道：「文化這樣複雜的概念輕易地等同於傳
播，因此文化研究被簡化為一種傳播理論，那些擁護文化研究的人，
包括我自己，無論有意或無意，都將文化研究再建構為一種所謂的
『傳播的文化研究』（communicational cultural studies）」。那，「傳
播的文化研究」到底所指的是什麼？格羅斯柏格指出：

> 傳播的文化研究到最後將文化簡化為權力的符號再現，並且賦
> 予文化某種程度的自主權。因此，傳播文化研究經常發現自己
> 在重新發現早就知曉的事物：特定的文化實踐一定是再生產了
> 主控／附屬結構的關係……人民是主動的抗爭也成了一種新發
> 現，反而具體的脈絡影響力卻付之闕如[23]（粗體為本文所加）。

---

21 Carey, J.(1983). "The origins of the radical discourse on cultural
    studies" in the *U.S. Journal of Communication*, 33(3): 311, 313.

22 Grossberg, L.(1997). *Toward a genealogy of the state of cultural
    studies*. p. 282.

23 Grossberg, L.(1993).*Can cultural studies find true happiness in*

這造成什麼樣的結果呢？格羅斯柏格繼續說道：第一，強調對於意識型態的討論，傳播研究與文化研究之間的交集就是關注於意義生產的意識型態問題[24]。第二，過度將「製碼／解碼」這樣具備其特殊脈絡性的理論架構解讀爲文化研究的普遍性架構。進一步地，又將此模式中的「傳送者—訊息—接收者」轉化爲「產製—文本—消費」[25]。但關心的焦點又多聚焦在大眾／流行文化的文本與消費之上，而非產製。

然而，1980年代出現在新傳的零星文章、張錦華教授的作品以及背後更深層之學術「移‧殖」的問題固然有其思想與脈絡影響性，但這仍然只是一個起始點，更應該繼續深究的是後續伴隨效應的再生產效果，以及是哪些機制在新傳中繼續運轉著，這部分的討論焦點我將聚焦在教科書的角色。

三、「傳播的文化研究」的再生產效應

更重要的一環是教科書的運作，莫里就表示，一旦某些教科書很快取得了某種規範性的地位，就會限制且界定了這個領域[26]。因此，身爲傳遞基礎知識的入門教科書更可以一探新傳是如何看待或定義文化研究的。我將這部分的討論分爲兩種面向：廣爲運用的原文教科書或翻譯的教科書，以及新傳本身生產的教科書。

首先，至少就我的整理發現，有相當多大學部與研究所的「傳

（續）

communication? p. 95.

24 同註20. pp. 15-17.
25 同註22. p. 283.
26 馮建三譯(1995)，《電視，觀眾與文化研究》(台北：遠流)，頁13-14。

播理論」必修課程都採用了美國學者Littlejohn在2008年已再版九次
的著名教科書*Theories of Human Communication*（初版爲1977年），臧
國仁教授在他「傳播理論」的授課大綱也提到這本原文書是最普遍
的教科書；然而，弔詭的是，這本經典教科書在美國其實是設計給
大一、大二生作爲傳播簡介基礎課程使用的[27]。我們可以從書中更
迭多次的部分來發現文化研究的定位曖昧：此書的中文版是由程之
行翻譯的《傳播理論》（目前已經六刷），但版本爲1989的原文第三
版，當時是將文化研究的討論置放在「大衆傳播」的章節中，當中
不免俗地又提了霍爾的「製碼／解碼」模式。然而，此書的1992年
的原文第四版與1996年的原文第五版反而是將文化研究定位在批判
理論之中[28]，而到了1999年的原文第六版與2002年原文第七版雖也
把文化研究列爲批判理論的一個門派，但卻把它歸爲後結構的一員
[29]。突兀的是，2005年原文第八版與2008年原文第九版卻又把文化
研究定位是在後現代主義的大傘之下[30]。這也就意謂著，對於
Littlejohn而言，無論修訂的版本如何，文化研究不是列屬於大衆傳

---

27 王祖龍(2007)。〈該是面對問題的時候了：談傳播理論的範疇與研
   究所階段的教學〉，「中華傳播學會2007年會論文」(台北：淡江
   大學)，頁10。

28 Littlejohn, S. W.(1992). *Theories of Human Communication* (4th
   Edition). CA: Wadworth. p. 252, Littlejohn, S. W.(1996). *Theories of
   Human Communication*(5th Edition). (CA: Wadworth), p. 234.

29 Littlejohn, S. W.(1999). *Theories of Human Communication* (6th
   Edition). CA: Wadworth. p. 234, Littlejohn, S. W.(2002). *Theories of
   Human Communication*(7th Edition). (CA: Wadworth), p. 216.

30 Littlejohn, S. W. & Foss, K. A.(2005). *Theories of Human
   Communication*(8th Edition). (CA: Wadworth), p. 324, Littlejohn, S.
   W. & Foss, K. A.(2008). *Theories of Human Communication*(9th
   Edition). (CA: Wadworth), p. 337.

播，就是批判理論的一支(後現代或是後結構)。

　　另兩本翻譯自著名歐陸學者馬奎爾更廣爲運用的教科書：第一本先後由潘邦順翻譯的《大眾傳播理論》以及陳芸芸與劉慧雯翻譯的《最新大眾傳播理論》，而第二本則是由陳芸芸與劉慧雯翻譯的《特新大眾傳播理論》。文化研究在這兩本翻譯書中的定位(與文字描述)基本上沒變，都是放置在「大眾傳播與文化」的標題之下，並重複了「傳播的文化研究」的理解圖示[31]：

　　　與伯明罕學派相關的批判途徑也引發了重要的轉變，對於鑲嵌
　　　在媒介文本中的意識型態問題，轉變成閱聽人如何「解讀」意
　　　識型態的問題[32]。

　　其次，新傳中兩本著名的入門教科書[33]，同時也是許多(非)本科系報考新傳類研究所必備且必讀的教科書：翁秀琪的《大眾傳播理論與實證》(修訂二版十一刷；初版爲1992年)與林東泰的《大眾傳播理論》(增訂二版；初版爲1997年)。然而，這兩本教科書都無意識地以新傳的思維方式，將文化研究窄化爲一種「只」關注語言、

31　潘邦順譯(1996)，《大眾傳播理論》(台北：風雲論壇)，頁148；
　　陳芸芸、劉慧雯譯(2001)，《特新大眾傳播理論》(台北：韋伯)，
　　頁135；陳芸芸、劉慧雯譯(2003)，《最新大眾傳播理論》(台北：
　　韋伯)，頁128。
32　潘邦順翻譯的版本語句較多訛誤，因此這邊摘錄的段落是陳芸芸、
　　劉慧雯的譯本。
33　李金銓(2005)這本在民國七十年出版的《大眾傳播理論》其實也是
　　相當重要的教科書，至2005年已經修訂三版一刷了(第二版已經十
　　一刷了)，顯示其廣受歡迎的程度，但書中並沒有談到文化研究的
　　章節，所以在此並沒有納入加以討論。

論述以及與其相關的意識型態理論或霸權理論。

　　翁秀琪的著作《大眾傳播理論與實證》是在1992年出版，當時是在第九章〈閱聽人研究〉中的第四節簡介了文化研究的起源，但內容卻跟閱聽人研究沒有直接相關（只是勾勒一下文化研究的特點），反而第六節的接收分析才是與文化研究所進行的傳播研究有關，這反倒切割了文化研究與接收分析之間的理論關係；而在1993年出版的第二版中，才增添了第十六章說明接收分析與文化研究之間的關係，更在第十七章的第四節介紹了文化研究對於傳播研究的影響，然而，請注意，她是這樣說道：

> 從**語言和論域**的切入，賀爾強調結構主義在瞭解日常生活中意識型態運作過程時所扮演的整合性角色……而媒體正是創造及加強一套固定世界觀的要角，**不斷複製統治階級的意識型態。**因此，批判典範對傳統實證主義最大的挑戰是**意識型態的再發現、語言的社會政治意義，以及符號與論域的政治策略**……綜合言之，英國文化研究對當代傳播研究的影響有二：（1）**視文化為研究傳播及媒介的適當管道**，（2）**強調對意識型態、權力、宰制等的研究**[34]（粗體部分為本文所加）。

　　而到了1999年的增訂一版，林東泰在書中也增訂了第十二章來討論傳播政治經濟學與文化研究，這當中卻出現了一些轉變。文化研究對他而言反而是：

> 文化研究的關注焦點為日常生活的結構以及通俗文化在日常生

---

[34] 翁秀琪（2002），《大眾傳播理論與實證》（二版六刷）（台北：三民），頁248-249。

活中的互動形式……不論福科、葛蘭西或伯迪厄，都對傳播研
究典範從批判理論轉移到文化研究，具有相當的貢獻，他們把
過去對國家機器從上而下宰製的意識型態的研究興趣，代之以
日常生活當中文化如何展現其權力，人們對自我或對社會的認
同到底是如何組構的，尤其是在人們生活方式當中，文化是如
何被製造和消費的……其中最重要的問題，就是文化商品的接
收和消費……晚近文化研究者認為，**傳播乃是意義的產生與交
換過程，非常重視人們如何與文本互動並且產生意義，此意謂
著文化研究已從傳統側重訊息的傳播觀點，轉移至文化如何解
讀，因為解讀就是發生在讀者與文本的互動之際**……**文化研究
令人注意的轉折就是從傳統效果傳播研究走向文本分析**……
[35]（粗體部分為本文所加）。

　　這兩個相當極端的理論介紹正好回應了格羅斯柏格的觀察，這
兩本教科書仍然將文化研究局限在「產製—文本—消費」的思考邏
輯之中，只不過更重視文本（前者）與消費（後者）。
　　上述國內外教科書都出現以偏概全的問題，問題便在於國內外
新傳學者在引介文化研究時經常仰賴兩本相當重要的著作：1980年
出版的 *Culture, Media, Language：Working Papers in Cultural Studies,
1972-79* 以及1982年出版的 *Culture, Society and the Media*（此書遠流
有翻譯本）這兩本研究集結的書籍。第一本最重要也最常被引用的文
章當然是霍爾那篇「製碼／解碼」的經典文章，而後一本廣受引用

35　林東泰（2002），《大眾傳播理論》（二版）（台北：師大書苑），頁
　　31、33、64、502。這段引文引用的是2002年的增訂二版，差別在
　　於第十三章的〈網路空間與網路傳播〉。

的文章也是霍爾的另一篇文章〈意識型態的再發現：在媒體研究中
被壓抑者的重返〉。然而，對照上述幾本國內外教科書的出版時間
來看，當代文化研究中心對於媒體研究的進展至少有10年是隻字未
提的空窗期，反而著重的是1972-1979這不到10年的初期研究。儘管
唐維敏[36]表示《文化，社會與媒體》此書是真正比較具有文化研究
精神的翻譯計劃，但就如陳光興在此書的增訂版《文化、社會與媒
體：批判性的觀點》（原文書於1982年出版）的譯序這樣說道：「〔書
中〕這些文章編織出批判性媒體研究的*片面圖型*，企圖給予讀者一
些初步的認識及感覺……」（楷體為本文所加）。因為1982年的這本
著作其實在某種程度上，所引用的資料仍是當代文化研究中心在
1970年代的媒體研究觀點。

　　的確，*這時期*（*1970年代*）的研究主要是環繞在媒體的意識型態
角色，而且霍爾在〈意識型態的再發現：在媒體研究中被壓抑者的
重返〉中說了一段足以引起誤解的話：「用最簡單的話來解釋這個
從『主流』到『批判』角度的轉變，我們可以說它是一個從『行為』
的到『意識型態』的角度的轉變」[37]。但是霍爾從來就沒有表明意
識型態就是文化研究的重心，而是刻意突顯傳統的傳播理論忽略了
這方面的理論化工程。他在*Culture, Media, Language：Working Papers
in Cultural Studies, 1972-79*此書的導言也說明了，所謂的意識型態是

36　唐維敏（2000），〈文化研究的翻譯〉，陳光興（編）《文化研究在台
　　灣》（台北：巨流），頁106。

37　Hall, S.（1982）. "The rediscovery of 'ideology': return of the repressed
　　in media studies," in M. Gurevitch, T. Bennett, J. Curran & J.
　　Woollacott（Eds.）, *Culture, Society and the Media*（London: Methuen）,
　　p. 52.

不同於傳統的定義，而是包括了實踐。格羅斯柏格[38]更表示，文化研究從來沒有主張過所有的政治活動都能根據意識型態來處理。更重要的是，莫里[39]以當事者的身分在最近一篇的回顧文章中也提到，如果論及當代文化研究中心在1970年代為人稱頌的媒體研究時而忽略了當時的社會脈絡，反倒會簡化或過度放大了媒體研究與文化研究之間的密切關係。

　　因此，國內外的教科書對於文化研究介紹並不是吸收它作為一問題意識對於新傳的效應，而是吸收了美國轉化「英國文化研究內部的傳播研究」此一分析架構，例如接收分析、意識型態、文本分析、民族誌等。問題意識與分析架構兩者有相當大的差異，理解文化研究的廣泛性架構是一回事，而理解傳播的文化研究又是另一回事，這反映的是一種欠缺反思性的二手理論「移·殖」。

　　總的來說，在「教」的這個面向上來看，文化研究對於新傳來說的確是一個頗棘手的曖昧他者，它總是游離在批判理論、大眾傳播、文化霸權、後結構或後現代等這些其實是相互矛盾的理論標籤之中，但最終新傳仍是將文化研究這樣的概念持續地再生產為一系列的指涉對象：符號分析、文本分析、再現、（主動）閱聽人研究、製碼／解碼、霸權等。

四、師傅領進門，修行在個人

　　以下我將從博碩士論文生產的角度來看待新傳是如何生產出關

38　Grossberg, L.(1988), *The scandal of cultural studies*.

39　Morley, D.(2007), "Introduction," in A. Gray, J. Campbell, M. Erickson, S. Hanson and H. Wood(Eds.), *CCCS Selected Working Papers* Volume 2)（London and New York: Routledge), pp. 259- 269.

於文化研究的圖像。我進一步將這方面的搜尋鎖定在【表一】與【表二】交集的教授[40]所指導的博碩士論文，進行類型學的分類，主要分爲研究主題[41]以及研究方法，這樣做的目的是爲了更聚焦在研究傳承之上，分析的對象爲152篇博碩士論文。當然，在製表前已事先扣除掉【表一】中目前尚未有指導論文產出的部分教授，以及部分畢業成果爲非傳統的學術書寫（例如台藝大應媒所中的電影創作與台大新聞所的深度報導）。

從「研究主題」與「研究方法」這兩個分類指標來細看的話，【表三】所顯示的是「研究主題」的前五名，而當中數量最顯著的就是「語藝、符號與文本分析」以及「閱聽人研究」。【表四】中顯示了使用超過十次以上的研究方法，前兩名便是文本分析以及訪談。總結來說，在「學」的這個面向上，由博碩士論文的整體分析來看，研究主題有相當大的比例是向「語藝、符號與文本分析」靠攏，而在研究方法的運用上，又多是以訪談、文本（論述）分析爲主。

---

40 以下幾點說明。首先，從【表一】中可以發現有相當多教授的研究興趣都有文化研究，但新傳中的行動者是絕不會把他／她們列爲文化研究的陣營，例如羅世宏教授（儘管他曾編譯《文化研究：理論與實踐》）。另一個情形是，文化研究對於【表一】中多數的教授只是聊備一格，並不是他／她們學術生涯的一個發展重點。爲了避免造成分析的混淆與失焦，我認爲除了個人研究興趣、學術背景、研究著作以外，是否開設文化研究相關課程更是一個重要的判斷指標。

41 「研究主題」的分類方式係參照邱家宜綜合「新傳」中的分類方式。邱家宜（2006），〈近十年來台灣傳播學研究趨勢〉，「中華傳播學會2006年會論文」，台北：台灣大學。

五、結語

　　本文目的並不在於進行黨同伐異的學術肅清，而是突顯出文化研究在新傳背後制度運轉中的潛意識部分，這也就是知識社會學大家曼海姆所指出的，「……在於重建潛藏於個體判斷下之系統性的理論基礎……構成理論性知識背後的力量與實際態度，絕非僅僅是依賴單一個人的特質……而是，它們產生於構成個人思想基礎之特定團體的集體目的，個人只是參與其中」[42]。這麼做的目的是在於促進學術對話與反省。社會學家韋伯在其經典著作《新教倫理與資本主義精神》中曾悲觀地指出，新教倫理與資本主義精神之間的選擇性親近關係會逐漸產生一種機械基礎，並將這樣的關係延伸到其他社會或生活領域之中，迫使人們逐漸生活在這樣鐵籠之中。文化研究與新傳之間的關係亦然，兩者之間的接合關係會逐漸產生一種再生產的機制，而這樣的機制是難以撼動或反轉的，因此，就學術生產與進步性的觀點來看，這樣的現象是必須正視的。

附錄

【表一】新傳中具備文化研究背景之教授簡介

教授姓名	教學單位（依筆劃排序）	畢業學校／系所
簡妙如	中正大學傳播系暨電訊傳播所	政治大學新聞所

42　Mannheim, K.(1991), *Ideology and Utopia.* (London and New York: Routledge), pp. 52, 240- 241.

唐士哲	中正大學傳播系暨電訊傳播所	愛荷華大學傳播所
羅世宏	中正大學傳播系暨電訊傳播所	LSE媒體傳播博士
林純德	文化大學傳播系	華威克大學社會學博士
楊祖珺	文化大學傳播系	麻州大學傳播所
夏春祥	世新大學口語傳播系所	政治大學新聞所
成露茜	世新大學傳研／社發所	夏威夷大學社會所
羅曉南	世新大學傳研所	政治大學東亞所
羅慧雯	世新大學傳管所	京都大學經濟學所
林宇鈴	世新大學新聞系	威斯康辛大學傳播藝術學系電傳組博士
林思平	世新大學新聞系	威斯康辛大學傳播藝術學系
陳明珠	世新大學廣電系	俄亥俄州大傳播學博士
黃新生	世新大學廣電系	西北大學廣播電視電影學博士
張錦華	台灣大學新聞所	愛荷華大學傳播學博士
朱全斌	台藝大應用媒體藝術研究所	金匠學院媒體與傳播
柯舜智	玄奘大學傳播系	伯明罕大學文化研究與社會學博士
魏玓	交通大學傳播與科技學系	羅浮堡大學社會系(傳播與媒體)
張玉佩	交通大學傳播與科技學系	政治大學新聞所
董克景	東華大學民族語言與傳播學系	諾丁漢Trent大學傳播所
孫嘉穗	東華大學民族語言與傳播學系	伯明罕大學文化研究與社會學博士
劉盈慧	長榮大學大傳系	南密西西比大學大眾傳播所
劉平君	南華大學傳管系所	政治大學新聞所
柯裕棻	政治大學新聞系所	威斯康辛大學傳播藝術學

陳儒修	政治大學廣電系所	南加大電影電視學院電影理論
郭力昕	政治大學廣電系所	金匠學院媒介與傳播系
胡綺珍 43	師範大學大傳所	伯明罕大學文化研究與社會學博士
蔡如音	師範大學大傳所	愛荷華大學傳播所
楊明昱	淡江大學大傳系暨傳播研究所	馬里蘭大學比較文學所
傅維信	慈濟大學傳播系	羅格斯大學媒體研究
毛榮富	慈濟大學傳播系	台灣大學社會所
黃冠華	義守大學大眾傳播學系	麻州大學傳播所
侯政男	義守大學大眾傳播學系	紐約州立大學水牛城分校傳播所
唐維敏	輔仁大學大傳系	輔仁大學比較文學所
林應嘉	輔仁大學影傳系暨大傳所	華盛頓大學傳播所
趙庭輝	輔仁大學影傳系暨大傳所	伯明罕大學文化研究學系博士
陳重成	銘傳大學數位資訊傳播系	政治大學東亞所
陳韻如	靜宜大學大眾傳播學系	政治大學新聞所
李明穎	靜宜大學大眾傳播學系	華威克大學社會所
林克明	聯合大學台灣與言語傳播學系	麻州大學傳播所
盧嵐蘭	聯合大學客家語言與傳播學所	政治大學新聞所

---

43 胡綺珍教授於97學年度由中正大學傳播系暨電訊傳播所轉任至師範大學大傳所。

【表二】新傳文化研究相關課程

學校科系（依筆劃排序）	授課老師	課程名稱
中正大學電訊傳播所	胡綺珍	文化研究與批判理論(95、96學年度下)
中正大學電訊傳播所	簡妙如	文化研究與批判理論(97學年度下)
文化大學大傳系	楊祖珺	文化研究(學年課)(90學年度至今)
文化大學新聞系	楊祖珺	文化研究概論(90學年度至今)
世新大學口語傳播系	夏春祥	傳播與文化(93-98學年度上)
世新大學公廣所	黃光玉	消費文化研究(96學年度上)
世新大學傳研所(博士班)	羅曉南	文化研究專題研討(96學年度上)
世新大學傳研所(博士班)	成露茜	媒體與文化研究的關鍵辯論(94-95學年度上)
世新大學新聞系	羅曉南	文化研究(96學年度上)
世新大學新聞系	林思平	文化研究(96學年度上)
世新大學新聞系	林宇玲	傳播與文化(97學年度上)
世新大學新聞所	林思平	文化研究與媒體批判(95學年度上、96學年度下)
世新大學新聞所	羅曉南	媒體與文化研究經典選讀(96學年度下)
世新大學新聞國傳	胡光夏	文化研究(95學年度下)
世新大學新聞編採	林思平	文化研究(95學年度上)
世新大學圖傳碩專班	章光和	影像文化研究
玄奘大學資訊傳播所	柯舜智	傳播文化研究(96、97學年度上)
交通大學傳播與科技	魏玓	文化研究(97學年度上)

學系		
交通大學傳播與科技學系	林文玲	文化研究(94、95學年度上)
交通大學傳播所	魏玓	影像文化研究(97學年度上)
交通大學傳播所	林文玲	影像文化研究(95學年度下)
交通大學傳播所	郭良文	影像文化研究：媒體論述與再現(92學年度上)
交通大學傳播所	鍾珮琦	影像文化研究：台灣電影與全球電影工業(91學年度下)
交通大學傳播所	陳其南	文化研究與文化政策(90學年度上)
交通大學傳播所	蘇昭英	文化研究與文化政策(90學年度上)
佛光大學傳播所	王祖龍	文化研究(96學年度下)
南華大學傳播系	劉平君	文化研究(92、93學年度下)
南華大學傳播所	劉平君	流行文化研究(97學年度下)
南華大學傳播所	劉平君	傳播與社會專題——流行文化(93、95學年度下)
政治大學新聞所	柯裕棻	大眾文化研究(90學年度下學期)
政治大學廣電系	陳儒修	專題—流行文化研究(95學年度上)
師範大學大傳所	蔡如音	名人研究與文化政治
師範大學大傳所	蔡如音	消費與文化研究
師範大學大傳所	蔡如音	傳播與認同研究
淡江大學傳播所	黃俊能	消費與文化研究(91學年度上)
淡江大學傳播所	楊明昱	電影電視理論與批評(87、89學年度上)
淡江大學傳播所	楊明昱	比較文化研究(84學年度下)
淡江大學傳播所	楊明昱	文化研究(90、92、94、96、98學年度上)

慈濟大學傳播系	周典芳	流行文化
義守大學大傳系	侯政男	媒體與文化研究
輔仁大學大傳系	唐維敏	台灣電影文化研究(96學年度上)
輔仁大學大傳所	陳儒修	當代電影理論
輔仁大學大傳所	陳儒修	文化研究專題(83學年度上)
輔仁大學大傳所	陳儒修	媒介與流行文化(82學年度下)
輔仁大學大傳所	趙庭輝	媒體與文化理論(88學年度上)
輔仁大學大傳所	趙庭輝	電影美學與文化理論
輔仁大學大傳所	趙庭輝	電影研究與性別再現
輔仁大學大傳所	林應嘉	傳播批判理論與文化研究(96學年度下)

【表三】新傳博碩士論文之研究主題分類表

研究主題	論文數量	百分比(Top 5)	排名(Top 5)
語藝、符號與文本分析	60	39.47%	1
閱聽人研究	22	14.47%	2
女性研究	13	8.55%	3
媒介倫理、組織或從業者研究	10	6.57%	4
網路研究	9	5.92%	5

【表四】新傳博碩士論文之研究方法分類表

研究方法	使用次數	排名
文本分析	51	1
訪談	19	2
多元研究方法	11	3
論述分析	11	3

　　吳彥明，畢業於輔仁大學大眾傳播學研究所，目前為清華大學社會學研究所博士生。研究興趣為文化研究、社會／文化理論，目前對知識社會學有濃厚的興趣。

消費使人愉悅？
略談明清史學界的物質文化研究

邱澎生

一

美國的公共廣播公司（NPR）有個「凡事都可有理論」（Theory of
Everything）專欄，主持人華克（Benjamin Walker）製播過一個名為「當
一位矮子走進酒吧」單元[1]。節目主要是講主持人某晚在一家酒吧，
巧遇幾位潛藏美國多年的中國間諜的所見所聞。當眾人酒酣耳熱、
高談濶論時，一位中國間諜忍不住抱怨：我們許多同事打從尼克森
總統時代即潛入美國，監聽美國政府機構已達30多年，深覺美國政
府行政效率奇差，不僅沒做什麼有利民眾好事，還常搞砸許多公共
事務，但令人大惑不解的是：美國至今卻仍是世界最強國家，這到
底是何緣故？經過多年反思，此君不禁懷疑恐怕是監聽對象有問
題。何以故？美國憲法既然號稱「民有、民治、民享」，則最能反
映國情者自然應是「人民」而非政府。故要解開美國稱霸全球秘密，
便該將監聽對象由政府轉為美國人民。

---

1 西元2006年9月2日播送，http://www.npr.org/rss/podcast.php?id=
510061，2009年11月10日下載。

　　此番高論當場引發其他幾位間諜共鳴與附和，紛紛討論究竟該如何落實監聽美國人民之措施。當此之際，一位身材短小的中國間諜起身，胸有成竹地說道：同志們，中央早即懷疑是監聽對象出錯，領導們其實在1990年代中期已在北京召開秘密會議，決定成立特別小組監聽美國人民，用網路搜尋並分析全美民眾電郵內容、電話對答、電視討論、網頁和博客，現今，我們終於破解了美國強盛的秘密：監聽美國人民的結果，發現他們成天討論最多的內容，幾乎都是如何才能更快速地使用比自己能夠賺到更多的錢，去購買自己其實無法消費完的更多商品；一言以蔽之，美國人大多是超級購物狂；而也正因如此，才有效帶動美國經濟並使其成為超級強權。經過解惑，中國間諜都極振奮，咸認終於找到可複製搬抄的國家強盛關鍵，他們深信：美國自此即將降為老二，中國則能變成世界首強。

　　但中國人畢竟不像美國人那樣愛花錢，怎麼才可以照抄致使美國強盛的超級購物狂模式呢？那位矮間諜也有主意：靠電視節目。把像「美國偶像」（American Idol）這類流行全美的「電視真人秀」複製到中國，讓電視台仿製已經在中國播出的「超女」（或台灣的「星光大道」）現場選秀，再製作個好比叫做「超級消費者」的節目；在潛移默化之間，讓廣大觀眾不再老想著為子女存錢，而刺激他們現在即去購買名牌、時尚的消費欲望。在轉述酒吧間諜興高采烈解密美國強權之謎節目單元的尾聲，主持人華克冷冷地評論道：你知道，當大家都沈醉「電視真人秀」並拼命消費時，那便不必擔心有人挺身革命了！

　　是的，購物令人愉悅；而心情愉悅的人，便較難能參與抗爭，更不用說是發動革命。走進光鮮亮麗的百貨公司或超級市場，總令不少人精神一振，這是現代都市人常經歷的生活情境。深一層分析，這種商場裡的「愉悅」其實反映著某種巨大的歷史變遷。過去人們

消費商品的主要方式，是用自己嘴巴吃喝、用自己身體去穿戴或住用，但現在則再特別加強了透過眼睛觀看的消費模式。在燈光美、氣氛佳的舒適空間裡，人們光是先用眼睛觀看那些排列壯觀或精美的商品，不必馬上吃喝、穿戴、住用，即能產生極大愉悅；讓民眾先用眼睛在現場觀看商品（後來再用廣告來吸引那些無法親臨現場觀看的眼睛），得到愉悅，再進而勾起或培養消費者的購買欲望，這其實是一種新的歷史經驗。19世紀中期，馬克思即已「間接地」分析過這個歷史新經驗。他注意到工業革命之後出現的「龐大商品堆積」現象，並由此分析資本主義社會存在的「商品拜物教」[2]。

何以說馬克思是「間接地」分析觀看商品得到愉悅的這種歷史新經驗？主要是因為馬克思雖然注意到龐大商品堆積，但他並不特別分析商品堆積如何影響消費者心理，而是由做為生產者的資本家來分析「商品拜物教」。龐大商品堆積是工業革命機器大量生產的結果，馬克思對當時每天工作超過12小時的童工、女工與男工悲慘工廠生活賦予極大關懷，或許是為了直接批判那些剝削工人的元凶，他對資本家面對龐大商品堆積的心理狀態做分析，而不是討論那些觀看商品的消費者心理。

馬克思分析資本家面對龐大商品堆積的心理狀態，主要著眼於他們苦思如何賣出堆積商品以及如何自商場競爭脫穎而出的一種鉅大焦慮：資本家為了「不斷擴大產品銷路」而「奔走全球各地」，並需要在「四處建立關係」以使自家產品能夠「四處棲身，四處定居」發賣世界各處；若是不能「戮力改革生產工具」、「生產關係、總體社會關係」，則資本家「便無立足之地」。資本家面對龐大堆積商品的這種巨大焦慮，不僅促成「商品拜物教」形成，也導致社

會關係崩解。馬克思是這樣描述「商品拜物教」摧毀既有的社會關係、意識型態或生存世界：「等級、永久之物化為虛無，神聖之物遭到褻瀆，人最後被迫冷眼觀看自己的生活位置、觀看人我之間的關係」[3]。

　　儘管馬克思較有興趣分析資本家而非消費者的心理，但他曾經親身見證1851年在倫敦水晶宮舉行的人類近代史上第一次「世博會」（或譯「萬國博覽會」）。這種世博會原是為陳列工業革命商品以及顯現本國科技、教育等文明進步的種種「奇觀」，而為了對照工業革命與本國文明的「進步」，此種展覽原本還常於會場搭配展示本國以外的「落後」文明甚至人種。1851年倫敦水晶宮世博會展場建築物主要使用鋼材與玻璃，展現了英國的工程與製造水平，全場分為「原料、機器、製造業、藝術品」四大展區，展覽期間則吸引了包含馬克思在內的600萬參觀人次[4]。可以相信，當馬克思親眼目睹水晶宮博覽會現場，應也會影響他對資本主義社會龐大商品堆積現象的觀察與認識。不過，世博會600萬參觀者在展場被激起的愉悅感、購買欲或是進步觀，則應非馬克思撰寫《資本論》與《共產黨宣言》所想直接分析的重點。

　　時移勢變，學者對消費與物質文化的歷史有了更多的研究興趣。特別是1980年代以來歐美史家展開「消費社會、消費革命」的研究風潮，學者除由各層面論證18世紀西歐消費社會誕生的特徵與影響，還注意到一些足以連繫現代政治生活情境的提問。自1989年東歐社會主義黨國體系崩解以來，許多人不禁相信這已印證了資本

3　《共產黨宣言》，管中琪、黃俊龍譯（台北：左岸文化，2004），頁92。

4　http://en.wikipedia.org/wiki/The_Great_Exhibition

主義國家統治體制的「勝利」，學者也不禁提出疑問：「現代西方
經濟體制改造了物質世界，並且看來因而也同時穩定了社會與政治」
體制，若真是如此，則18世紀西歐消費社會的誕生是否即意含著一
種更加穩固社會政治體制的確立呢[5]？

　　如果改造「物質世界」有益於「社會政治體制」穩定，則那齣
「當一位矮子走進酒吧」廣播節目，還可能真在其虛構情節之外提
供某種歷史想像：美國的「超級購物狂」模式，其實可被視為一種
對18世紀西歐消費社會的「發揚光大」，不管它是否真讓美國國力
超強，至少，對於維持一個「更加穩固社會政治體制」，「超級購
物狂」模式也應功不可沒。那麼，當所謂「社會主義市場經濟、和
諧社會」等治國藍圖想要有效實踐，則開設更多百貨公司、超級市
場，並製播更多類似「超女、星光大道、超級消費者」的電視節目，
或許還真是一種有板有眼的複製西方模式。至於要不要一併學習歐
美國家民主憲政的三權分立？那可能便是另外一層考量吧？

　　無論如何，18世紀以來資本主義國家改造「物質世界」之有益
於「社會政治體制」穩定，以及20世紀以來隨著商品廣告無孔不入
而讓愈來愈多人成為超級購物狂，這些歷史現象都涉及一個根本問
題：人與物之間互動關係的演化，這是一個人的心情喜憂以及物的
豐瘠美惡如何相互影響與彼此消長的歷史故事。當人們在百貨公
司、超級市場甚至「世博會」見到「龐大商品堆積」盛況與種種展
現科技進步的「奇觀」時，大概屬於一種消費使人愉悅的心、物互
動關係。由此而論，自18世紀以降，工業革命、資本主義與民族國
家、帝國主義的緊密結合關係，由西歐、美國而擴及日本與其他各

5　John Brewer & Roy Porter, 1993, "Introduction," in John Brewer & Roy
　　Porter eds., *Consumption and the World of Goods*, p. 1.

國的長期過程中，商品數量堆積與展示商品方式變動，究竟如何影響各地區人民的消費模式與心理狀態？這正是物質文化問題，需要探究。

直至20世紀初年之前，傳統中國未曾發生18世紀西歐民族國家結合工業革命與資本主義的歷史過程，但這卻並不是表示16-18世紀中國的市場經濟與社會關係未曾出現有意義的變化，那麼，商品流動如何與明清中國不同地區民眾的消費模式與心理狀態相互作用？這構成了值得深入考察的明清物質文化史。

二

過去20年裡，明清史家對物質文化做了不少研究。但究竟何謂「物質文化」？這畢竟不是容易界定清楚的事。在一部類似大學通識教科書裡，有學者由「飲食、服飾、居室、能源(燃料／照明)、訊息、象徵符號」等六個層面簡介了15世紀以來中國的物質文化，並持之以與歐洲同異處做了一些比較 [6]。此書對明清社會是否也曾出現近代歐洲民眾那種希望消費更多、更好的所謂「消費主義」，提出初步結論並做了一些有趣對比，諸如「歐洲宴客食物較能區分主菜與上菜程序，而中國則較難區分；歐洲美食較重燒烤，而中國強調煎炒」，或如中國人不習慣用煤炭做燃料、傳統中國民居較不重視採光，這些議題都足以引發學者或贊同或質疑的興趣。無論作者所做中西對比是否真確，至少，「飲食、服飾、居室、能源(燃料／照明)」以及「訊息」(如書籍的消費)、「象徵符號」(如商標、招

6　Samuel A. Adshead, *Material Culture in Europe and China, 1400-1800: the Rise of Consumerism*(New York: St. Martin's Press, 1997).

牌的使用)這六個層面，確實可綜括不少物質文化應予研究的主題。

明清物質文化的研究，主要始於1980年代後期。各國從事明清研究的學者在進行物質文化考察時，儘管各有不同的學術淵源，但還是存在至少三項共通的基礎學術背景。一是余英時分梳「士商相雜、商人精神」的專論 [7]，清楚論證了不少明清士人正面評價商人以及嚴肅面對自身「治生」家計問題的心態轉變，使得研究明清物質文化有了較堅實的基礎。二是柯律格研究晚明文震亨《長物志》如何塑造「品味」的專書 [8]，具體呈顯了晚明士大夫面對商人消費能力增強時的某種焦慮感。三則是歐美自1980年代以來的幾部有名的「日常生活、私人生活」與「消費社會」史學論集(詳見本文第三節的說明)，讓明清研究學者有了更多的比較與啟發。

對於台灣的明清史研究者，不少人除受余英時與柯律格前述兩書的影響之外，還同時受到徐泓分析明代中期以後江南等地方志頻繁出現本地風俗日趨「奢靡」的眾多記錄 [9]，以及王家範探究明清江南的「消費結構」[10] 等兩篇論文的啟發。此外，一篇約也於1980年代後期由社會學家與史學家合撰分析清代商標字號的論文[11]，也

---

7 《中國近世宗教倫理與商人精神》(台北：聯經出版公司，1987)。

8 *Superfluous Things: Material Culture and Social Status in Early Modern China*, 1991。按：此書現有中譯《長物志：早期現代中國的物質文化與社會狀況》，高昕丹譯(北京：三聯書店，2006)。

9 徐泓，〈明末社會風氣的變遷〉，《東亞文化》(韓國漢城大學)，24(1986)：83-110。

10 王家範，〈明清江南消費風氣與消費結構描述：明清江南消費經濟探測之一〉，《華東師範大學學報(哲學社會科學版)》1988.2。

11 韓格理(Gary G. Hamilton)、黎志剛，〈近世中國商標與全國都市市場〉，中研院近史所編《近代中國區域史研討會論文集》(台北：中研院近史所，1986)，頁69-84。

提供研究者相當助益。

　　自1990年代至今，台灣的明清史學者針對物質文化或消費史發
表了為數眾多的研究。如探究晚明士大夫對「崇奢」社會風氣的評
價[12]、分析明代政府抑制北京各種破壞禮法等級秩序的社會風氣而
頒布的政令[13]、討論晚明所謂「蘇州樣」等江南婦女流行服飾如何
沿全國交通要道傳播，以及明代士大夫對平民流行服飾的批判等研
究[14]、分析明清江南酒樓、茶館帶動「空間消費」的社會文化史意
含[15]，比較明代乘轎講究排場「身份感」與歐洲後代馬車著重「速
度感」[16]、有關旅游與飲食的研究[17]；巫仁恕並綜合乘轎、服飾、
旅遊、傢俱、飲食等層面，論證晚明中國也曾出現與歐洲同異互見
的「消費社會」[18]。探究清代宮廷消費，並說明清代「京城時尚」

12　林麗月，〈晚明「崇奢」思想偶論〉，《(台灣師大歷史系所)歷史
　　學報》，19(1991)：215-234。

13　邱仲麟，〈明代北京的社會風氣變遷：禮制與價值觀的改變〉，《大
　　陸雜誌》88.3(1994)：49-106。

14　林麗月，〈衣裳與風教：晚明的服飾風尚與「服妖」議論〉，《新
　　史學》11.3(1999)：111-157。巫仁恕〈明代平民服飾的流行風尚與
　　士大夫的反應〉，《新史學》11.3(1999)：55-109。

15　王鴻泰，〈從消費的空間到空間的消費：明清城市中的酒樓與茶
　　館〉，《新史學》11.3(2000)。

16　巫仁恕，〈明代士大夫與轎子文化〉，《中研院近代史研究所集刊》
　　38(2000)：1-69。

17　巫仁恕，〈晚明的旅遊活動與消費文化──以江南為討論中心〉，
　　《中央研究院近代史研究所集刊》，41(2003)：87-143；〈清代士
　　大夫的旅遊活動與論述──以江南為討論中心〉，《中央研究院近
　　代史研究所集刊》，50(2005)：235-285；〈明清飲食文化中的感
　　官演化與品味塑造：以飲膳書籍與食譜為中心的探討〉，《中國飲
　　食文化》，20.2(2006)：45-95。

18　巫仁恕，《品味奢華：晚明的消費社會與士大夫》(台北：聯經出
　　版公司，2007)。

如何由原先受江南影響而終能倒轉過來影響江南與全國其他地方的有趣現象[19]。檢視明清商業書籍的「物產」觀念如何由傳統的「人對物的和諧認知」轉為晚清商戰時期的「人與人之間的競爭求勝」[20]。

　　著重由「日常生活」切入，邱仲麟也對物質文化做了許多紮實研究。由明清時人慶祝生日的風氣，到部分地區家庭使用煤炭為燃料、生鮮魚肉的產銷與食用習慣、搭配飲食的冰塊保存與使用，以及皇帝的食單[21]，並還針對北京的街道「氣味」、江南的花業市場與賞花活動、明清時人對北方毛皮的消費做了種種探討[22]。

19　賴惠敏，〈清乾隆朝內務府皮貨買賣與京城時尚〉，《故宮學術季刊》21.1(2003)：101-134；賴惠敏，〈寡人好貨：乾隆帝與姑蘇繁華〉，《中央研究院近代史研究所集刊》，50(2005)：185-233。

20　邱澎生，〈「機風」與「正氣」：明清商業經營中的物產觀〉，收入國立政治大學歷史系等編《基調與變奏：七至二十世紀的中國》（台北：國立政治大學，2008），冊2，頁177-198。

21　〈誕日稱觴：明清社會的慶壽文化〉，《新史學》11.3(2000)：101-156；〈人口增長、森林砍伐與明代北京生活燃料的轉變〉，《中央研究院歷史語言研究所集刊》74.1(2003)：141-188；〈冰窖、冰船與冰鮮：明代以降江浙的冰鮮漁業與海鮮消費〉，《中國飲食文化》1.2(2005)：31-95；〈水窩子：北京的民生用水與供水業者(1400-1937)〉，收入李孝悌編，《中國的城市生活》，2005，頁229-284；〈天然冰與明清北京的社會生活〉，《中央研究院近代史研究所集刊》50.4(2005)：55-113；〈《寶日堂雜鈔》所載萬曆朝宮膳底單考釋〉，《明代研究通訊》6(2003)：1-26；〈皇帝的餐桌：明代的宮膳制度及其相關問題〉，《台大歷史學報》34(2004)：1-42。

22　邱仲麟，〈風塵、街壤與氣味：明清北京的生活環境與士人的帝都印象〉，《清華學報》新34.1(2004)：181-225；〈花園子與花樹店：明清江南的花卉種植與園藝市場〉，《中央研究院歷史語言研究所集刊》79.3(2007.9)：473-552；〈明清江浙文人的看花局與訪花活動〉，《淡江史學》18(2007.9)：75-108；〈宜目宜鼻：明清文人對於盆景與瓶花之賞玩〉，《九州學林》5.4(2007.12)：120-166；

在文化娛樂方面也累積不少研究成果。無論是兼受平民大眾與
王公貴族熱愛並終於與書籍出版、商業行銷甚至「亡國之恨」相結
合的「鬥蟋蟀」[23]，有關「麻將、馬吊」的文化史研究[24]，乃至於
由文人雅好之宴集、情愛、賞玩、文學創作看當時的情感世界、男
女才情或是「癖嗜」美學[25]，這些主題都有精彩專論。

藝術史家也由「雅趣」品味以及「視覺文化、空間認知」等議
題探究明清物質文化。如分梳晚明刊印《十竹齋書畫譜》與「箋譜」
的出版商胡正言如何將士商關係與商業經營交織一處[26]；王正華由
人物畫、日用類書「書畫門」、城市圖等圖像史料，對當時的感官
欲望與地景塑造做了一系列重要研究[27]。

（續）—————————

〈西皮與東皮：明代蒙古與遼東地區毛皮之輸入〉，《淡江史學》
20(2009.3)：21-61。

23 熊秉真，〈蟋蟀釋典：英雄不論出身低〉，收入《睹物思人》（台
北：麥田出版公司，2003），頁55-96。

24 陳熙遠，〈從馬吊到馬將：小玩意與大傳統交織的一段歷史因緣〉，
《中央研究院歷史語言研究所集刊》80.1(2009)：137-196。

25 李孝悌，《昨日到城市：近世中國的逸樂與宗教》（台北：聯經出
版公司，2008）；王鴻泰，〈閒情雅致——明清間文人的生活經營
與品賞文化〉，《故宮學術季刊》，22.1(2004)；王鴻泰，〈雅俗
的辯證：明代賞玩文化的流行與士商關係的錯雜〉，《新史學》7.
4(2006)；王鴻泰，〈明清文人的女色品賞與美人意象的塑造〉，
《中國史學》16(2006)；胡曉真，〈酗酒、瘋癲與獨身：清代女性
彈詞小說中的極端女性人物〉，《中國文哲研究集刊》28(2006)：
50-80；丘德亮，〈癖嗜文化：論晚明文人詭態的美學形象〉，《文
化研究》8(2009)。

26 馬孟晶，〈文人雅趣與商業書坊：十竹齋書畫譜和箋譜的刊印與胡
正言的出版事業〉，《新史學》，10.3(1999)：1-54。

27 王正華，〈女人、物品與感官慾望：陳洪綬晚期人物畫中江南文化
的呈現〉，《近代中國婦女史研究》，10(2002)：1-57；〈生活、
知識與文化商品：晚明福建版「日用類書」與其書畫門〉，《中央

與此同時，針對「奢侈」或是「過度消費」是否必然不利於社會國家與百姓生計？這個有點類似18世紀曼德維爾（1670-1733）《蜜蜂寓言》（1714）引發英國輿論討論人性自私的惡是否以及如何有利於社會公共之善的政治經濟學或公共哲學課題，也曾引發林麗月與陳國棟的論辯[28]。林麗月對此議題後續有史料與議題方面的拓展[29]。

在上舉明清物質文化的不同面向討論中，除了少人使用的有趣史料被深入討論外，一些國外理論或概念也被引入對話。如韋伯倫（Thorstein Veblen）《有閒階級論》（1899）提出的「炫耀性消費」、布迪厄（1930-2002）的「區別」（distinctions）概念、阿帕杜瑞（Arjun Appadurai）有關「物的社會生命」（social life of things）及其援引宋巴特（1863-1941）「物件化」（objectification）觀念而來的「特許體系」與「時尚體系」消長關係。

要之，台灣的明清學在近十餘年來所做物質文化史研究，儘管也招致諸如問題難免過於零碎化的批評與關切，但這些研究畢竟吸

（續）

研究院近代史研究所集刊》，41（2003）：1-85；〈乾隆朝蘇州城市圖像：政治權力、文化消費與地景塑造〉，《中央研究院近代史研究所集刊》，50（2005）：115-184；〈過眼繁華：晚明城市圖、城市觀與文化消費的研究〉，收入李孝悌主編，《中國的城市生活》（台北：聯經出版公司，2005），頁1-57。

28 林麗月，〈陸楫（1515-1552）崇奢思想再探兼論近年明清思想史研究的幾個問題〉，《新史學》，5.1（1994）：131-153；陳國棟，〈有關陸楫〈禁奢辨〉之研究所涉及的學理問題：跨學門的意見〉，《新史學》5.2（1994）：159-179；陳國棟，〈從《蜜蜂寓言》到乾隆聖諭：傳統中西經濟思想與現代的意義〉，《當代》142（1999）：44-61。

29 林麗月，〈《蒹葭堂稿》與陸楫「反禁奢」思想之傳衍〉，收入中國明代研究學會編，《明人文集與明代研究》（台北：2001），頁121-134；〈禁奢與崇奢：明清消費觀念的思想文化史考察〉，收入李國祁教授八秩壽慶論文集編輯小組，《近代國家的應變與圖新》（台北：2006），頁29-53。

引海內外學界不少注意，國內年輕學子也對這類議題相關課程或學術會議特別感興趣，從而在台灣史學界逐漸蔚為一個顯著研究領域。

三

要特別指出的是，明清物質文化史之所以蔚為顯著的研究領域，也並不純然因為上述各面向專著的問世，更涉及台灣史學界在這類議題展現出愈來愈濃厚的集體研究傾向。始自1990年代末，台灣學界開始匯集史學與其他人文社會科學學者，陸續開展明清物質文化的集體研究，通過國科會或中研院較大型計畫的支助，擴大與國內外學者的交流，也有利於這方面研究議題的增長。

大致說來，明清物質文化的集體研究可分為兩個源頭。先談第一個起源。1999年9月，熊秉真在中央研究院催生「物質文化、日常生活與中國」讀書會；10位左右成員每月一聚，輪流報告有興趣的相關議題；此外，還趁便邀請來訪海外學者引言，並與成員座談。至2001年8月的兩年間，共舉行15次讀書會。其中七次，包括研讀柯律格討論《長物志》與「視覺文化」的兩部專書，分析文人畫與「職業畫家」，並由墨西哥等「洋銀」看明清江南與廣東的不同「市場文化」，討論明清中國的各種鬥蟋蟀手冊，以及介紹日常生活中的「工作習慣、工作規訓」。另外八次則有：對古代與前近代中國「私」問題的省察、佛教對中國中古物質文化的影響、宋代物質文化記憶與日常生活、中國中古史上的荔枝，歐洲日常生活史研究選讀，以及人類學物質文化研究導讀。這些讀書會題目與大綱等資料都收錄於中研院「明清研究會」網頁[30]。

---

30 http://mingching.sinica.edu.tw/chinese/reading/reading_01_main.html/

　　2002-2003年由巫仁恕、王正華接續組織「消費／文化」讀書會。聚會曾邀請林麗月報告〈奢侈論：明清消費觀念的幾個問題〉，並請陳正國導讀倍力（Christopher Berry）《奢侈的觀念：概念及歷史的考察》、何乏筆導讀本雅明的「拱廊街計畫」（The Arcades-Project）、譚昌國導讀米勒（Daniel Miller）的《物質文化與大眾消費》、劉巧楣導讀布迪厄的《出類拔萃：判斷力的社會批判》。導讀筆記與導讀人提供幾份研究書目也都收錄在明清研究會網頁。

　　2003年8月至2005年7月，熊秉真主持執行了中華民國國家科學委員會整合型計畫「近世中國的物質、消費與文化」，計畫共含8個子計畫，內容計有：明清「金石毒」、明清商業知識中的「物產」、近世中國的玩具與遊戲文化、明清消費觀念的文化史考察、清代專業劇場、清末民初的「古物」論述、明清食譜文化以及普洱茶的社會生命史等。三年間，此計畫舉辦了「器物與記憶：近世江南文化」、「無時或忘：近世中國的文化記憶與物質環境」、「好物樂生：近世中國的物質、消費與文化」等三場國際研討會。於此期間，熊秉真還主編出版了《睹物思人》專書（台北：麥田出版公司，2003），收錄六篇論文的主題包括：唐宋「園林論述」、明清「鬥蟋蟀」的社會與政治論述、明清戲曲的時空想像、近代中國都市「從油燈到電燈」以及上海「石庫門」里弄集居空間。

　　接著介紹台灣學界集體研究明清物質文化的第二個源頭。2001-2003年，王汎森與李孝悌主持執行了中研院主題研究計畫「明清的社會與生活」。三年間，此計畫陸續舉辦了「中國的社市生活：十四至二十世紀」、「中國日常生活的論述與實踐」、「過眼繁華：明清江南的生活與文化」等三次大型國際研討會。部分會議論文經審查結集，在2005年分別出版了《中國的城市生活》一部專書以及《中央研究院近代史研究所集刊》第50期的「明清社會與生活」專

號[31]。

　2006-2008年，李孝悌主持執行第二個中研院主題計畫「明清城市文化與生活」，計畫含九個子計畫，主題包括明清江南城市的「時尚、豪宅、情色、節慶、寺院、感官之娛、城市文學」，以及城市居民的「認同政治」與「工作習慣」變遷[32]。三年間，以學術團隊對學術團隊的方式，計畫陸續與美國、日本與法國學術機構在波士頓、京都、台北與巴黎等地，共同舉辦了「近代江南城市生活」、「中日近世城市生活」、「進入中國城市：社會史與文化史的視野」、「十五至二十世紀中國都市生活」等國際研討會。這些研討會議程與論文摘要也都錄存「明清城市文化與生活」網頁。

　總結來看，儘管參與上述兩個不同源頭集體研究計畫的成員稍有重疊，但經常參與讀書會、研討會並一起合作出版的台灣史學工作者，則仍約有15-20位。這些集體研究者來自不同學科，有幾位文學、心理學與人類學家於其中都扮演不可或缺的重要角色；但若以人數論，則仍以史學家居多；至於參與計畫或重要活動的史學家，雖也有專治魏晉南北朝佛教、唐代社會文化乃至近代中國史者，但主要研究領域仍是以明清史為大宗。

　台灣史學界從事物質文化或日常生活議題研究的學者，當然不限於上述兩個來源集體研究計畫的參與成員，諸如中國中古佛教的物質文化（柯嘉豪），日據時期台灣民眾參與博覽會的經驗（呂紹

31　有關這部專書與期刊專號的出版經過，可參見：李孝悌，〈序：明清文化史研究的一些新課題〉，收入李孝悌編，《中國的城市生活》（台北：聯經出版事業公司，2005），頁xxxv；巫仁恕，〈導言〉，《中央研究院近代史研究所集刊》，50(2005)，頁i-vi。

32　總計畫及九個子計畫主要內容都載該計畫網站：http://citylife.sinica.edu.tw/intro.htm

理)、近代上海的大眾娛樂文化與百貨公司(張寧、連玲玲)、著名漢
學家高羅佩(1910-1967)研究成果中的物質文化主題元素(陳珏)等
課題，都有學者做出精彩研究。然而，若以研究工作的「活動形式」
而論，則在台灣強調研究物質文化或日常生活議題的史學家，絕大
多數都曾參與到熊秉真、王汎森、李孝悌主持的上述集體研究計畫。
儘管個別研究者針對物質文化與日常生活議題也已做出很好成績，
但就活動形式與總體氣氛而言，一股集體研究風氣實已構成近10年
來台灣學界標舉物質文化與日常生活議題的主要推動力。

上述兩個源頭的台灣史學界集體研究，都或多或少地強調要在
研究過程中同時探討物質文化與日常生活兩項議題。2003年國科會
補助的「近世中國的物質、消費與文化」整合型計畫，熊秉真在計
畫書寫道：「本計畫擬由微觀而宏觀，分由國內較有基礎的歷史、
人類學、文學與藝術學等領域之學者的合作著手，以八個子題進行
三個角度的分析：一是物或物質文化與中國歷史文化發展中所見的
時空變化。二是近世中國物質與消費市場之形成。三是各種物質與
文化互動中所反映的集體價值觀與社會心態之研究」，可證這項集
體計畫是以物質文化為核心議題。

在1999年11月的「物質文化、日常生活與中國」讀書會上，熊
秉真以「再窺究竟：淺說晚近隱私與日常生活的歷史探索」為題導
讀，她強調要借鑑歐美日常生活史的寶貴研究成果，特別是法國學
者主持的《私生活史》套書[33]及德國學者主持的《日常生活史：重
構歷史經驗及其生活式樣》專書[34]，最後並以「中國史的內蘊、外

---

33 *A History of Private Life*，本套書共分五卷，第一卷法文原本於1985
年出版，英譯本刊於1987年。

34 *The History of Everyday Life: Reconstructing Historical Experiences
and Ways of Life*，德文原版1989年，1995年有英譯本。

發與對話」為目標與讀書會成員共勉。可見「日常生活」是與物質
文化同被視為整合不同研究者並藉以創新中國史研究的重要議題。

　　至於由王汎森、李孝悌主持的「明清的社會與生活」、「明清
的城市文化與生活」兩項計畫，則強調西方日常生活史的啟發，並
直指「生活史在台灣史學界並未得到足夠的重視」。而此兩期計畫
名稱都標舉「生活」，也可證明日常生活史做為這項集體研究的核
心問題意識；主持人的計畫目標訂做：將生活史「與思想史、政治
史、經濟史、社會史等相結合」，將生活史研究既用以「勾勒歷史
上人們生活的狀態及其變遷」，也「幫助我們梳理政治史、思想史、
社會史、經濟史的問題」。

　　而在標舉日常生活史議題的同時，物質文化則被主持人視為「一
個已經被提上議程，卻有待進一步研究的課題」；李孝悌在指出台
灣史學界近年有關「中古時期的椅子、茶／湯，以及明清時期的流
行服飾、轎子等細微之物的研究，令人耳目一新」的同時，也關注
地說道：「這些瑣細、不急之物」如何能和「更寬廣的歷史、社會
脈絡」產生關連並帶出「更大的意義」？這大概是許多研究文化史
和生活史學者「共同的焦慮」[35]。計畫名稱雖未標舉物質文化，但
這個議題仍與日常生活史主題共同構成計畫的核心課題。

四

　　物質文化做為學者研究的重要議題，其實歷史學家並不若人類
學、考古學與藝術史家擅長。從這個角度看，台灣的明清學界強調
以日常生活史結合物質文化研究，可能並不只是因為豔羨歐美日常

35　李孝悌，〈序：明清文化史研究的一些新課題〉，頁v, xxvi。

生活史的研究成果，也還帶有較容易選題與挑選合適材料的策略性
作用。然而，隨著研究工作開展至今，明清學界對所謂物質文化與
日常生活史的種種研究成果，究竟給了讀者何種新認識與新啟發？
這應是無法迴避的問題。

　　表面上看，對明清歷史與文化有興趣的讀者與學生增加了，這
大概可以部分歸功於台灣學界20年來的物質文化研究，用較新的角
度開發各種材料，使得明清中國的食、衣、住、行、娛樂等日常生
活，以及對商人、財富既有觀念的變化，都成為讀者可以具體認識
的對象，無論是江南與京城的「時尚」傳播、士人各類「雅緻」品
味背後反映的焦慮感、文人與才女的情感世界，乃至於士大夫對個
人節儉不見得有利社會富裕等新的「均富」觀念的傳遞，在讀者在
感到趣味之餘，也或多或少得到一些啟發。

　　但由更高的標準看，則上述幾個集體研究所曾宣示的目標，無
論是要探究「各種物質與文化互動中所反映的集體價值觀與社會心
態之研究」，或是將生活史研究既用以「勾勒歷史上人們生活的狀
態及其變遷」又「幫助我們梳理政治史、思想史、社會史、經濟史
的問題」，這些目標可已真正做到？若用李孝悌的話來表述：物質
文化或日常生活史所探究的「這些瑣細、不急之物」，究竟如何才
能與「更寬廣的歷史、社會脈絡」產生關連並帶出「更大的意義」？
這仍是考驗相關研究學者的大問題。何謂「更大的意義」呢？台灣
的明清物質文化史研究者雖然不見得比別的領域研究者做得更不
好，但畢竟這確是個值得深刻自省與持續探索的課題。

　　有人類學家將物質文化研究定位為「對文化基本性質的認知」，
鼓勵學者「透過對人們如何看待與運用各種不同物件(objects)的具
體研究」去認識這些人們的日常生活世界，並藉以釐清「我們所研

究的人群賴以創建真實世界的方式」[36]。黃應貴以台灣東埔社布農人種植經濟作物與「培育」水稻的長期歷史為例，論證物與物質文化的研究視角可幫助我們看清「當地人如何由其原有的基本文化分類概念來理解外在的歷史條件而創造新的生活方式與社會秩序」[37]。回到明清中國的時空背景，則研究中國物質文化或日常生活的歷史變遷，對於我們理解當時人們「賴以創建真實世界的方式」或是考察當時人們「如何由其原有的基本文化分類概念來理解外在的歷史條件而創造新的生活方式」，究竟可以帶來何種新認識？這可能是明清史家可供檢測自己研究成績是否已有「更大的意義」一項判準。

話說回來，愉悅本身沒有什麼不對；但若只是忘情地拼命消費，每日惑於展場觀看或廣告刺激的愉悅，而無法自拔地「役於物」，甚至讓自身消費淪為統治者或既得利益者維繫掌控權力的把柄，那則並非明智之舉。消費者購物之餘，有時可想想自己「賴以創建真實世界的方式」與所消費的物品何干；一如明清史家研究物質文化之同時，也該經常反思自己研究的「更大的意義」究竟何在。

36 Daniel Miller, "Why Some Things Matter?" in Daniel Miller ed., *Material Cultures: Why Some Things Matter?* (Chicago: The University of Chicago Press), 1998, p. 19.

37 黃應貴，〈物的認識與創新：以東埔社布農人的新作物為例〉，收入黃應貴主編，《物與物質文化》（台北：中央研究院民族學研究所，2004），頁443。

　　消費使人愉悅嗎？若經得起自己反思後的確認，那應該是一種
愉悅吧！

　　邱澎生，中研院史語所副研究員。著有《當法律遇上經濟：明清
中國的商業法律》等，正撰寫一部以清代前期重慶巴縣檔案為關鍵
史料的專書，探究18-19世紀法律規範與當地物質生活變遷的歷程。

中文系、中文研究與文化研究？

劉人鵬

　　這篇文章的初稿先前發表於〈文化研究十週年：不同學科的反思〉圓桌論壇。最初的題目來自論壇發起人王智明的「全球化，性別政治與中文研究」主題，並且他也代擬了一個發言大綱：「從清華中文系的行政經驗出發，我將討論中文研究近幾年對於全球化議題與性別政治的關注，以說明文化研究在中文系裡的位置，及其造成的變化與影響。」題目以及發言大綱多少透露的是智明對於要我來參加這個論壇所設想的兩個發言位置：一是在中文系教學研究的人，另一是剛結束了三年的中文系行政工作；以及他對於中文系的中文研究與文化研究關係的主要想像：全球化與性別政治是文化研究影響於中文系的兩個可能的議題，並可能已經造成了中文系的改變，──這個提議似乎是期待一個中文系的發言位置，將文化研究視為影響的因素。我原想以命題作文的方式回應，但總覺得似難合乎期待。於是，以下我將以我的方式反思智明給的題目與大綱，發言位置可能會是在我經驗所及的中文系、中文研究與文化研究之間移動，而對於文化研究的設想，則暫不視之為某些特定議題。

　　其實無論如何都不容易談。

　　從行政的位置去面對中文系，與從文化研究的位置去看中文系的中文研究，應該是兩回事，而且其中充滿矛盾的張力。「中文系」

作爲一個教學行政的建制單位，有它自己的生存機制與生存欲望，在台灣歷史進程中所承載的關於「中文系」（教學與研究的內容）到底應該是什麼，其實內部又充滿矛盾張力互相衝突競爭，但卻總是要以「人人理所當然知道中文系原就應該是什麼」的修辭面貌，成爲一個想像的整體。就行政來說，在行政的機器裡，一個單位維繫生存以及自我繁殖的現實需求及保守性，可能是它很多行動——包括改革行動——的最後驅動力。行政主管經常要扮演的角色是建制單位的生存機器代理人，不論政治修辭如何，「本位」的考量經常是生存本能（但是人們通常只看到別人的本位，要求別人放下本位，看不到自己主張的本位性）。由於任何改革不論理念如何，都可能觸及單位的人事生態變動、既有利益版圖重組等，行政的考量與學術革新理想的考量大部分時候是衝突的，不過，很多時候建制單位生存繁殖的考量，必須以教學或學術的理想爲修辭。但往往人們不會願意去意識單位的生存欲望與學術理想間的距離與複雜關係，簡單方便的假設是：單位存在並壯大，生存於單位中的人就有繼續繁殖的沃土，而單位的生存壯大，最便捷的方法是既有人員及產出的再生產。

　　舉個例子來說，我們好多年以來都試行「大一大二不分系」的提議，當我不是系主任時，非常贊同這個理念，因爲我認爲這是走出學科封閉系統的一個契機。但當我在系所行政負責人的位置上，卻發現這個想法的提出，在微觀層面其實有院內非常具體的現實脈絡，以及既有系所間各自不同的自我繁殖需求；宏觀層面，則有著全球化氛圍裡學習世界名校作法，以及人文學科在邊緣位置下以改變現狀換取重生可能的想望。然而我們不是從零開始，而且改變的動力不一定只是自我求進步，感覺上比較像是邊緣位置在重重外來的壓力下，不得不想法改變既有狀態。於是，從某個單位行政負責

人或生存機器代理人的位置，自然而然要考慮的問題變成：在改革的過程中，必然經過課程重整，可能無辜的人或課程或狀態要被犧牲，誰可以決定誰該犧牲呢？如果從現狀改爲全院的大一大二不分系，改變後不分系的大一大二共同課程，又要在什麼基礎上、如何決定？又如果台灣整體升學主義的教育不改變，延後兩年選系，會不會也只是造成學生大三再多一次的升學競爭搶熱門科系，迫使冷門卻不一定不重要的系所或教師面臨無謂的犧牲？況且各種壓力下局部而不負長久責任的變革，成就的可能只是現任主管的革新政績，不見得會造成長遠美好的真實影響。以台灣常見的例子，很多理念出發的革新，經常在不久後禁不住現實裡少數特異分子的壓力，又要改回傳統了。於是從行政位置上，經常會以非常保守的精神，考量生存問題，抵擋外來的改變壓力，除非改變的需求是從內部發出。

當然，所謂「內部」也一定是多種聲音折衝協調的過程，而有些時候內部之所以決定改變，也是像晚清嚴復說的「外力逼迫，爲我權借」。新理念當然在不同的系所會引起不同的考量，生存狀態不同，與體制性的革新理念之間就會產生不同的關係。有些理念對於某些單位是可欲的，對另一些單位則具風險或威脅，而在革新的聲浪中，保守考量通常被標誌爲本位、不顧理想，但有些本位性則正好可挪用理想的修辭而看似進步。如果不認識到這個現代化過程中常見的現象，很多時候會產生進步發展過程中類似拆除違建或以剷除落後爲名的暴力。

我想說的是：建制單位的自我繁殖欲望與力道其實不容小覷，雖然它必須隱身於各種學術理念等修辭的縫隙，不能也不願張揚。而如果「文化研究」的性質或欲望或理想在於「跨」系所，在於對系所疆界本身的批判反省，在於對知識的想像無法局限於系所的此

疆彼界，在於不願意爲學院系所界定而放眼於對社會、對非正統、
非主流或知識本身更敏銳的關懷，那麼，它基本上就與系所作爲一
個行政教學的建制生存單位、必須投資於經典正統，以自我再生產
爲目標的性質不甚相容。「文化研究」在系所及系所正統知識的地
盤裡生存，首先學會的可能是一種不定居而機動游牧的生存狀態或
方式，沒有固定的支援，沒有體制所承諾的穩固保障與榮譽，必須
在盤根錯節中找到游刃的空間。

　　在一個理工爲主的學校裡，學科階序大約是：理工治理，理工
人經常非常輕易地向人文社會學科發話，恨不得人文社會學立即有
所改變，以服務理工想像中的世界標準，同時，必須以數據來表達
優秀和頂尖。而人文社會學科中，似乎社會科學常常不由自主認爲
自己更接近現實世界而優於人文學科。人文學科中，歷史似乎較接
近社會，哲學較接近西方，語言學較接近科學，而外文系不用說無
論如何入學分數都比中文系高很多，加上現今學院國際化常常等於
英語化、論文發表要進入SSCI等奇異要求，「中文系」在這樣一個
「現實」中似乎無可避免帶著生存危機感，並且是外力意識及無意
識想要「改變」的對象。

　　舉一個例子來說，許多年來有一種相當強烈的聲音要求減少或
廢除或改革大一國文。我們學校在1997年改成了「文化經典」後，
仍然面臨各種理由的變革壓力，2006年全校共同語文課程改成了英
文8學分，中文才2學分；文化經典歸到通識教育。以往我也極不滿
意強迫性的國文課，也不喜歡文化經典的局限性，但是從行政位置
上面對處理這些問題才感受到：在改革的壓力裡，不止與知識及學
術內容相關，而是「國文」、「中國文化經典」這些符號在台灣歷
史積累的虛幻想像，以及後來之幾乎變成污名，使得「國文」要不
就是復興中華文化的經典，要不就是去之而後可的落後殘餘。在一

些座談場合，聽到對於僅設「中國」文化經典的不滿，在學理的討論上，似並非指向我們應開設更多元的經典或解構經典，而是以美國大學的「世界三大文明」作爲完整經典內涵的楷模。

我常常覺得，「中文系」的位置，在全球化的今日，它仍似處在一種外力經常介入、自我奮力求存定位卻不甚明確的尷尬狀態，這常讓我想起晚清的「救亡圖存」論述，陰影彷彿至今幽魂未散。只是今天外來的這個要求「改變」的來源，像是第三世界科技人在全球位置裡想要極力擺脫的、自我存在無可擺脫的部分。這個狀態，其實應該是文化研究可以發展的沃土，但底下我會再說到，針對台灣特定狀態的文化研究，可能並不容易在任何特定系所內部展開，或許一些開創性的東西，還是要有點在既定領域內外的遊牧衝撞吧。

我不知道怎麼談文化研究在台灣「中文系」的位置，如果我們不把「文化研究」視爲已經具有特定的面貌或議題或內容，而是一種不斷在既定學科訓練或系所建制內外造成干擾的某些研究模態或知識活動，那麼，如上所述，文化研究不容易在任何已經有學科界線的系所佔有位置。當然，這些年文化研究各類議題在各個學科領域裡的滲透，中文系的學生或學者在研究模態或題目出現女性、性別、消費、空間、全球化等等類似文化研究或者跨領域題目的不在少數。我相信，如果今天以考察中文學門或中文系學者近年的研究計劃或論文內容方式，用研究題目來觀察文化研究在中文學門的擴散情況，應該會有表面樂觀的結果。但是，一方面，文化研究這些年也許已經愈來愈多題目花俏政治正確的論文出現，但實質成效仍待觀察；另一方面，這也許也並不一定能夠準確回答中文系、中文研究與文化研究關係的問題。

首先，從「文化研究」看什麼是「中文研究」，似乎無法限定於中文系的研究，社會學、人類學、哲學、語言學、歷史、甚至外

文系、台灣文學所，不也都充滿「中文研究」嗎？（雖然有些時刻用
「中國」、「華文」或「漢語」等名詞試圖區隔各種曖昧。）不過，
今天找我談這個題目，應該想到的是中文系的中文研究吧？其實某
種程度上，其他現代學科已經切斷或遺忘或不想強調他們與「中文」
的關係，或者，根本已經格格不入，或者變成一種理論與材料的關
係，例如「以社會學的方式研究中國」。

從歷史去看，當初現代學科成立的無意識基礎，也許正是這個
切斷，而切斷不了的，就成了中文系的內容。于治中曾經追溯20世
紀初中國新式教育引入西方學制與學科分類的過程中，文學設科如
何並不像其他學科以其獨立性進入文化新秩序，而是作為延續傳統
薪火的意義而存在、而被動進入，並且以地域性或文化性之中／外
或東／西為其存在依據。他指出我們要面對自身的現代性問題。像
他這樣的分析，可能在中、外文系內部都不容易出現，不但不容易
出現，可能還都極力排斥其存在。但我們目前非常需要的正是跳出
系所作為認同或指認框架的視野，才可能面對全球化時代裡中文研
究的問題與問題性。然而學術建制單位的生存欲望，很像那只偏執
並且吸引人們偏執的魔戒。跳出建制化系所作為認同或指認框架，
則可能更像一種死亡驅力──雖然那是生命與生存的必然。

然而我們也不可能騰空說超越系所框限；深入認識了解在地系
所的歷史軌跡，才有可能認識自己的局限。我在這裡無法講太多，
底下簡略提一下關於系所敘事及系所評鑑所透露的一點點問題端
倪。

台灣最早成立的研究及講授「中國文學」的系所是台大中文系，
從其系網的歷史沿革敘事看（我不是說系所實際如何，而是透過系網
的敘事，看他們如何說自己的故事）：其早期前身是日本帝國大學文
學科的「東洋文學講座」，1945年設系後，無論學者出身或自覺學

風，都接續「北大中文系」。這種對於自我「來源」的敘事中所內蘊的衍生性或繼承性，是值得注意的。台大中文系2006年更新的系網所標誌的教學目標是：

> 發揚中國文化，傳授經學、小學、諸子、文學、文獻學等專門知識，以培養學生對於中國語言、文學、學術思想、文獻資料深厚之認知與研究能力，並期勉學生以堅實之學術訓練與文化素養作為日後從事學術研究、語文教學、藝文創作及各項文化工作之基礎。

台大中文系在台灣開枝散葉，上述關於目標的敘事，大約已經成爲台灣傳統中文系教學目標的典型。但我們對比北大中文系2006年更新的系網敘事：

> 1910年建系以來，北大中文系師生常肩負先鋒的使命，在五四新文化運動中，在民族解放與革命建設事業中，都作過卓越的貢獻。作爲一個教學科研單位，北大中文系的教學與研究始終往現代化的方向轉換發展，不斷突破舊有的格局，形成新的學術規範，並逐步協調西方學術方法與中國傳統固有學術方法的關係，在中文學科的教學體制、課程設置等方面，對全國相關系科有過幅射性的良好的影響。

同樣在2006年，二者無論在靜態／動態、與歷史現實的關係、向後看／向前看等方面，顯現相當的斷裂，似乎很難看出「接續」的關係。今天我們也許應該要先面對這個斷裂性，能夠歷史化地閱讀這些關於系所歷史、目標的敘事，並理解中文系在台灣曾經承載的歷

史政治文化意義與位置演變軌跡。而對比北大中文系的敘事，我想，
也許台灣中文系要更多認識在台灣關於「復興中華文化」的政治使
命如何建構了一種其實不同於中國的文化幻覺，才有可能真正探索
在這個全球化的年代裡，它可能敘述的自我調整之路。

　　清華中文系在台灣比較特別之處在於，它成立比較晚，1980
年以「中國語文學系」為名開創時就立意不走傳統中文系的路，之
前為了準備評鑑資料，我找到1981的發展計畫書是這樣寫的：

> 本系一方面繼承過去清華文科的傳統，以融會中西學術為職
> 志，期將中國學問建立在一個現代學術基礎上；一方面又考慮
> 文科教育如何與現代社會需要配合，將中文系課程作了大幅度
> 的改動，使其切合社會現況，從而發揮中文教育的積極功能。

另外在教學方針上採取「彈性的、多元目標的政策」，1989-1995
之間研究所也曾經一度非常難得的中、外文學合為「文學所」。但
很可惜，1995年嘗試越出某種界線之中外合一的文學所就裁撤了，
中語系那時又改回「中國文學系」。這些年來，也一直有聲音要求
它更像其他的傳統中文系，以便學生能考上其他學校的中文研究
所。很奇怪的說法吧？對一個學校中文系教育目標的要求，竟是要
考上別的學校中文研究所！學生考上別的學校中文研究所人數夠不
夠多，是系所評鑑書裡的重要批評意見。這次系所評鑑結果公布，
大家也看見了，來自傳統中文系的評鑑，讓它沒有通過。這也看到，
在整個生存狀態相當侷促的大環境裡，即便是以系所建制單位進行
改革也並不容易。近年的系所評鑑，可能已經造成了逼使學院建制
發展更加工具化與規格化的效果，大家讀一讀網路上公布的各校系
所評鑑意見書，也可能會對今日學院高等教育眼界的愈來愈瑣碎而

瞠目。

不同於上述我把「中文系」現狀與「文化研究」似乎當成兩種很難相容的二分思考方式，換個眼光從「中文研究」看，事實上，今天中文研究面對不論傳統或現當代，年輕一代的確已經有一些相當具原創活力的研究正在出現。他們援用新的視野、甚至嘗試不同的書寫方式。我指的不是僅在題目及表面上援用文化研究現成詞彙的論文，而是也許與當今制式論文形式要求並不那麼符合、但卻是極具現實感的論文，這些不符正典的新形態論文的出現，我們必須有能接納的眼光，並且爲它們保留空間。

日前在與丁乃非討論時，她的提議也給了我相當的啓發，我想也許是更好的。不過我今天的發言只能以點到這個新開始來結束。丁乃非說：所有中文系的研究，都是文化研究。我並不確定這話的「作者本意」，但對我來說，卻是一個可能挑起爭議、卻也可能因此重新反思的很好的提醒。我想，從文化研究的觀點乍看這話似乎不可思議，但我認爲，如果中文系與文化研究都不具本質性的意義，如果「文化研究」不是一種固定的學術議題與方法，而是不斷的對既有知識框限提出轉化性反思，那麼，這個提議不僅指出一種重新正視與理解作爲現代性學科殘餘的中文系研究內容的眼光，同時也挑戰文化研究的在地視野：我們不是在現成知識中區辨何爲文化研究，何爲中文研究，而是批判性地重新認真檢視一種以殘餘的意義而存在的歷史軌跡；另一方面，這個提議也可以轉換目前學科階序下，太輕易以外在高階的觀點，有意無意把中文系視爲必須改變的對象，卻忽視反省這個想要改變中文系的眼光所內涵的殖民現代性問題。我想，當我們說「中文系的研究，都是文化研究」時，這個逾越而挑釁的試探性宣稱，要批判性轉變的，可能不僅止是現今不論是誰都很容易就可以或想要對它進行批判的中文系，同時也是在

地的文化研究與中文研究，究竟要如何更紮實地面對在地的學科、
知識、歷史及建制軌跡的問題。

後記

　　感謝王智明，于治中，劉正忠，鄭聖勳，黃道明，丁乃非，在
不同的階段，討論或閱讀了這篇稿子中的問題。錯誤與不足是我自
己的，而很多想法的出現，來自朋友們的討論與質疑。當然，還留
下很多問題，要繼續思考。最後的最後，我忍不住想把丁乃非看了
稿子後的評論記在這裡，是感謝，也是繼續反思的動能：「有一個
部分可能是：你寫的那種外文中文至今沒有面對的、自身與現代的
在地脈絡中的歷史關係，其中包括在專制獨裁年代的知識政治使
命，還有後來到現今台灣知識的階序，在這樣的怪異處境中，中文
研究無法沒有的自我反身性？不論這個無／意識的表達模態。」

　　劉人鵬，清華大學中文系教授。著有《閻若璩與古文尚書辨偽：
一個學術史的個案研究》、《近代中國女權論述：國族、翻譯與性
別政治》，並與丁乃非、白瑞梅合著《罔兩問景：酷兒閱讀攻略》，
與鄭聖勳、宋玉雯合編《憂鬱的文化政治》。

文化研究與台灣文學

游勝冠

　　文化研究引入台灣的這20年，其實也正是台灣文學研究進入學院，逐步朝學院化發展的20年。無論是文化研究大量以台灣文學作品為分析對象的本土化實踐過程，還是台灣文學的研究在方法論上向文化研究取經，兩者可以說是在一種相輔相成的關係中相互支援、發展茁壯的。

　　這種相輔相成的現象，從文化研究、台灣文學研究交集得最為緊密的性別與認同兩個議題可以看到，邱妙津的《鱷魚手記》、紀大偉的《戀物癖》、陳雪的《惡女書》……等反映性別議題的小說，幾乎成為不同學門碰觸該議題時必定要有所探討的經典作品；解嚴後的省籍、國族認同衝突問題，不同立場的研究者，不是藉朱天心、駱以軍的作品以彰顯自己離散的認同立場，就是拿李昂、陳燁、陳玉慧的家族小說來標榜台灣認同的優先性。

　　就進入學院的台灣文學研究者來說，來自以外文系為主的文化研究取向的挑戰，也讓中文系出身為多的他們，為了與不同學門、不同取徑的台灣文學研究進行對話，不得不涉獵這方面的理論資源。如此，不僅打通了不同學門學術對話的通道，相互加乘之下，也讓台灣文學研究的可能性最大化。兩者間的這種糾葛，與其說誰影響了誰，倒不如說台灣文學及其研究與文化研究有著共通的精神

立場，理查德‧約翰生在〈究竟什麼是文化研究〉[1]一文，策略性地
從政治性、跨學科及理論問題框架的分析與比較三個面向，對文化
研究進行的定義，最能說明兩者之間的這種聯繫。理查德‧約翰生
在〈究竟什麼是文化研究〉這篇分析文化研究的基本性質的論文中，
對文化研究做出了策略性定義，他的第一個定義是文化研究關注知
識與政治的關係，他說：

> 知識與政治之間的這種聯繫關係對文化研究一直至關重要。這
> 意味著文化研究和寫作都是政治活動，但不是直接實用的政
> 治。……也許最重要的是抵制文化研究中的那種脫節，即把文
> 化研究寓於純粹的學術目的，或把（比如）對通俗文化形式的興
> 趣與對權力和各種社會可能性的分析割裂開來。

理查德‧約翰生上文，從兩個面向闡述了這種關係，首先是文
化研究必須將知識與政治進行聯繫，研究和寫作都是一種政治活
動；其次，沒有所謂純粹的學術目的，文化研究要抗拒將知識與政
治、權力和各種社會可能性的分析割裂開來的作法。

對台灣文學論戰有所認知的人大概都很清楚，主流文學或主流
學術界就是立足於這種純文學、純學術的立場，對台灣文學及其研
究的政治性進行批評。由於台灣被多重殖民壓迫的歷史，為爭取、
證明自己的歷史在場，日治以來的台灣文學的確承載了台灣人對政
治、社會現實的不滿與批判，研究台灣文學，很難不將台灣文學的
這種精神內涵，與不平等的政治、權力關係進行聯繫，再加上1990

---

1 理查德‧約翰生，〈究竟什麼是文化研究〉，收於羅崗、劉象愚主
   編，《文化研究讀本》（北京：中國社會科學出版社，2000）。

年代以前，台灣文學一直是個政治禁忌，它的研究因此也被排除在主流的學術體制之外。為了爭取其學術研究的正當性，文學與政治、權力之間的聯繫的分析，自然就成為台灣文學研究的主調。這種由台灣多重被殖民歷史所形成的特色，與理查德‧約翰生所強調的文化研究基本立場可說不謀而合。

知識與政治的關係之外，理查德‧約翰生也從跨學科的角度，對文化研究進行了第二層面的定義，他說：「文化過程實際上與學術知識的發展曲線並不是對應的。任何一門學科都不能掌握這種研究的全部複雜性（或嚴肅性）。文化研究就發展傾向必須是跨學科的。」學院體制的學科劃分，其實是一種讓佔統治地位的政治、經濟、社會體制合法化的意識型態，亨利‧吉羅等人在〈文化研究的必要性：抵抗的知識分子和對立的公眾領域〉[2]一文，對這個問題有更深入的分析，他們說：

> 根植於獨立院系之中的相互分離的學科的歷史發展產生了一種合法化的意識型態，並在實際上壓制了批評的思考。保持學科的完整性，分門別類調研的理性化有助於將不同學科的批評家相互分離及主流文化的再生。在鼓勵專家們以自己的方式進行學術活動的學術自由的旗幟下，專業人士現在將自己訴諸於那種局限它們質疑天性的形式。

學院內的台灣文學研究之所以遲至1990年代中期才開始得到推

2　亨利‧吉羅、戴維‧季維、詹姆斯‧索斯諾司基，〈文化研究的必要性：抵抗的知識分子和對立的公眾領域〉，收於羅鋼、劉象愚主編，《文化研究讀本》（北京：中國社會科學出版社，2000）。

展，台灣文學之所以不被承認有學術研究的價值，可以說就是這種「合法化的意識型態」的排斥所致。受制於佔統治地位的中國正統意識型態，台灣的學院體制向來只承認中國文學研究的合法性，被冠上「地方意識」、「分離意識」污名的台灣文學，就像所有殖民地文學，或早期的女性文學、黑人文學一樣，被剝奪了進入學院的價值與權利。

因此，學院內開始進行台灣文學研究的初期，由於沒有一個「台灣文學」的學科可供研究者集結，它是由已經進入學院的學者共同澆灌茁壯的。這些開疆拓土的第一代學者來自不同的人文學門，有歷史系出身的林瑞明、陳芳明，中文系出身的則有陳萬益、呂興昌、呂正惠，國外留學回來的外文系學者如吳潛誠、邱貴芬等，隨後也帶著新的理論視野（包括文化研究），加入這塊處女地的拓墾。由此而說，台灣文學研究學院化的一開始，就帶有跨領域的性格，應該不為過。然而，台灣文學跨學科體制的意義，更為重要的還在：將賴和、楊逵、呂赫若、陳映真、七等生……等等諸多台灣作家及其作品帶入學院後，對中國文學經典所造成的挑戰。

亨利·吉羅等人對人文學科所謂的經典這個問題，有極為精闢的分析。他們指出經典的人為性及等級性說：「必須記住經典的人文學科的基礎理論建立在等級制經濟基礎上，文化客體據此而排先論後。其中一些（如莎士比亞的作品）被認為是西方文化中最好的，它們因此而代表了文化的本質。這恰是文化研究要反對的那種象徵文化觀點。」因此，台灣文學的學院化，從這個面向來看，可以說就是在反對戰後中國政權帶來的「象徵文化觀點」中，實踐了文化研究跨學科的基進性。為了證明台灣文學的存在價值，這些學者「帶著懷疑的眼光去考察一切等級化的項目」，並因為「把文化看作一系列在不平衡的權力關係中存在及發展的活動，或將它看作是不可

能固定在知識寶庫中某一不可縮減的過程」，動搖了官方、體制將
台灣文學次等化的文化位階。

至於理查德・約翰生所謂「理論問題框架的分析與比較」的第
三種策略定義，則是中文系、歷史系出身的研究者最需要向文化研
究借鏡的地方。台灣文學研究的確在這方面受惠於文化研究最多，
不過就像理查德・約翰生所指出的，雖然「這是一切文化研究的本
質因素」，但他也提醒「理論問題框架的分析與比較」的爲難所在：

> 其棘手的地方在於，抽象的話語形式把思想和產生思想的或這
> 些思想所指的社會複雜性割裂開來。如果這些不能得到連續的
> 重建，或用做參照點，那麼，理論的澄清就有獨立的必要了。

對台灣歷史不熟悉的文化研究者，他們以台灣文學文本爲分析
對象的研究論文，的確常有理論歸理論、文本歸文本，或將台灣文
學文本視爲理論操演舞台的現象，會產生理查德・約翰生這裡所指
出「把思想和產生思想的或這些思想所指的社會複雜性割裂開來」
的問題，自不在話下。相對地，對台灣被殖民歷史抱著同情態度的
研究者，由於熟悉或同情台灣文學被排除於主流文學、主流學術之
外的歷史、現實處境，他們的研究因爲較爲關注台灣文學被壓抑的
歷史位置，相形之下，是比較能將他們所提出的問題和「思想和產
生思想的或這些思想所指的社會複雜性」聯繫起來，這些基於活生
生的現實所提出的理論問題框架，對於社會複雜性的闡發與解釋，
相較來說，是更加發人深省。

理查德・約翰生這裡所提出「把思想和產生思想的或這些思想
所指的社會複雜性割裂開來」的現象，我覺得是當前文化研究逐漸
流失其基進性的最主要因素。這個問題不盡然是理論優先、對歷史

基礎有所忽略所造成的，更多的是因爲這些研究者受制於自己的政治立場，爲維護自己的既得利益，喪失了理查德・約翰生所強調的文化研究的「反思性」所致。這些與佔統治地位的中國國族主義分享著共通意識型態的文化研究者，他們的相關研究雖循著文化研究的方法、路徑分析台灣文學文本，但卻因爲未能從歷史優勢者的位置走下來，其顛倒歷史是非的論調，不僅不能在充滿壓迫的社會關係中，像理查德・約翰生所指出的，對各種流行的實踐進行批判與對抗，甚者，還爲佔統治地位的意識型態持續進行合法化的辯護。

台灣文學及其研究，如前文所論，與文化研究是有著許多共通的精神立場。就廣義文化研究中的後殖民主義來說，有著多重被殖民經驗的台灣文學，可以說是這種理論滋長的溫床。因此，本文所以特別強調這些精神立場的相通性，並不是要忽略近20年來文化研究的引進、實踐，對台灣文學研究的影響。我所要突出的是：本土的台灣文學及其研究與外來的文化研究在共通的歷史條件中發展起來的，它們都產生於充滿壓迫的社會之中，因此它們都有爲歷史、政治及社會的被壓迫者仗義執言，都有質疑、挑戰佔統治地位的意識型態的共通精神立場。因此，外來的文化研究才會對台灣文學的研究產生這麼深刻的影響。相對地，根植於台灣多重被殖民歷史經驗的台灣文學及其研究，相較之下是更願意去釐清這些思想所以產生的社會複雜性，並更能把持爲歷史的弱勢者發聲的初衷，而這又能提供那些流於理論遊戲，或以文化研究爲名行合法化中國霸權爲實的文化研究什麼省思，同樣是本文關注的。

台灣文學系所陸續成立後，文化研究持續以體制化的力量影響台灣文學研究的發展，像邱貴芬這樣外文系出身的文化研究實踐者轉戰台灣文學研究所跑道，透過教學及指導論文，這方面的影響會怎麼深入？可想而知。我所任職的成大台灣文學系，近幾年來延攬

多位相關師資，不僅在研究所開設了文化研究的課程，連大學部也將「文化研究」，定爲常態開設的課程，而如果不限於「文化研究」這個名目，那麼相關的女性主義、馬克思主義、文化理論、後殖民理論……等等課程的開設，數量之多，早有人以非文學系加以詬病。至於其他台文所，由於組成師資的多樣化，跨學科的特色，同樣也在成形之中。

因此，是不是可以就此說台灣文學系所教學、研究正在「文化研究化」？在文化研究研究所成立之後，基於學科的尊嚴，很多台文系所恐怕不願這樣承認。我想，到底誰支援、影響了誰，並不重要。上文之所以由文化研究的基本精神立場去與台灣文學進行連結，目的就在說明，這些精神立場才真正重要。如果硬要說誰影響了誰，那會不會又重蹈文化研究所反對的學科建制及其界線？然而本文更爲在意的是，當文化研究、台灣文學研究先後得到學院體制的承認，成爲曾經否定它們存在價值的學院、學科中的一員，如何繼續保有上述的基本精神立場，避免促使他們與其他公眾領域相脫離的「專業化」的侵蝕，持續從事嚴格意義上的社會和政治問題的批評。亨利・吉羅等人曾詮釋這種批評的基進精神說：

這意味著批評的發展與文化研究的形式應當與解放的利益相一致。對這種變革性的批評而言，一個重要的任務就是找出主流文化意識型態中的裂縫。在一個社會缺少能夠批判地分析它的矛盾的知識分子的情況下，主流文化會更有效地傳播它的壞影響。而且，如果沒有一個文化批評的領域，抵抗的知識分子就不會有自己的聲音。

在我看來，在學院內就位後的文化研究與台灣文學研究，進入

體制後流失最多的恐怕就是這種批判精神，「找出主流文化意識型
態中的裂縫」、批判地分析我們社會的矛盾等的提醒，或許是開始
用「專業化」自綁手腳的我們，應該回過頭再三反思的。

　游勝冠，成功大學台灣文學系副教授，著有《台灣文學本土論的
興起與發展》（1996；2009），《殖民主義與台灣文學：日據時期台
灣解殖民文學》即將出版。

亞際／文化研究10週年：
觀察與感想*

王智明

　　2009年是台灣文化研究學會、也是《亞際文化研究》(*Inter-Asia Cultural Studies*)誕生的10周年。當然，亞洲地區文化研究的學術推展絕不只是最近10年的事，但是對於一個新興學科與學術期刊而言，10周年的確標示一個重要的里程碑，值得藉機回顧與反省過去的努力與成就，並展望未來的發展[1]。

　　的確，亞際／文化研究的2009年就在回顧與展望的氛圍中展開。1月初在台灣師範大學舉辦的文化研究10周年會議就是以「根源與路徑」為題，來回顧文化研究過去十多年的發展，清理其來龍去脈，以及在亞洲，特別是華文世界的具體狀況，以釐清「文化研究」所為何來，又往何去[2]。文化研究10周年，因而不僅僅是為了確認自身過去的努力與成就，更要對文化研究本身提出批判性的回顧，檢

---

* 筆者感謝陳光興對初稿提供相關訊息與建議，以及羅小茗和王穎的批評意見。

1 台灣文化研究學會與《亞際文化研究》的編委會分別於1998年成立，但是這個學術網路的建立大概可以往前推到1992和1995年台灣清華大學所舉辦的 Trajectories 會議，甚至更早。關於亞際文化研究這10年的發展，見*Inter-Asia Cultural Studies: 10th Anniversary Report*（April 2009）.

2 見本專題裡的其他文章。

討學科發展的方向與策略，並且反省未竟之功。以同樣的精神，《亞際文化研究》期刊亦於新竹（4月）、首爾（6月）和東京（7月）召開會議，邀集編輯委員與相關學者，共同反省期刊的現狀並謀思未來之發展。由於今年的亞際文化研究會議與日本的文化颱風會議合作、共同舉辦，所以類似的反省也在文化颱風的內部和外部展開：檢討文化颱風與亞際文化研究會議現行的組織方式，以及如何延續學術動力與擴大參與和連結的可能，希望亞際文化研究在進行下一波的陣地整合之際，能更細緻地檢視當前的實踐與連結。

這篇文章是對亞際／文化研究10周年的觀察與感想，特別聚焦在2009年東京亞際／文化颱風會議上的討論。文章一方面是想記錄現場討論的實況，另一方面也試圖分析亞際文化研究實踐上的困難，並對未來的方向提出一點觀察和建議。

東京、7月

7月在東京外國語大學召開的亞際／文化颱風會議開幕之前，有一場《亞際文化研究》期刊的會前會。由期刊共同主編蔡明發主持，陳光興報告期刊10年來的發展與相關活動，並邀請了日本社運界的前輩武藤一羊先生和印尼大學文學教授普地安塔（Melani Budianta）擔任引言人。在引言裡，武藤先生回顧了《亞際文化研究》所秉持的批判精神，強調持續問題化「亞洲」的重要性，並突出該刊物及相關學術活動的「運動」面向。他認為，企圖接連學術生產與社會運動的努力，以改造資本現代性的社會文化體質，正是亞際文化研究這個批判計畫的可貴之處。普地安塔從一次開會的經驗出發，點出亞洲內部的巨大差異，特別是在區域想像上的不同。她指出，當具有眾多伊斯蘭信眾的印尼被置放在東南亞這個區域，而巴基斯坦

被放置在西亞(中東)時，我們不僅看見了亞洲這個區域想像的任意性，並且明白了統合性地指稱亞洲的不可能。因此，「亞際」的概念對於認識亞洲的當下狀況是極爲重要的。然而，當她翻閱《亞際文化研究》期刊時，她發現這個亞際想像其實偏重了東亞地區(台灣、韓國、日本、中國)，對於亞洲境內的弱勢國家(如緬甸，斯里蘭卡或巴基斯坦)則關注不足；不僅沒有專題策劃，相關的文章亦顯貧乏。她進一步指出，一方面以西方資本爲核心的出版機制使得該刊物在弱勢亞洲流通有限，因爲大部分的學者與學術機構無法負擔昂貴的訂閱費用；另一方面嚴格的審查機制更使得許多關於弱勢亞洲的文章無法進入該期刊。在場的另一名印尼學者也提出類似的抱怨，對《亞際文化研究》複製西方學術出版機制、忽略亞洲內部差異，感到有所不平，並期待不同於學術期刊形式的亞際平台可以補足這項缺失，讓弱勢亞洲亦能充份參與亞際文化研究這個計畫。韓國流行音樂學者申炫準則提出不同的看法：他認爲《亞際文化研究》的成功使得刊物必須不斷擴大關注點，而漸漸失去做爲批判學術平台的功能，因而弱化了彼此交流的意願與能量。它越來越像一份西方的學術刊物，而不是以社會運動爲前提，以接連亞洲爲核心的批判刊物。香港嶺南大學的學者爾尼(John Erni)則建議另外開發網路流通的平台，使得社會運動之類的議題可以獲得更即時的流通，並突破西方出版資本主義的制限。

面對這些批評與挑戰，兩位主編分別表示虛心接受並提出回應。蔡明發強調：學術刊物有一定的規範，而專業審查乃是確保刊物學術水平的核心機制。他們不是不關切弱勢亞洲的現況與問題，但正是因爲亞洲內部政治經濟的不均衡發展，使得他們沒有管道進入弱勢亞洲，因而無法找到合適的人選來討論這些地區的社會文化經濟狀況，並進一步規劃專題。陳光興則強調《亞際文化研究》的

平台功能，以及它連結運動界、學術界和文藝界的企圖，但也正因
為如此，期刊的編輯工作經常處於緊張狀態，因為學術工作與社會
運動有著性質上的差異，而學術書寫與社會運動的報導和分析也有
調性上的不同。再者，缺乏長期而穩定的財務支援與機構支持也使
得期刊處在一種相對不安定的狀態，必須持續向外連結、尋求奧援。
然而，他強調，這種緊張關係是有生產性的，因為它使得編輯團隊
與期刊必須時常處在自我反省的狀態裡，以更貼近不同在地的狀況
與需要，而這正是推動一連串10周年活動的目的所在。陳光興指出，
真正核心的問題，在於如何延續期刊的批判學術傳統、擴大參與、
深化連結，並且進一步組織與調配有限的資源，以達成生產批判學
術，改造知識與社會結構的目標[3]。

　　在這場討論裡，有幾個核心問題浮現：首先是全球化的問題。
期刊的成功在於：一方面專業審查機制的建立使得期刊能夠生產符
合學術規格的文章，並獲得國際學術界的認可；另一方面，編輯的
眼光與努力是促成在地知識生產的動力，並因此讓期刊能建立起自
身的獨特性與主體性。加上被認可為SSCI期刊，並由西方的學術出
版機制發行與流通，使得《亞際文化研究》能夠吸引更多的投稿，
並有一定的國際能見度。儘管編輯成員曾對加入西方出版機制意見
不一、有所顧慮，但是，不可諱言的，正是這樣的出版機制使得亞
洲在地的學術生產可以打入西方的學術市場，並在其他地區流通，
而這正是該期刊獲得重視、投稿量持續增加的原因。換言之，具有
反全球化性格的《亞際文化研究》其實正是學術體制全球化的產物。
它的成功依賴全球化的出版機制與學術文化，也因此無法逃脫全球

3　會前會上，還有一個關於認同政治與文化研究的論辯，但是與本文
　的主要關懷無關，所以在此略過不提。

化所造成的區域差異與衝突。普地安塔與申炫準的兩極批評，反映的正是全球化狀況下亞洲學術發展不均衡所產生的內部矛盾。

　　再來是建制化的問題。《亞際文化研究》從無到有，所依賴的不是既成的學術體制，而是一種反體制化的跨界連結。正因為亞際文化研究一開始沒有既成學術體制的認可與支持，刊物的創辦者才開始串連，以「亞際文化研究」為名開拓一個新的學術領域。對於創辦者而言，刊物代表一種社會、文化與學術連帶的想像，是相對於既成學術體制的梁山泊，而這樣的草莽氣息在刊物逐漸被國際學術體制認可後顯得較為淡化[4]。相對於創建初期，10年後的《亞際文化研究》必須認真思索全球化與建制化的問題，因為這不僅是為了刊物的延續，更是為了批判任務的傳承。問題是：延續和傳承究竟該以什麼方式進行？延續和傳承的內容是什麼？它又如何避免體制性的自我複製？亞際文化研究和國際學術體制的關係又該如何界定？這樣的關懷很明確出現在關於延續編務、另建平台與學術世代的討論裡。武藤與普地安塔的回應更突顯了亞際文化研究的建制化過程中，「亞際」與「文化研究」兩個各自獨立卻互相拉扯的問題意識：前者呈現於「亞際」在操作與想像上的局限性與複雜性，以及如何面對全球化力量的拉扯；後者則展現於社會運動與學術發展之間的隱性矛盾，以及文化研究是否可以、並且應該如何學科化的問題。

　　類似的問題也在文化颱風會議結束前的綜合討論中發生。不同於會前會，這場討論的重點是文化颱風這個團體。從2003年在早稻

4　有人曾經提過文化研究的成員是「一群有自尊的人渣、或是既有學門中的邊緣份子」，而這樣的組成方式與文化研究的反建制化傾向有關。見陳光興，〈文化研究在台灣到底意味著什麼？〉，《文化研究在台灣》（台北：巨流，2000），頁15-16。

田大學首度舉辦以來，文化颱風已成爲日本文化研究學界的年度盛
事，標榜跨國界、跨學科與跨領域的學術、運動與藝術集結，並以
學生爲組織與運作的核心。因此，每一屆的文化颱風除了學術討論
外，也會邀請藝文團體到現場擺設攤位，進行演出，並和與會者互
動。同時，它也盡可能地涵納不同語言的討論場次，透過翻譯來促
成跨語文的交流。然而，正因爲組成多元，雖然會議呈現多語多樣
的風貌，文化颱風也常因爲組織鬆散，缺乏領導核心而遭致諸多批
評。在綜合討論裡，東京大學教授吉見俊哉就指出，文化颱風的運
作方式反映出日本學界不夠關注亞洲問題的真實狀況(因爲與會的
日本學者與學生傾向使用日文——而不是英文——撰寫論文、進行
報告，因而與亞洲學者的交流有限)。而文化颱風的組織方式也呈現
出日本學術體制與西方不同的特色，形成了某種獨特的「日本問
題」。九州大學教授毛利嘉孝則指出亞際文化研究團體裡越來越明
顯的世代問題，也出現在文化颱風，因爲領頭的學者已逐步接近退
休年齡，而年輕的學者卻未能及時補上。缺乏有效率的學術組織更
使得文化颱風吸收新血不易，也造成會議組織過程中權責不清，屢
見疏漏。代表亞際文化研究學會發言的陳光興則以台灣文化研究學
會的組成與運作方式爲例，提供文化颱風組織重建的參照，並強調
持續串連、相互支援、保持開放的重要性。針對文化颱風，台下聽
眾亦有許多尖銳的提問和回應。一位聽眾就指出，參加了文化颱風
後，她還是不清楚文化研究究竟是什麼，和其他既成學科的區分何
在？再者，雖然論文發表的數量可觀，但是品質參差不齊，是會議
有待改進之處。另一位聽眾則認爲文化颱風的組織封閉，使得有意
參與的新血無法輕易加入，這也使得學術世代的承接出現問題，文
化颱風的影響力有所局限。還有一位聽眾則抱怨與會人士與藝文團
體的互動不足；雖然文化颱風提供了一個交流分享的平台，可是大

部分的與會人士總是在不同場次之間來去匆匆，而沒有時間或是意願與文化工作者進行互動和交流。同樣的，儘管大會提供翻譯服務，可是語言的隔膜使得不以英語進行的場次（日文場次除外）只有少數人參與。這不僅造成語種隔離的情況，更使得跨語跨界交流的目的大打折扣。就會議實際的運作與知識生產而言，「亞際」文化研究仍是一個理想，真正的跨界混雜、連帶與合作仍有待努力。

當然，沒有一場學術會議可以滿足所有人的要求，也沒有任何一份學術刊物或領域可以符合每個人的期待。重述東京現場的交鋒與論辯，不僅是為了紀錄歷史場景，更是因為這些討論反映了亞際文化研究的核心問題。東京的這場討論當然無法包含亞際文化研究10周年系列活動所有的反省與批判，但是它至少提供了認識「亞際文化研究」的一個側面。這些問題所牽涉的不僅僅是組織技術的革新與改變，或是學術理念的更新與改進，而是關於全球化進程中批判知識生產的可能與進路，以及批判知識如何面對與回應全球化結構中所造成的不均衡發展與權力關係。它更涉及到新興領域的延續與知識結構的改造，如何可以在全球資本與民族主義的夾擊中發展的問題。「建制化」，「連結／連帶」，與「（學術）跨界」這一組關鍵字正是這些問題交鋒的場域。

建制化、連結／連帶、（學術）跨界

在許多的討論中，建制化的問題被尖銳的提出，原因是文化研究本身有著反建制化的傾向[5]。作為一個既成學科邊緣的弱集合，文化研究之於社會弱勢與學術弱勢有著獨特的感性與關懷，期待自身

5　關於文化研究反建制化傾向的討論，見*Cultural Studies* 12.4（1998）.

成爲聯繫諸多體制邊緣的平台，吸納不同的批判聲音與力量來改造社會，以及既成的學術體制與學科想像[6]。因此，反建制化與反規範化的想像乃是文化研究的核心力量，而且正是這些想像促成並驅動著學術跨界的嘗試與努力。在這個意義上，文化研究深刻地繼承著1960年代社會文化運動的反叛精神，以青年的熱血與服務的熱情抗拒著各式各樣社會與學術體制的壓迫與收編。因此，文化研究期許自己保存自我批判的精神，並在建制化的道路上，持續提醒自己跨學科反建制化的承擔與勇氣，避免規範性的自我生產[7]。

但是，在實際操作中，建制化卻是無所不在的幽靈。在這裡，我將建制化的驅力理解爲組織欲望的必然性。因爲即令是再鬆散的集結，某種程度的組織運作仍然是必要的，也因此當亞際文化研究真的跨界展開、形成批判群體（即令只是不同批判圈的結盟）的時候，學術的運作就無法只是依賴個人（旅行與交往）的能力，而需要某種組織型態來促成、支持與增強這些能力，並讓更多人（特別是年輕一輩）獲得這些能力。建制化的必然性就在於，它是集結學術團體所需的行政支援與資源，也是爲了確立主體性與擴大參與而不得不爲的手段。對亞際文化研究來說，建制化意謂著期刊定期且持續的出版（2000- ），學會的成立與運作（2004- ），大型學術會議與相關活動的定期舉辦（1998- ），以及教學和研究生的培育（亦即學科化的問題）。正是透過這些組織化的活動，「亞際文化研究」作爲一個學術群體才得以成形。換句話說，亞際文化研究的建制化已然成形，並

6　見Tony Bennett, "Cultural Studies: A Reluctant Discipline," *Cultural Studies* 12.4（1998）: 528-545.

7　英國伯明罕學派對於流行文化與工人階級的重視，以台灣文化研究會議（台北）與亞際文化研究會議（上海）於2007年所提出的農民文化研究，都是具體的例子。

在學術出版與國際交流的層次上有不錯的成績。只是，在這個基礎上，亞際文化研究是否需要進一步的建制化，乃至是更明確的學科化，而這個建制又要走向什麼方向，仍是值得思索的問題。

另一方面，如果我們可以暫且將「亞際」文化研究想像爲一種品牌，那麼它的建制化就不僅是文化研究對既成學科的批判性介入，更是對西方的亞洲研究的抗拒與回應。更具體的說，亞際文化研究是以學術陣地的想像形式出現的，目的是讓批判學術能夠集結，相互培力，進而形成一股足以與西方抗衡的知識力量，最終達致亞洲學術主體性的獨立與成長。這不是反抗西方，而是要求獨立於西方，與西方立於相同的學術基準點上。在這個意義上，某種程度的建制化是不得不爲的：因爲如將亞際文化研究想像爲一個品牌或學派，它就必需能夠被清楚指認，並且有能力自我繁殖與延續。期刊的創立與發行就是亞際文化研究建制化進程的重要基點，因爲它擘劃了一個獨立的、可以被清楚辨識的學術場域，並在這個基礎上介入與轉化在地與全球的知識狀況，推動學術改造的工程。

換句話說，建制化的問題牽扯著兩組重要的議題：持續性的學術改造工程，以及學術陣地的維繫。前者聯繫著全球化語境中，亞洲內部的文化傳統與政治經濟差異，後者則牽涉到學術世代交替與延續的問題[8]。其中，學術改造的問題又與學術越界息息相關。在所有學術會議中都存在一個問題：那就是大家會隨自己的興趣去選擇

8　值得指出的是，儘管漢字文化圈向來有著強大的文人書寫傳統，「學
　　術出版」應該是一個相當現代的概念。就全球化焦慮甚爲強烈的台
　　灣與韓國來說，特別是英文學術出版已經成為衡量國家是否足夠現
　　代化的一個重要基準。然而，對於國內學術市場夠大的中國與日本
　　而言，英文學術出版的需求就未必如此強烈。對於非漢字文化圈的
　　印度或東南亞國家來說，英文學術出版的意義又不盡相同。

想聽的場次，並和興趣相投的朋友來往。這本來無可厚非，畢竟沒有人的學術興趣應該被強迫。但是在亞際文化研究的會議裡，這樣的問題就會顯得特別尖銳：與會者開始抱怨或質疑與會論文的學術品質，並爲文化研究缺乏明確定位感到不解與困惑。同時，學術興趣的區分會越接近國家單位的區分：也就是說，學術參與會因語言產生自然的區隔：以日文發表與日本相關的場次自然會群聚相關的學者，並隱隱形成一種他者的拒絕，儘管語言的問題可以透過翻譯解決[9]。這個狀況就造成了亞際文化研究中的一種語群和興趣差別，而使得在地性較高的議題和討論只能吸引少數人。相對而言，流行文化的議題透過英語和影音媒介則能獲得較大的關注、跨國合作的可能性也較高。這個問題更尖銳地反映在學術與運動的分界上：在地的運動即令在學術會議取得位置，也無法獲得更多的重視。這使得藝文團體與社會團體僅在跨語跨界的口號中聊備一格，而不具實質參與的民主性質，以及改變知識生產內容與形式的學術動能。特別是當海外的參與者往往只投以注目的眼神，而無法(或無意)更進一步地認識在地的社會與文化狀況時，亞際文化研究所提倡的跨界想像就顯得蒼白而空洞。當然，要求與會者在短時間內對在地議題

---

9 在這個意義上，跨地域以英語發表的主題式場次就顯得特別的重要。例如今年的"Positioning Queerness: Family, Cyberspace, and Civil Society in Shanghai, Hong Kong, and Taiwan," "Urban Design and Asian Metropolises in the Post-Authoritarian Era," "Fan Culture Studies in East Asia,"以及"Changing Social Worlds in Post-Industrial Asia"等。不過，羅小茗提醒我，分割學術興趣的力量不只是語言，還有其他文化與機制上的因素。她強調，「為什麼是亞際，是和它所面對的問題結合在一起的，有相同的問題才有彼此的亞際」(私人郵件7/21/2009)。這是一個很重要的問題，可惜在這裡無法進一步展開。

有所掌握無疑是強人所難，但是實際的狀況是，亞際的跨界欲望是
不太可能透過大型的跨國學術會議來產生和延續的。

　　其實建制化的問題早就潛伏在文化研究的內核。在〈文化研究
在台灣到底意味著什麼？〉一文中，陳光興就寫道：

> 在外部，它的敵人認為它最大的問題就是出在逐步的建制化，
> 因為它開始分割別人的地盤；而真正的批判性思考來自於文化
> 研究的內部，許多人都擔憂一旦建制化，它會因為馴化開始服
> 膺學院既有的遊戲規則，而喪失它的動力，開始逐漸與社會的
> 互動減弱。當然這些顧慮不能放諸四海而皆準，不能本質主義
> 的來思考，建制化的意義及效應在各地因為社會性質的不同而
> 有差異。（頁16）

　　10年後，這些關於建制化的顧慮依然存在。儘管亞洲各地文化
研究的建制化早已形成，但是文化研究是什麼（正面表列的內容），
該是什麼（精神與原則），以及做了什麼（學術與社會改造的結果）依
然不是一個清晰的圖案，而建制化的效果與影響亦有地方差異。誠
如史崔發（Ted Striphas）所言，文化研究的學術內容與建制有著密不
可分的關係，其學術關懷亦是因地制宜的，因此反建制化的觀點基
本上是無視於文化研究獨特的在地性，也忽視了學院作為社會行動
陣地的價值與責任[10]。因此，任何一個對於文化研究內容、精神、
原則與影響的發問都不能忽視文化研究實踐的在地狀況，以及它的

10　Ted Striphas, "Introduction: The Long March: Cultural Studies and Its
　　Institutionalization," *Cultural Studies* 12.4(1998): 453-475. 類似的觀
　　點，亦可參考Alan O'Shea, "A Special Relationship? Cultural Studies,
　　Academia, and Pedagogy," *Cultural Studies* 12.4(1998): 513-527.

開放性格。

正因如此，「亞際」之於文化研究就成爲一種挑戰與障礙。因爲只有很少數的人可以同時擁有、認識與理解一個以上的在地，更不用說超越語言的障礙，在另一個社會與文化的內部進行在地研究。在這裡，我們面對的不只是普地安塔所觀察到的「亞際」的局限性與任意性，更是認識、體驗與克服語言與文化差異的困難，因爲我們接觸亞洲(特別是弱勢亞洲)的資源是有限的。更明確的說，克服亞洲內部差異的關鍵不在於無限擴大區域的想像，或要求無限多語、無償下載的《亞際文化研究》，而在於製造亞洲參照的條件，進而培養「亞際」新人。也就是說，亞際文化研究的建制化想像不能只在物質條件與組織方法的問題上糾纏，而該以培養具有亞際能力與感性的下一代爲指導方針。問題的癥結不在於亞洲具有龐大的內部差異，無法輕易跨越，而在於如何培養跨語言與跨文化的能力，使得跨界研究成爲一種習慣，並成爲學術養成的一部分。如果我們相信亞洲各地的問題無法被分割對待，而是互相滲透與包裹的話(亦即亞際的概念)，那麼亞際文化研究建制化的核心應該是：如何在實際的研究與組織工作中，落實「亞際」的內涵，養成「亞際」的主體意識，培育「亞際」新人？

延長接觸：研習營與留學

2008年7月，亞際文化研究學會於首爾舉辦了第一屆的亞際文化研究夏令營。在4天的研習中，來各亞洲各地的研究生聚集在一起互相學習、建立友情，也分享彼此的研究興趣。同年8月，清華大學和交通大學的亞太／文化研究室則在台北舉辦了爲期5天的博士生文化研究學習營。前者以英語爲溝通媒介，聚集亞洲各地的研究生，

後者則以華文爲核心，邀請台灣、香港、北京與上海的年輕文化研究學者與博士生共同研討。兩個研習營雖然都是以研究生爲服務對象，但同時也爲年輕的文化研究學者搭建了學術會議之外的交流平台。雖然時間不長，但是兩者皆爲培養亞際新人的重要嘗試[11]。這也是在既成學術體制外的一種建制化努力。因爲到目前爲止，亞洲各地文化研究的發展都與在地的文化環境與國家狀況密切相連，各自的學程也都保留了相當程度的本土性。儘管亞洲各國都有派遣學生到西方（包括日本）留學的現代經驗，就人文學科而言，亞洲國家彼此之間尚未形成互相留學的機制與學術傳統。雖然有不少亞洲學生選擇到日本和中國求學，但是比起留學西方的人數還是少了許多。東亞國家學生到東南亞、南亞或是西亞留學的人數就更爲稀少。根據日本文部省2007年的統計資料，在日本的外國留學生總數是118,498人，其中92.4%的學生來自亞洲地區（中、韓、台三國的留學生加起來就高達9萬多人）；僅有5,659人來自歐美國家，佔總數的4.8%。相對的，以2004年爲例，日本出國留學生總數爲82,945人，絕大多數去美國（42,215人）、歐洲、加拿大、澳洲和紐西蘭留學；去亞洲留學的人數僅有21,852人，大部分去了中國，其他的則到台灣（1,879人）和韓國（914人）[12]。因此，亞洲各地大部分的學生，除

---

11 值得指出的是，雖然研習營時間不長，但是集中住宿、較爲寬鬆的時間安排，有助於交流質量的提升，亦有利於研究群體的形成，因爲彼此對各自的研究興趣會有較深的了解與認同。

12 相關的統計數字，見日本文部省，〈留學生三十萬人計畫〉之參考資料2，2008年7月8日，http://www.mext.go.jp/component/b_menu/shingi/toushin/__icsFiles/afieldfile/2009/03/24/1249702_001.pdf。值得注意的是，去日本留學的外國學生中有六成以上修習人文社會學科。留學的問題牽涉廣泛，在此無法細述。就業市場的供需、專業領域與教學需求，取得學位的難易，以及國家的認定機制都會影響

了電視與網路上接收到的訊息與旅遊的經驗外，對於亞洲並沒有深化相互理解、彼此學習的管道。學術會議與研習營是目前僅有的亞際交流形式。正是因爲如此，建立亞際文化研究學程並授與學位的問題開始被提上議程，而且有了具體的行動[13]。

學程與學位的提案是亞際文化研究進一步建制化的里程碑，它也顯示了亞際文化研究的深化與延續有賴於延長接觸以及深度交流管道的建立。我們都明白留學西方的經驗對於亞洲的學術發展與知識傳統有著深遠的影響，使得向西方看齊和接軌成爲亞洲的內在欲望。因此，如何啓動亞際留學的機制，以建立亞際主體意識與養成亞際新人，將是亞際文化研究能否保持批判精神，繼續發展的重要關鍵。當然，在這個由全球化市場邏輯所主導的學術結構中，亞際新人的養成有賴於亞洲欲望的生成，而亞洲欲望的生成同時需要物質與精神的條件。我們不僅需要與亞洲各地交往的語言能力，更需要認識在地的感性與經驗。深化各地的亞洲研究傳統，鼓勵學生學習彼此的語言，同時引進與深入研究亞洲的文學與文化，將是亞際文化研究未來能否產生更大影響力的重要前提。以台灣爲例，如果

（續）——————————————————————

個人的留學意願及取向。但是，必須指出的是，朝西方傾斜的留學的發展與19世紀以降的殖民經驗是無法切割的，也反映了西方的知識與學術霸權。因此，如何啓動亞際留學機制將是知識改造工程的重要環節。關於全球的留學狀況，可參考聯合國教科文組織2009年的報告：Philip g. Altbach, Liz Reisberg, and Laura E. Rumbley, eds., *Trends in Global Higher Education: Tracking an Academic Revolution* (Paris: UNESCO, 2009).

13 據陳光興轉述，東京會議結束後，亞洲各地的學術團體共同簽署了一份建立「亞際文化研究機構聯合會」(Consortium of IACS Institutions)的合約，結合各地既有的學術機構、人力與資源，準備開設跨校跨地跨語聯合的博士生課程。

「哈日」與「哈韓」的風潮代表流行文化的影響力，文化研究就需要深化這個影響力，並透過學術研究與教學深化「哈」的體驗，考掘「哈」的歷史，並發展觀察與參照日韓社會的能力。同樣的，對弱勢亞洲的欲望更需要積極的培養，而浸濡異地的留學體驗將是重要的開始。透過實質的交流、認識與關切，移轉參照對象的企圖才有生根的契機。

在這個意義上，無論亞際文化研究能否克服區域內部的差異與全球化的市場準則，在各個在地推動並支持亞洲研究當是當務之急。這包括了對於弱勢語言的學習，長期交流體制的建立，以及亞洲問題交互滲透的認識與參照。唯有製造亞際新人，亞際文化研究的建制化問題才不會在組織與世代的討論上糾纏。也唯有如此，亞際文化研究才能進一步生產批判學術，鬆動現有的結構制約，更具創造性地改造既成的知識結構，進而影響亞洲面對自己、彼此與世界的方式和姿態。換句話說，文化研究10周年對建制化的反省應該被更嚴肅地對待，因為它不是，也不應該是山頭主義式自我界定與複製，而是一個相互參照和自我改造的批判方案。10年的努力，《亞際文化研究》成功扮演了學術交流平台的功能與角色；下一個10年，這個平台的意義應該在於轉化學術生產的方式與知識主體的養成。我們期待，在不久的將來，亞洲各地會出現具有亞際主體性的亞際新人，流利地操作著彼此的語言，並對彼此的文化與社會形成感到好奇、進行研究。我們期待，屆時他們看待與對待亞洲和世界的方式將會與我們截然不同。

王智明，現職為中研院歐美所助研究員。學術著作散見中英文學術期刊，如《中外文學》、《文化研究》與《歐美研究》。目前正在進行亞裔離散文學與台灣外文系建制史的相關研究。

思想
評論

讀阿倫特[*]筆記

王　丹

一

　　阿倫特的學術生涯的起步，並不是從沉重的歷史與政治思考開始的。經歷過與海德格爾的感情糾葛，她最早關注的，是對19世紀上半期德國早期浪漫派的研究，這似乎是一條順理成章的道路。而促使阿倫特成為政治哲學思想大師的，是二戰對她造成的精神衝擊，這也包括她個人在二戰中飽經顛簸的經歷。

　　學術與社會環境的關系，在阿倫特的身上折射出相輔相成的光譜：沒有那樣的社會劇變，阿倫特也許只是一個飽讀詩書的哲學或者神學的理論家；她的名字會留在文化史上，但是不一定會刻進人類的思想走廊。而阿倫特的思想光耀後世，是因為她的思考緊密聯繫了時代面臨的問題，聯繫了絕大多數人都有過的切身感受。生逢亂世，對於思想者來說是幸還是不幸？這端賴個人與社會之間的距離。看你是不是要在面對社會與他人的時候劃下一道紅線。

　　社會背景對於思想的重要性，在於真正的「學問」不僅僅是「學術」。我們的學習和思考的體系中，一個很大的問題，是把學問變

---

[*]　Hannah Arendt，台灣習慣譯作漢娜・鄂蘭。

成了一種「術業」，成了爲了某種職業所作的準備。而真正的學問
與思考，應當是有感情甚至熱情作爲支撐，否則學問只能是蒼白乾
枯的。阿倫特的獨特風格，就是與她的熱情分不開。即使是馬克思，
那種革命的熱情也是支撐他龐大理論研究工程的基礎。我們很少看
到一個對他人、對社會沒有感情、沒有愛的人，是偉大思想的創造
者。

二

　　阿倫特的可貴之處，就是她的思考是從內省和自我批判開始
的。作爲一個猶太人，作爲一個反猶主義的受害人，一個納粹集中
營的倖存者，面對那一段黑暗的歷史，她首先思考的是猶太人自身
的缺陷，以及自身的責任。雖然她指出了帝國主義對民族國家的沖
擊，種族主義的興起與猶太教關於猶太人是上帝特選的教義的衝
突，沒有權利的財富是最危險的等等一些社會歷史原因，但是在解
釋社會上對猶太人的憎惡與納粹對猶太人的種族滅絕的不同之時，
她還是強調，猶太人政治能力與政治判斷的缺乏才是主導其命運的
主要因素。

　　儘管這給她帶來很多爭議，但是我們可以看到，從自我批判入
手，首先挖掘自己的責任，這樣的態度可以使得對他者的批判更爲
客觀。而且，也可以使得思考更可以轉化爲行動。因爲行動的主體
是思想者，而思想者對自我的反省最有利於促進她採取具體的行動
實踐思想。阿倫特分析反猶主義內在原因的時候指出，猶太人「兩
千年來迴避所有的政治行動」，這就是爲了呼籲新興的猶太族群加
強政治行動的能力，避免重蹈覆轍。事實上，她整個關於極權主義
起源的分析，也是爲了提醒世人極權主義是潛藏在社會基因中的，

甚至潛藏在人性中的，如果不能深刻反省自我，它隨時可能復甦。這樣的提醒，就是反省基礎上的行動。反過來說，行動，只有建立在反省的基礎上才有意義。

三

　　弗里德里希與布里辛斯基從比較政治的角度概括出極權主義統治的六個特徵，即人人必須遵從的官方意識型態、唯一的群眾性政黨、由政黨或秘密員警執行的恐怖統治、對大眾傳媒的壟斷、現代的人身與心理的控制技術以及中央組織與控制整個經濟，並指出只有同時具有這六個特徵，才可以用極權主義一詞來指陳。雷蒙·阿隆強調，政黨對權力的壟斷或國家對經濟的控制及意識型態恐怖是極權主義的本質。而阿倫特的特殊貢獻或者說真知灼見，則在於她敏銳地看到了以上這些羅列的元素，其背後，在社會心理的層面上，都是製造與延續恐怖(terror)的手段。也就是說，所有這些特質，其目的都指向一個方向，就是在社會中製造恐怖氣氛，用以形成極權主義統治的基礎。這極大地深化和豐富了我們對極權主義的認識。事實上，如果僅僅從政治機制的設置和國家權力的行使的角度看，我們是很難理解在文化教育和科技發展已經飛速前進的現代社會，極權主義是如何創造出泛濫人類社會的奇跡的。只有到人類心理層面的深層去挖掘，我們才能摸到秘密的線索。

　　而挖掘到人類的心理層面，我們就會發現，極權主義的因素其實深藏在人性的基因中。這是阿倫特在《極權主義的起源》中努力要說明的論點。揭示這一點意義多重。第一，既然人性中有危險的因素存在，那麼僅僅靠個人的道德約束就是不可靠的，領袖的個人氣質和道德形象其實都不是良好政治的保證，在人性之外，需要一

些具體的制度上的設計，來硬性防範極權主義的產生。第二，極權
主義有的時候不一定以制度的面目出現，不一定以戰爭或者種族滅
絕的形式爲害人類社會。有的時候，極權主義作爲一種意識型態，
作爲一種文化存在，甚至是作爲一種生活方式和思維方式存在。對
於人類社會威脅最大的，其實是在思想中的極權主義。第三，既然
人性中存在極權主義的因素，那麼極權主義就無法永遠地、絕對地
從人類社會行爲中清除，它隨時可能捲土重來。最後一點，恐怕是
阿倫特寫作《極權主義的起源》的主要的用心，是她的社會責任感
的展現。她是希望爲極權主義的重新出現敲響警鐘。這樣的鐘聲，
今天還有多少人聽到之後會爲之心旌動搖呢？

四

　　有時候，扼殺自由，並不是通過禁止和阻隔進行的。有時候，
要求你做什麼，也是一種對自由的扼殺。而且是更嚴重的扼殺。中
國的文化大革命展現的就是這種扼殺，即每一個人必須表態參與當
下的政治行爲，否則便會被視爲人民的敵人。這種情況下，「不作
爲」會被視爲敵意的作爲，因此每個人都要參與，哪怕是違心的。
今天的中國，雖然不再有這樣的政治運動，但是這樣的「進步」，
其實不過是從「要你做什麼」到「不要你做什麼」的進步而已。

五

　　阿倫特在談到極權主義的宣傳手法的時候，非常強調謊言的重
要性。除了在《極權主義的起源》中有所論述之外，她還專門寫有
〈政治的謊言〉一文，收入《共和的危機》一書中。可見她對謊言

與極權主義的關係非常在意。這是我們今天溫習阿倫特的理論時最應當關注的一點。

阿倫特指出:「謊言是極權主義宣傳中最常見的現象。」在此,她不僅僅揭發極權主義爲了宣傳的目的,對真實情況進行扭曲的部分,更深刻的是,她指出謊言之所以能成爲極權主義的有效工具,很重要的一個原因是謊言的對象——民眾——本身有一種對於謊言的需求。阿倫特對現代大眾的心理與思維特徵描述如下:「他們不相信任何可見的事務,不相信自己的實際經驗;他們不信任自己的眼睛和耳朵,只相信自己的想像,這種想像可以被普遍而內在一致的任何事物立刻俘獲。使大眾信服的不是事實,甚至也不是捏造的事實,而是系統的一致性,他們在這個系統中被假定爲佔有一席之地。」[1] 對於大眾來說,獨立思考是有風險的,這個風險,就是對「系統的一致性」的破壞。當人民無法抗拒的時候,通常會選擇忍受,甚至是接受,所謂「斯德哥爾摩癥候群」就是如此。在這樣的情況下,不要打破這種自我的麻醉變得事關重要。這就是爲什麼大眾會選擇相信謊言,甚至爲謊言辯護,因爲他們無法面對謊言被揭穿之後的現實。反過來說,啓蒙者如果不能爲「皇帝的新衣」被掀開之後的局面提出建設性的思路的話,啓蒙的工作就很難進行。

謊言的意義還在於:如果烏托邦是一種謊言的話,有的時候謊言也是一種烏托邦。大眾可以在謊言中給自己找到精神上的寄託,或者是產生困惑而無解時的一劑迷幻藥。張灝先生曾經打過一個比喻,他說烏托邦就像一顆北斗星,儘管它遙不可及,其實是無法達到的,但是它給出了一個方向,因此而有吸引力。謊言就是這樣的北斗星,大眾即使知道這是假的,但是如果能給出一種方向,或者

1　陳偉,《阿倫特與政治的復歸》(北京:法律出版社,2008),頁45。

「系統一致性」，或者某種歷史規律，那麼在大眾的眼裡，謊言也是美麗的。這就是阿倫特說的，大眾願意生活在虛構的世界裡。

在阿倫特之後，哈維爾也談到極權主義與謊言的關係。1975年4月，哈維爾致信當時的捷克斯洛伐克共產黨第一書記胡薩克就指出：「真正相信政府的宣傳，無私地支持政府的人，其數量比以前大爲減少。但是，弄虛作假者的數量卻在急劇上升。時至今日已經到了這樣的地步，每位公民事實上都已經被迫成爲一名僞君子。」[2]在35年前的捷克，人民這樣的精神狀態，也是今天中國的真實寫照。對於政府到底有多少人是出於真心的支持，還是處於功利性的算計，這是衡量一個政府穩定能力的重要依據。顯然，功利性的擁護並不是統治的穩定基礎。這也就是今天中國政府表面上有極爲強勢的國家力量，但是面對社會局勢卻表現出高度的戒愼恐懼的原因所在。因爲他們知道，那些擁護，其實是謊言。而哈維爾在這封信中的主要觀點，就是陳述爲什麼會出現這樣的謊言與虛僞。他的結論與阿倫特一致，是因爲恐懼。

六

關於恐懼，阿倫特講了很多，主要是爲何要製造恐懼，或者說，恐懼對於極權主義統治的意義。不過我認爲更重要的問題，是恐懼是如何製造出來的。關於這個問題，阿倫特多少有一些觸及。比如她提到過極權主義國家的特點之一，就是實際權力的隱秘性。也就是說，那些掌握真正權力的機構，往往是隱秘的，給人一種神秘感。

2　哈維爾，《無權力者的權力》，張勇進等譯（台北：傾向出版社，2003），頁18。

她在這裡指的顯然是納粹德國的秘密警察機關。在警察國家中,警察機關的面目反倒是最模糊神秘的,這也是一種荒謬或者反諷吧。

這讓我想起白色恐怖的受害者陳列先生一篇回憶性質的散文〈躊躇之歌〉,他是這樣描寫偵訊他的情治機關的建築物:

> 我走出一小段距離後,回望建築物。約略看得出應該是正面很寬的方形二層樓建築,但因為它的周圍到處是大樹和灌叢,暗影幢幢,背後又是一座稜線稍微起伏的烏暗小山丘和墨色的天空,輪廓看起來很模糊,尤其是在我剛才從中走出的大門入口穿堂的日光燈映射之後,整個顯得很不實在,像是某種掩藏在暗夜叢林裡難以名狀的奇特生物,軀殼僵硬但又像是在不時地懶懶蠕動,沒有表情又不作聲地趴踞著。而那個大門內,刺眼的亮光,一樣地空洞和虛幻,這時被門前圓形花圃裡一些雜樹的黝暗枝葉參差地遮住下半部,更像一個永遠張開著等待的大口。在這之前,我曾在這個小城市住過兩年,但奇怪的是卻好像從來不曾見過或注意過這個地方,只能約略猜測它的大概所在。[3]

在這段精彩的描寫中,我們看到的是空間政治學的展現。這裡有一個關鍵詞,可以幫助我們認識極權主義如何在空間設計上製造令人恐懼的感覺,那就是「模糊」:我們會恐懼,往往是因為我們看不到對方的底細。這就像一個犯人最難熬的時候,就是在等待提審而遲遲等不到的這段期間;走夜路會恐懼,也是因為看不到四周的狀況。因此,模糊本身,就是恐懼的來源之一,而極權主義的施

---

3 陳列,〈躊躇之歌〉,《印刻文學生活誌》,2009年5月號,頁37。

展，也利用了人性的這個弱點。法律的模糊，就是這樣的制度設計。
中國今天的很多法律，還是具有這個特點，很多的法規條文的最後
一款都有這樣的規定：「依據法律規定的其他行爲」等等。這裡的
「其他」，作爲一種模糊的表達，爲國家機器的不受限制的使用提
供了寬廣的空間。

其實顯示神秘以製造恐懼的建制也不僅僅是秘密警察機構。這
種統治術可以追溯到封建王朝時代。想想北京城故宮的空間設置
吧：從天安門開始，進入午門，一路走到太和殿，兩旁的建築和開
闊而延伸的道路，莊嚴威武，氣勢逼人。任何人這樣一路走過去，
內心的畏懼都會油然而生。宮廷禮儀嚴格規定朝廷官員覲見皇帝，
未得許可不得抬頭，不得與皇帝直接面面相對，這也是刻意營造皇
帝本身作爲一種象徵符號的神秘和模糊。

七

關於轉型正義：2000年台灣實現政黨輪替，使得台灣的民主化
進程躍居亞洲前茅，但是10年之後，大家對於台灣的民主化發展有
頗多不滿意之處，其中除媒體的部分，未能扮演社會公器之外，轉
型正義的未能實現也是廣受批評的缺陷。

台灣已經進行的轉型正義，僅僅是對於當年政治案件的受害者
予以賠償。殊不知，賠償受害者只是轉型正義的龐大工程中很小的
一部分。對於過去的真相的探究與揭發，對於現實中人權理念的落
實，以及未來如何防止不正義的事情再次發生，這些部分，台灣朝
野，包括公民社會的部分，都沒有處理。而我認爲其中還有一個問
題，是台灣的轉型正義工程中存在的嚴重問題，那就是「加害者」
在歷史與現實中失蹤的問題。

　　檢視台灣1950年代的白色恐怖,我們今天看到的幾乎都是受害者的陳述,而很少看到加害者的面目。當年那麼多的情治人員,那麼多曾經對於無辜民眾刑訊逼供導致冤案無數的辦案人員,那麼多曾經密報他人導致別人家破人亡的線人呢?在白色恐怖受難者出面回憶自己的歷史的時候,加害者的失蹤使得這段歷史是不完全的,是殘破的。更嚴重的是,加害者的失蹤,使得受害者的情緒找不到平復的基礎,把加害的責任推給歷史,只能使得受害者事實上無法伸張他們的冤屈。台灣解嚴這麼多年了,藍綠對立的情形依然嚴重,眾多原因中的一個,就是轉型正義沒有處理到加害者的部分。因此,轉型正義是一個嚴肅的不能不正視的現實問題。

　　談到這個問題,就不能不介紹阿倫特〈獨裁統治下的個人責任〉一文,因為阿倫特在這裡處理的就是轉型正義的問題,也很可以作為台灣處理這個問題的理論參考。這篇文章寫於1963年,是阿倫特為了回應關於她的新書《艾希曼在耶路撒冷》的各種評論而撰寫的。她指出,在回顧歷史責任尤其是道德責任的時候,「一旦有人指責特定的某人,強烈的抗議聲就出來了,說他們只會怪罪某個人,而不是將所有行為或世間歸罪給歷史潮流和辯證的運動,也就是不去歸罪給某種在人類背後運作的神秘必然性,並賦予他們所做的一切某種更深刻的意義。」[4] 對此,阿倫特立場鮮明地予以反駁,並明確地提出:「沒有所謂的集體罪過或者集體無辜,罪過或者無辜只有針對個體時候才有意義。」(同上,80)她的基本論點是:如果你服從而且持續服從,這種行為本身其實就構成一種支援,而極權統治的運作正是建立在這種專業化的支持之上的,因此你的責任就不能用所謂的「服從」來推卸。

4　漢娜鄂蘭,《責任與判斷》,蔡佩君譯(左岸,2008),頁71。

　　把責任推給歷史，推給國家或者集體，或者推給領袖人物的現象，在中國和台灣都嚴重存在，這是轉型正義無法推行的主要原因。正如阿倫特所說：「如果說每個人都有罪，就等於沒有人有罪。「（同上，72）當每一個加害者都這樣去推卸責任的時候，責任就被龐大的國家、集體和領袖所「虛化」了，因而也就不存在了。當我們都放棄對具體個人責任的追究的時候，整個事件的責任也就無從追究了，而追究責任本來應當是轉型正義中不可缺少的一部分。

　　當然，追究每一個個人的責任涉及到社會的穩定與和諧，涉及到可行性的問題。我也無意主張把每一個曾經參與極權統治下的國家暴力的個人都送上法庭，社會和解是必須落實的。但是，正如阿倫特指出的，責任的問題不一定都是法律責任，在轉型正義的過程中，道德責任的承擔是不可迴避的，否則正義就無法實現。也就是說，在處理「加害者的責任」的時候，可以區分兩種不同情況：第一，對於國家暴力的決策者，主事者，應當追究法律責任，或者說直接責任；而對於執行者，則可以追究道德責任，或者說間接責任。總之，轉型正義下的和解，不能是放棄對責任的追究，尤其是不能放棄對個人的責任的追究，否則，如果沒有任何一個具體的個人承擔責任，要如何警示後人呢？但是責任的追究可以以尋求道德責任的方式進行。

　　澄清執行者的責任，可以考慮用還原現場的方式，看他在執行的時候是否別無選擇。儘管不能因為執行而逃避責任，但是可以根據事實真相減輕責任，這就是所謂「視情節輕重」。有以下幾個要件是可以作為裁決標準的：1.當初在參與國家暴力的時候，是否有不參與的自由？2.是消極參與還是積極參與？3.參與的程度；以及4.其參與是否構成了國家暴力的必要條件。因此，對於轉型正義來說，真相就變得至關重要，也是起步和基礎。所以，任何封存檔案，

拒絕交出原始材料的做法都有違轉型正義的原則，應當立法禁止。

八

迄今爲止，對於極權主義的剖析和批判，阿倫特還是最爲深刻的，但是這並不代表阿倫特的研究就是極權主義研究的極致。阿倫特所分析的極權主義是以德國的納粹和史達林的蘇俄爲樣本的，對於另外一個極權主義的代表——中國式樣的極權主義——阿倫特幾乎一無所知。事實上，極權主義在中國的發展具備「中國特色」，是極權主義研究中不可缺少的一部分。此外，阿倫特關注的是極權主義的起源和執行的層面，對於極權主義的衰落原因和衰落過程，她並沒有著手處理，這些都給極權主義研究留下了很大的發展空間。但是無論如何，我們應當慶幸曾經有過漢娜・阿倫特的存在，她不僅深刻揭示了極權主義這種挑戰人類理性和道德良知的制度，也以晨鐘暮鼓之音告誡我們：極權主義的基因就埋藏在人性中，我們應當隨時警惕它的復活。

王丹，哈佛大學歷史系博士，著有《理想主義的年代》，《在夜雨中素描》等十幾種。研究方向爲中國當代史，台灣現當代史以及極權主義研究。目前正在撰寫《1950年代中國的國家暴力》一書。

民主是可能的嗎？
《人權與民主生活》的微言與大義

陳閎翔

引言

　　民主是可能的嗎？民主社會如何可能？這是許多民主理論家試圖探尋的重要課題。一般來說，回答這個問題的路徑有兩種：規範性與經驗性。前者從抽象的哲學語言與方法，對「什麼是民主？」的概念進行系統性考察，以便得出民主的可欲面貌；後者則根據社會科學的實證主義邏輯，對真實的政治社會進行分析與驗證，來指出民主的模式或制度運作的指標。對民主「如何可能」的康德式提問，刺激我們不斷思考「怎樣的政治制度或社會狀態才符合民主的意義」，逼使我們不斷找尋「民主的共同標準、共享價值或可理性對話的基礎」。然而，民主概念始終存在著本質上的爭議，不僅在思想家與經驗論者之間有著不同見解，甚至在一般大眾之間也容有南轅北轍的看法[1]。

1　《思想》第11期（2009年3月）的主題「民主社會如何可能？」，刊
　　登了幾位國內學者對這個問題的系統性討論，深具可讀性與參考
　　性。本文寫作靈感來自這個主題的啟發，而德沃金的民主理論，似
　　乎某個程度上也回應了我們極欲了解民主知識及其實踐可能的迫

　　當代英美著名的法律政治哲學家德沃金以75歲的高齡，於2006年冬出版了他關於民主的政治理論著作：《人權與民主生活》[2]，對民主的意義與價值實踐有著深刻的描述與闡釋。書名本身就饒富趣味。首先，德沃金以提問式書名「這裡的民主是可能的嗎？」直接挑戰了他自己國家的民主信仰(中譯本的書名不是從英文標題直接轉譯的)。很顯然的，書的主要讀者是「美國人」，「這裡」明確指的是「美國」，而美國是個「民主」國家，也是不爭的事實。因此，德沃金反問的目的應該理解成：即使像美國這樣自詡先進的民主國家，民主都還有許多內在問題極需解決，其他正在學習民主運作的國家更是如此。因此，不斷質疑民主、反省民主的內涵，才稱得上是認真對待民主。

　　其次，沿此而來，《人權與民主生活》雖然探討的是一國一地的民主困境，但是德沃金強調他所提出的問題與爭議是國際性的，並不限於單一政治文化或特定時間點；只要是成熟多元的政治社群，都會對他所討論的議題有所共鳴。這顯示德沃金相信，思想與價值是無國界的。另一方面，隸屬於自由派的德沃金，想要說服的對象是保守派，故綜觀全書本質上有個特定的政治脈絡：以一種自由主義者的角度，來調和美國民主黨與共和黨長久以來相左的立

(續)────────────

　　切性，故筆者嘗試用散文書評的方式，除了分享我的讀書心得之外，也希望對這個課題作些思想上的回應。莊世同教授最近有篇書評，雖然篇幅較短但言簡意賅，也值得參閱。見莊世同，〈民主、人權與人性尊嚴──德沃金的高貴論證〉，《台灣民主季刊》，第6卷第3期(2009)，頁209-213。

2　Ronald Dworkin, *Is Democracy Possible Here? Principles for A New Political Debate*(New Jersey: Princeton University Press, 2006). 中譯本：司馬學文譯，《人權與民主生活》(台北：韋伯文化，2007)。本文所指的頁數是以英文本為主，中譯本有頁邊碼可供對照。

場。不論德沃金的論證是否有說服力，這種帶有普遍主義的思維，必遭遇價值相對主義或多元文化論者的質疑。

最後，書名提問儼然有個基本假設：民主是可能的——抽象或概念上必先證成「民主」這個前提，才能再去討論「美國的民主」。這意味著，德沃金已對「什麼是民主？」有了答案，故進一步追問「美國民主嗎？」(頁127)其實是在他所構思的民主概念下所進行的反省。我們可以這樣斷言：「美國民主是可能的嗎？」構成了整本書的主要問題意識。

德沃金任教於紐約大學與牛津大學法學院，作為一位關心社會實踐的學者，經常在《紐約書評》發表他對時事或特定議題的看法。現在他雖然已經退休了，但仍著述不斷[3]。《人權與民主生活》一書是德沃金於2005年春天在普林斯頓大學某講座之演講改寫而成的作品，不僅展現了德沃金最近關懷的重點，也是他運用過去原則論述（principle）於政治場域的新嘗試。大體上，本書探討的是新世紀開始前五年的美國政治與社會情況。儘管文字風格仍具強烈的哲學性，但書中以人權與民主價值為核心，試圖用規範性論證的方式來考察實際政治現象的努力，對於想要深入了解民主是什麼以及民主如何可能的讀者，很值得參考借鑑。

《人權與民主生活》除序言與結論外共有五章，分別討論「共同立基」、「恐怖主義與人權」、「宗教與尊嚴」、「稅制與正當性」、以及「民主是可能的嗎？」等議題。以下，筆者將依照原書

3　例如德沃金目前正在寫作《刺蝟正義》一書。回顧30多年來，德沃金著作等身，包括1977年的《認真對待權利》、1985的《原則問題》、1986年的《法律帝國》、1993年的《生命的自主權》、1996年的《自由的法》、2000年的《至上美德》以及2006年的《法袍正義》等，每本書均在學界享有極高的評價及廣大的回響。

的結構順序進行重點評述：第一節闡釋本書論點與要旨的微言；第二節概述反恐、宗教與稅制三項議題的人權意涵；第三節討論德沃金所揭櫫的夥伴民主之思想大義；第四節則針對夥伴民主進行批判性反思，最後則以夥伴民主與審議民主的異同作結。

一、人性尊嚴作為共同論點

　　與台灣藍綠對壘的色彩政治學類似，德沃金在書中一開始也點出美國政治因為共和黨與民主黨在各種議題上的對立，逐漸形成紅藍兩個陣營：紅營以保守派為主，多居住在美國中西部或南部等農業區，主張低稅率、反墮胎、對恐怖分子採取嚴厲措施；而藍營則以自由派為主，大多是都會區及美國北部工業區的民眾，他們主張抽富人更高的稅、對墮胎寬容、並相信恐怖分子仍是有人權的。

　　德沃金認為2004年美國總統大選是社會分裂的導火線。由於兩陣營票數相當接近，一旦電視新聞用紅色來標示共和黨贏得的州，而用藍色來標示民主黨勝選的州，就註定了美國政治文化的分裂。不過，德沃金指出，雖然兩邊看似有不可跨越的鴻溝存在，但他堅信，如能找到一個雙方共同的信仰基礎，或許能為美國民主帶來一個新的契機，而這個解救美國民主的更深層價值即是人性尊嚴。全書便以「人性尊嚴」作為評斷政治議題的原則，逐一剖析恐怖主義、宗教與稅制這三個美國社會嚴重爭議的課題。

　　進言之，面對美國政治辯論的貧瘠現象，德沃金認為要改善這樣空洞的公共生活，最好的辦法是建立討論問題的基本共識。故他在第一章開宗明義就指出，本書目的是想為美國民主尋找一個論點，以深化實質的民主文化。而他認為從人權與尊嚴的普世價值出發，在政治光譜上極端對峙的美國人，就可以找到理性溝通的可能。

這個共同立基就是貫穿本書的兩條「人性尊嚴原則」[4]：

> 第一、內在價值原則：每個人類生命都有一種特殊的客觀價值；
> 第二、個人責任原則：每個人都有實現他自己生命成功的特定
> 責任，包括履行哪種人生對他而言會是成功的判斷之責任(頁
> 9-10)。

這是相當典型的自由主義的倫理個人主義立場。根據德沃金，第一原則彰顯的是「平等」價值，第二原則彰顯的是「自由」價值，而平等與自由幾乎可說是整個自由主義歷史發展下來，最核心的兩項政治價值。德沃金認為，應該以這兩個原則來組成政治論辯的共同實質論據，這個論點正好呼應其政治哲學中反覆指稱「自由與平等是不相衝突的價值」的主張。透過「人性尊嚴原則」的重新包裝與定義，德沃金將平等與自由融合在尊嚴原則之內，賦予了平等與自由新的詮釋意涵。

自由與平等的主張就像一位武士的矛與盾，成為民主強大的政治王牌與道德力量。德沃金相信，即便屬於不同政治文化的人們，經過反思之後大致都會認同這兩原則的內涵。德沃金以這兩個價值作為正義社會的基本組成結構，特別是把平等的客觀重要性拉到最核心的首要地位，不僅可媲美羅爾斯的正義原則，也展示了與羅爾斯不同的論證策略。雖然第一章花了一些篇幅解釋尊嚴原則的意義及其重要性，不過，德沃金似乎沒有說明他如何推導出這個政治原

4　有越來越多的學者承認，人性尊嚴是德沃金刻意挑選的最終道德哲
　　學基礎，可見陳閔翔，〈德沃金「人性尊嚴原則」之理論意涵與實
　　踐應用〉，《政治與社會哲學評論》，29(2009)：195-249。

則，也無意具體描繪其細節，因此人性尊嚴的主張，儘管有其根本的價值哲學之地位，符合人們的道德直覺，確實不容易被駁倒，但作爲政治論辯的共同立論，不免仍具高度抽象性與綱要性。

二、反恐、宗教生活與賦稅正當性

透過這兩原則的應用論述，德沃金依序提出他對美國政治的觀察與檢討。第一個議題是九一一後的人權侵犯。德沃金注意到，美國政府爲了打擊恐怖主義而做出許多違反人權的作爲，已對民主產生嚴重的戕害，可是卻很少人提出批判。他認爲國家安全與愛國主義（或榮譽）籠罩著整個社會氛圍，忽視基本人權的保障，是非常怪異的民主現象，所以，他花了相當的篇幅細數布希政府執政時的反恐政策。

對德沃金來說，人權是一項永恆的價值，即使在生命安全受到威脅時，也不能以任何理由侵犯人權。他寫到：「人權是個政治權利」，這個基本人權是「我們必須以特定態度善加對待的權利，這種態度表現出我們充分理解尊重個人生而爲人的尊嚴」（頁33-35），因此對伊拉克戰犯刑求或侮辱、對恐怖分子的非法拘留，都是踐踏民主與人權的底線。反恐導致的人權侵害，透露出德沃金對美國政府監禁政策的擔憂，也說明了人權保障是一個要不斷從事的政治與社會目標。

第二個議題是政治與宗教生活之間的關係。也因著九一一恐怖攻擊的緣故，宗教衝突在美國是越演越烈了，面對這樣的信仰衝突與對立，德沃金提出「寬容的世俗國家」與「寬容的宗教國家」作爲兩種選擇模式，前者指宗教自由或支持多元信仰，後者則支持特定信仰或單一宗教。德沃金認爲，從美國憲政歷史發展可以看出，

美國人早已選擇成爲「寬容的世俗國家」，因此，聯邦最高法院裁定禁止校內禱告，以保障每個人都能擁有自己的信仰選擇權利，奠定了美國宗教自由與良心自由。

承此宗教自由與寬容的立場，德沃金認爲，關於科學真理的討論、帶有宗教意涵的慶典儀式、甚至同志婚姻是否合憲等爭議，都應該在尊重個人責任的原則上來對待與化解。尊嚴意指尊重個人的意志與選擇。從對這個論題的分析看得出來，德沃金頗厭惡共和黨政府處處以宗教信仰爲口號的許多政策，希冀以人權自由的觀念重塑爲何政教分離才符合美國的主流文化，而這樣的反思也有警告美國不應走「宗教國家」回頭路的意味。

第三個議題則是稅制正當性的討論，這個課題更深刻地影響了美國的公民生活。根據德沃金的看法，賦稅的公平性不只是減稅或增稅而已，更關涉到一個政府的正當性基礎，亦即社會資源重分配的正義問題。當然，德沃金也狠狠地批評了小布希的減稅計畫，認爲它是導致貧富差距加大的主因。德沃金觀察到，關於稅制的辯論都淪爲口號之爭，根本缺乏結構性的內容，故在批評之中，德沃金運用人性尊嚴兩原則，分析了政府應該如何平等關懷與尊重人民，才算是真正達到平等的理想。

質言之，德沃金認爲這是選擇「事前平等」還是「事後平等」的問題，而他相信「事前平等」才是平等照護的最佳策略：事前平等表示一開始的資源使用就需平等的分配。這個主張，直接連結到德沃金知名的「資源平等」觀的分配正義論[5]。儘管這裡的論述給人

---

5 「資源平等」(equality of resources)意指「個體私人所擁有的各項資源方面的平等」，資源泛指人生資源，各種實現人生目標的東西與物品，而有別於透過政府分配措施所達到的「福利平等」(equality of welfare)。

跳躍之嫌，個人責任的描述仍過浮泛，但德沃金將保險的設計連結
到財產重分配的公平性直覺，將賦稅正當性從政治正當性和平等的
角度來考量，仍是一項重要的洞見。

三、從多數民主到夥伴民主

　　上述三個主題式探討（第二至四章），構成了本書的基本內容。
然而，綜觀全書主旨與目標，第五章對民主本質的介紹，或許是更
為重要而獨特的部份。因為在這一章中，德沃金深入民主的內涵去
探問「什麼是民主？」，而在多數民主的批評對照下，德沃金提出
了他所支持的民主觀——「夥伴民主」（partnership democracy）：
如果我們把政治社群的集體行動，當作是一種夥伴關係，並且把參
與其中的所有「公民」都視做平等且自由的夥伴，拋棄過去政治參
與的權力觀（選民或政客），那麼我們就可以說這個社群的公民自
治，具有一種特定且有價值的自治意義，因為自治是民主重要的內
在價值與理想。

　　在德沃金看來，民主不只是多數決或投票而已。公民共享政治
決策的責任，必須讓每個平等的公民在集體決策中擁有實質參與和
發言的機會。在這個意義上，民主參與（立法或投票）才能彰顯所謂
的自治。就此而言，夥伴民主意味著，在某些情況下，作為個體的
公民，不論自己是否承認，都對其所屬的團體之集體行動的結果有
連帶的責任。民主要實現自治，只有在平等的政治夥伴式參與關係
中才有可能。

　　誠然，夥伴民主的核心思想是「平等關懷」與「自我治理」，
而不是統計學或數學上的多數決。在此意義上，民主必須有一些前
提才得以成立。德沃金深切地寫道：

> 民主意指每個人民是以集體政治事業的完全夥伴來治理他們自己，因此多數決定只有當達到某些更進一步條件時才是民主，而這些條件保護每個公民身為該事業之完全夥伴的地位與利益。（頁131）

　　要之，真正的民主是：社群裡的人們要能夠具有道德成員的平等資格，它要求國家或政治社群能夠平等的對待其所屬公民，並且把每個人都當作平等之身來看待。多數民主的制度運作必須滿足這個條件，才不會產生多數暴力的情況，而民主也才能夠實現人民主權、公民平等與民主對話的政治理想。

　　必須注意，德沃金並不是反對多數民主，例如選舉式民主或投票制度。多數決仍有一定的功能，多數決的政治程序仍是必要的。他只是提醒我們：多數決必須以夥伴關係為特定的前提條件，才能夠顯示出民主的公平性與價值。以此，跳脫多數民主的概念，用夥伴民主的觀點來檢視，美國司法制度的設計就不是違反民主的原則。相反，在德沃金看來，法庭是辯論重要憲法問題的場所。美國的民主經驗顯示，司法審查是改善民主、落實民主價值的重要推手。德沃金相信，法官，尤其是聯邦最高法院的大法官，根據憲法賦予他們的解釋職權，若能以保障人權為出發點來宣告合憲與否，在夥伴民主的觀點下，是提升民主的層次，而非不民主的。因為這樣做並沒有否定多數人的權利。尤有甚者，大法官的非民選特質，在法庭內辯論那些原則問題而不受政治干擾，某個程度上是一項優點而非缺點。從夥伴民主來解釋美國相當特殊、並且被許多國家所效法的司法審查制度，突顯了德沃金民主論的憲法學面向，以及德沃金對大法官守護憲法價值、促進民主的高度期待。

　　德沃金的夥伴民主論，提供了一個詮釋、結合民主與人權的可

能模式，而這個架構就是憲法。德沃金自信的指出，美國憲法是美
國政治制度的重要發明，而這個憲政架構從來就不是以多數決主義
為運作邏輯。他舉例說，參議院的設計最原始的目的是在保護少數，
以對抗輕率的多數立法，因此，夥伴民主比起多數民主，更適合說
明美國憲法結構的運作。「多數統治」與「少數權利」的平衡與調
和，乃是美國憲政最具特色的地方。倘若把這些論述當作是全書的
核心，德沃金的寫作企圖立即顯現——透過三個實例檢視美國民主
之外，也透過分析民主的實質內容辯明司法的功能，以便深化民主
與人權的價值。這種結果導向或實質性民主的觀點，我認為是全書
最富深意的地方，對我們思考民主的制度結構有相當的啓發性[6]。

有趣的是，德沃金最後用了幾個實例，嘗試為美國民主抓一帖
良藥。首先，德沃金認為可以做的是教育，教育改革是最有效卻不
會分裂傳統的方式，舉例來說，他建議在高中課綱中加入「當代政
治」這樣的課程，教導學生政治議題辯論的能力，以培養尊重不同
意見的民主認知與公民資質，甚至，可加入西方政治哲學經典的閱
讀，來改善現行的公民課程。其次，德沃金認為美國選舉制度也必
須改變，例如實施公費選舉、使用公共選舉頻道、管制私人媒體網
路的花費、以及充分賦予評論候選人政見的權利與言論自由等。德
沃金以為，言論自由是民主實踐的重要條件。最後，德沃金還突發
奇想的建議，美國的大法官任期應該從終身職限縮在15年以內，雖
然書中並沒有詳細說明為什麼，但也看得出來德沃金對於意識型態
充斥的最高法院之抱怨與不滿。

---

6 關於多數民主更細節性的討論，以及德沃金夥伴民主的內涵與證
　成，可見筆者另一篇研究。陳閔翔，〈論德沃金的民主理論：一個
　憲政自由主義的解讀〉，《台灣政治學刊》，13.2（2009）：171-223。

四、民主政治：敵友關係或夥伴關係？

　　承上，若緊扣住民主政治的思路，我想書中最具吸引人的論點與爭議，應該就是夥伴民主觀的陳述。因此，我想再花一點篇幅做延伸性思考與批判。德沃金的夥伴民主概念最早出現在《自由的法》一書的導論，而那篇流傳很廣的論文，主要是以「憲政民主觀」來表述民主的夥伴關係與公民角色：一方面，透過多數民主的對照，指出民主的條件；另一方面，闡述美國憲法的道德解讀，以及政治社群的結構性意義。迄今，德沃金始終沒有對夥伴民主做出體系化的分析，在本書中也隱身在一個章節的片斷（頁143-147，僅約5頁的概述）。因此，論者或許會好奇：德沃金提出夥伴民主目的是什麼？他是否建立了一個民主理論？這些問題均留下許多詮釋的空間。

　　依筆者淺見，夥伴民主基本上來自德沃金對自由主義政治社群的詮釋，強調其結構特徵、價值（善）觀、寬容與公民角色，就當代學術思潮而言，這是自由主義對社群主義的批判所做的回應。眾所周知，德沃金是以交響樂團作爲社群的描述概念，交響樂團的特徵是每個人各自扮演自身角色，但卻朝著共同目標，這種社群所潛藏的意蘊是：儘管個別的人生目標並不一致，但每個參與者知道（或認知）「美好人生」是什麼，對社群生活來說才有可能形成集體的共同目標。德沃金稱這種社群是「原則模式社群」。理解夥伴民主，除了必須回到德沃金的倫理自由主義與社群主張外，若把夥伴民主與德沃金對憲法的道德解讀、整全性（integrity）以及融合自由與平等的哲學主張（包括人性尊嚴兩原則）放在一起看，德沃金是有建立一套民主理論的企圖——我們或許可以稱爲「憲政自由主義」或「憲政民主理論」。不過，這個夥伴民主要能持續得到辯護，仍待德沃

金對它進行更多的說明與論證，因為就思想完備性來說，夥伴民主的內容仍過於薄弱與抽象。

主要的爭議是，在權力競逐的政治環境裡，大部分的分析者均是以「敵友關係」來界定民主政治。這一點，德國憲法學者施密特的《政治性概念》早已明白闡示過。根據施密特，劃分敵與友是政治的本質，政治場域的敵我關係，就像經濟學的盈虧或美學裡的美醜一樣，屬於常識性的理解。可以說，參與政治活動的目的與動機，本來即是一種敵友關係的競爭，平等關懷在政治裡並無用武之地。因此，當有一種主張，希望把參與者都當作「夥伴」給予平等對待，顯示這若不是高度成熟的民主政治文化下的產物（就像儒家講的「揖讓而升」境界），就是一種烏托邦神話。不過話說回來，民主如果沒有這樣天真的盼望，那實踐上所謂的「民主（深）化」或「民主改革」還有什麼意義呢？要之或許我們應該這樣看，夥伴民主是德沃金解釋憲政結構的一種方式，它訴說的是一種抽象理念或平等的理想，希冀在延續他理論的一致性前提下，提供另一種觀看民主的方式。

當然，敵友關係與夥伴關係的對比，對於東方社會，很容易讓人聯想到中國傳統政治哲學裡的性善或性惡之區別，以及孫中山先生百年前所提倡的「五權政府合作」的憲法學說。姑且不論中西文化與語言對「善惡」的殊異理解，夥伴民主確實是一種導向「善」的政治思想，彰顯了德沃金對制度或法律的至善主義或樂觀態度。德沃金選擇夥伴關係來鋪陳民主，捨棄大多數美國憲政民主路線的敵友關係，我認為除了展現某種淑世的信仰外，也應該是他觀察美國司法審查制度百年運作的總結心得。但良善政治或權力合作真的可能嗎？筆者是持保留態度的。畢竟，夥伴關係與民主奠基在「不信任」（法學家伊利語）的邏輯是格格不入的，亦敵亦友也許可能，但政治上「敵」或「惡」不僅是常態，也總是擠壓「友」或「善」，

最後導致「友」或「善」並不多見。

　　理由很簡單。我們都知道，早在美國發明聯邦憲政制度的草創期，美國制憲先賢洞悉政治的本質，就已警告過「權力制衡」才是規範政府的有效運作模式，因為制度再怎麼完美，人性在政治權力裡終究還是會有腐敗的傾向。麥迪遜那鏗鏘有力的名言：「用野心對抗野心」至今言猶在耳。因此，做為憲政主義的擁護者，德沃金難道不知道美國政治制度的設計初衷對人性的高度不信任嗎？倘若德沃金所盼望的夥伴民主能實現，那麼或許再過個百年，孫中山的五權憲法也是可行的？我並不是說未來實踐上這完全不可能，而是說在理論意義上，如果德沃金想要發展更為完整的夥伴民主理論，勢必要提出更多的理據，說服我們夥伴民主是可欲的，解釋在共同自治的政治活動中，平等公民如何能夠真誠合作而不會勾心鬥角，同時在福利國家成為主流的全球化時代，資源或利益分配能夠達成需求式導向的夥伴共享，而非取決於分贓式競逐下的政治妥協。

結語

　　總的來看，德沃金在本書的論證雖亟欲保持其一致性，但這種遊走於規範性語言與經驗性語言（主要是指所引述的數據）的風格，並不是沒有缺點。舉例而言，書中許多討論較為簡化，有時也沒有多加說明或引註，讓人有不甚嚴謹的感覺。對此，我認為主要原因有二：一是這本書是演講文改寫成書的緣故，以至於較為口語化；二是許多概念被德沃金視為理所當然的背景知識，因此，較完整的閱讀策略勢必要先搞懂德沃金先前的主張，以及對美國政治與憲法爭議有基本的認識，才能夠更清楚進入德沃金所構築的世界。

　　當然，《人權與民主生活》走的是哲學性分析，最終還是要歸

類為規範性的民主讀本，因此，想從書中獲取實證性民主資料的讀者可能要失望了。至於德沃金的論證是否成功、保守派是否同意其論點等等評價，則有待讀者自行判斷。除了論述風格值得檢討外，三個主題式討論大致符合德沃金自圓其說的功力，閱讀上只要不太挑剔，順著他所陳述的文字，應該都蠻容易理解的。偶爾文中會有離題的現象，例如反恐的討論最後兼談了反對死刑的主張，對於公費選舉的改革建議也顯得不知所云。

雖是如此，本書言簡意賅，仍是了解美式民主內在問題的最佳入門。我認為德沃金實際上是在做實驗：即透過一個相當具體的政治原則進行公共議題的論證，並展示這是可能的。誠如他在結論所提到的：「民主需要一個政治論辯與尊重的文化，而不僅僅只是赤裸的多數決規則」（頁161）。為了完成這項任務，德沃金援引他之前建構的理論精華，包括整全法、原則論、生命尊嚴以及倫理個人主義等，轉化出「人性尊嚴」作為民主的價值根源與對話基礎。就此而言，德沃金的目標似乎是雙重的，一方面在概念上主張美國人共有一個相同的道德觀（即尊嚴），因此政治辯論是可以產生的，另一方面透過實際的自由與平等價值主張，呈現如何進行有意義的辯論。

準此，當我們讀完這本理論與實際兼具的小書後，「民主是可能的嗎？」、「美國民主是可能的嗎？」答案似乎已然呈現。誠如本書副標題所顯示的，德沃金想貢獻的是一個根據原則的嶄新政治辯論，因此，與其說書中的目標是要駁倒對手或說服對手，不如說他更遠大的目標是在創造一個有實質內容的推理，以揭櫫怎樣的論證討論才是有意義的。如此解讀，就讓我們想起哈伯瑪斯「審議民主」的政治理念。相較於德沃金所使用的「辯論」（debate），眾所周知，哈伯瑪斯是用「理性論辯」（discourse）來捕捉審慎溝通的思辯意涵。哈伯瑪斯的審議民主要求雙方對話的條件與有效性，從而

更精緻地闡述了民主溝通的可能條件與理性討論的真實程序。

　　德沃金與哈伯瑪斯的對照是有意義的。兩人目前都是世界上碩果僅存的思想家，德沃金小哈伯瑪斯兩歲，兩人長期各自分據英美與歐陸學界，均對法律、政治與道德理論擁有廣大的影響力，且退休後仍持續從事哲學著述。兩人在價值衝突的立場上，不約而同都指出政治價值是可以調和的，例如德沃金認為自由與平等、司法審查與民主、憲政主義與民主都是可以整合的；哈伯瑪斯則主張透過法律制度或憲法來調節人權與人民主權、公共自主與私人自主、或積極自由與消極自由等概念。此外，兩人皆立於程序主義或制度性概念來界定民主，在最低限度上，他們倆都支持現代憲法秩序與民主體制，同時對於民主的實質內涵給予相當程度的關注。德沃金與哈伯瑪斯的民主觀一起提醒了我們：**或許在複雜的現代與後現代情境裡，民主的分析不只要兼顧理論與實踐，更要從政治學的框架中延伸到法學與社會學範疇，我們才有可能對民主做出更總體性的認識與觀察。**

　　不過，德沃金與哈伯瑪斯對民主的看法也在許多面向上有所不同。首先，德沃金是從憲法學角度來理解民主，而哈伯瑪斯則是從社會學角度來理解民主。夥伴民主是從多數民主的批判中，以及政治社群與平等自由主義的理論中構築而成的，某個意義上，其目標是證立司法審查的正當性，說明民主不等同多數；而審議民主則推導自其溝通理論，並且是以「公共領域」與「公民社會」理論作為背景，目標是擷取自由主義民主與共和主義民主的優點，發展出第三種規範性民主模式。其次，德沃金的夥伴民主是實現人民主權、公民平等與民主對話的架構，而哈伯瑪斯的審議民主則隱含了民主與法治的內在關係，兩者呈現不同的哲學特徵與公民焦慮。也就是說，德沃金從整全法到人性尊嚴的法政哲學，目標是臻善自由主義

的理論與實踐,特別是在民主生活中的政府治理如何能達到對每位公民的平等關懷;而哈伯瑪斯的審議民主其實是他現代性志業的一環,其與現代哲學的語言學轉向與法哲學轉向(從成規到後成規的法典範變遷)是連帶的,是對啓蒙理性的某種擔憂,期望透過互爲主體觀的溝通理性,重塑理性政治的可能。最後,可能是兩人最大的差異。夥伴民主如何連結平等關懷、政治社群與憲法解釋的理論特徵,較爲模糊,夥伴民主雖引起很多的討論,深具啓發性,卻沒有成爲主流的民主理論;而審議民主則因爲貼近生活世界的實際情況,故在理論界與實務界受到許多學者的追隨與應用,早已成爲當代修正參與式民主或補充選舉式民主的先驅。

即使夥伴民主不若審議民主那樣具體,我仍認爲這絲毫不減德沃金立論的價值,以及從法學切入政治理論的哲學影響力,因爲至少在規範的意義上,德沃金指出一個理想境界。儘管我們並不會完全贊同書中的每一個論點、儘管書中還有若干自問自答的詮釋性弊病。但是,對於目前台灣民主極需的公民辯論文化、尊重他人的民主素養、以及更結構性的制度內涵,本書所描述的美國紅藍政治對抗、具體政策的爭議性論述以及超克問題的解決方案,事實上對我們都有理論上與實踐上的參照意義——在選舉與民主成爲政治生活的常態之後,本書不僅提醒了我們人權、寬容與正當性的重要性,也告訴了我們民主尚有理性論辯、公民教育以及尋求共同基礎的集體目標。

陳閔翔,台灣師範大學政治學研究所博士候選人。研究興趣為當代政治思想、民主理論與憲法學,目前正在進行的博士論文題目是「民主與合法性:德沃金法律政治哲學的批判性重構」。

被遺忘的愛欲生死：
陳映眞小說《纍纍》裡的底層外省官士兵

趙　剛

一、分斷下的斷不了

　　1960-70年代的台灣，有幾部好萊塢片子以「違反善良風俗」之類的理由被當局禁了，其中有一部叫做《午夜牛郎》（Midnight Cowboy）。電影說的是一個從美國南方鄉下跑到紐約來闖蕩的牛仔，遭受重重打擊的故事。這個鄉巴佬青年在經歷了對大都會天際線的短暫的目眩神迷之後，就開始遭遇大都會的異己與野蠻，一再受到挫辱。窮困潦倒之際，做了「牛郎」，但挫敗更爲巨大。最後，這個「午夜牛郎」攙扶著一個貧病之交，坐著大巴士逃離冰冷的都市，結伴南行尋求陽光。由強・渥特所飾演的「午夜牛郎」，樂觀、憨直、強韌，但也有血淚交淌的男兒傷心處。尤其讓我印象深刻的一幕，是當他在進行那被生活所迫的、經常令他屈辱的、沒有一絲感情含量的「性工作」時，他故鄉情人的那深情低喚著他名字的纏綿情愛景象，就會倏然地、幽忽地從他記憶深處浮跳出來。這大概是午夜牛郎最催折心肝的時刻罷。這裡有一個今與昔、假與真、異己與親密、都會與家鄉、死與生的鴻溝分斷。強迫性回憶裡的那賁張生命與親密的性，不但無法安慰牛郎，反而是冷酷地向主人公提

示他今日的真實：疏離與死亡。對「午夜牛郎」而言，今日，雖生猶死。

讀發表於1979年，但實際上「約爲1967年之作」的《纍纍》，讓我想起電影《午夜牛郎》裡異鄉人的死生愛欲，特別是小說裡說到，當看起來輕佻寡情、嗜說葷腥的錢通訊官，在獨白般地憶及那參商不見生死未卜的二表姊與當時年少的他的一段情慾糾纏時：

> 「……那時伊只是說，大弟，大弟！但卻一恁我死死地抱著……」(3：71)[1]

把這個二表姊的「故事」當作錢某的眾多猥談之一聽耍的其他軍官，起先「尚有人猥瑣地笑起來，但後來都沈默了」。這是因爲聽者立即察覺到這個「善於猥談」的錢，在說著這一段話的時候，「眉宇之際浮現著一種很是邈遠的疼苦」(3：71)。

《纍纍》描寫的是1960年代初的某一個上午，在某一個僻靜的小軍營裡，三個行伍出身的低階青年軍官的蕪雜的生活片段，以及其中所展現的浮躁悸動，與交織今昔的傷痛憶往。我們知道，1960年代初陳映真入伍服役，在部隊裡，他首度接觸到眾多原先出身農民的外省低階官士兵。他同情甚至共感他們在對日抗戰，緊接而來的內戰，以及之後的兩岸長期分斷中，被這個大時代所撥弄的轉蓬人生；他們的家破人亡、生離死別、流離無告、舉目無親的巨大傷痛。青年陳映真鼻酸地凝視著在這些如草離了土、枝離了樹般的荒涼的肉體，以及掛在這個身軀上的枯槁扭曲甚至變態的，但卻完全

1　(3：71)代表引述出自：陳映真，《陳映真小說集3》（台北：洪範，2001），頁71。

可以理解值得同情的，道德與精神狀態。

二、活在死上頭

這三個軍官「都是走出了三十若干年的行伍軍官」(3：67)。這麼算來，當初他們被國民黨軍隊拿槍抵著，矇、拐、坑、騙給拉伕入伍，加入國共內戰之時，也不過是十六七歲的農村小伙子。

> 魯排長驀然想起了那一年在上海的一張募兵招貼，上面說：「……結訓後一律中尉任用。」如果真的是那樣，如果十數年前結訓時自己便是個中尉，到現在早已搞上星星了。(3：69)

懵懵懂懂地來到台灣，卻還不知從此與家鄉親人陰陽兩斷；明明是此世的親人愛侶，一下子變成了永訣的前世。將「互相梨根的」(3：72)生命與生命，硬是斬斷的後果，是一種永遠難以從宛如隔世的恍惚與不真實感中康復的慢性痛苦。魯排長總是「又想起了他的妻」——那個年長他四五歲，對還是少年的新婚的他，有著如姊如母如妻的深情眷顧，對他的少年的決堤的需索有著「古風的從順中的倉惶和痛苦的表情」(3：72)的女子。新婚不到一個月，他就「因戰火和少年的不更事」離開了故鄉。到今天，魯排長雖然連「那個女子」的名字都記不得了，但

> 漂泊半生，這個苦苦記不起來名字的女子，卻成了唯一愛過他的女性，那麼倉惶而痛苦地愛過他。從來再也沒有一隻女人的手曾那麼悲楚而馴順地探進他的寂寞的男子的心了。(3：72)

　　雖然已是步入青春的尾巴，但無論如何還是有著年輕緊實的軀體的小軍官們，一直是處在一種恍惚的、逆光的、不安的生命狀態中。在一種逆光的不真實感中，他們的身體渴求著異性，但對異性的渴求又哪裡只是性慾而已，後頭其實更是一種對撫慰的渴求。性慾的命令與回憶的驅使更相作主，讓「魯排長總是拂不去那種荒蕪的心悸的感覺」（3：69）。

　　陳映真想要捕捉的是兩岸分斷下，底層外省官士兵「活著」的真實狀態。他們的言語總是往下流，流到猥談褻語；他們沒有志向，沒有未來，甚至沒有什麼主義領袖責任榮譽之類。這些體面的正經話語還是留給那一心往上攀的人——好比「胖子連長」——好好使罷。「胖子連長」想必拿著一種做派，不願加入他們的猥談，更不可能和他們結夥嫖妓，只因他有前程——「為升上一個梅花的事，奔跑了將近半年」。因為有這個「前程」寄託，胖子連長和他們不是一類人，他能靠這個體制的遊戲（逢迎、運作、關係、競爭、升遷）壓抑並轉化性慾的躁動，以及回憶的浮起。陳映真應該無意歧視胖人，但「胖子」的確傳達了一種安定滑膩之感。發福的連長應已屆中年，對於體制已經有了因年資、權力與利益而來的認同感。發福的身體意味了對生命的、性的悸動，以及對分離的創傷感受，已趨平靜和緩，甚至麻木。那個曾經不安定的起伏，已經隨著日益安定的生活與可期待的未來，而拉成了一條平滑的直線。這種肉體與心靈的如脂如韋，和那正在一種性的節日歡愉心情中攬鏡剃鬚的錢通訊官的「壯年的男體」——「每一線輪廓每一塊肉板都發散著某一種力量。他們都一樣地強壯，一樣地像剛剛充過電的蓄電池那樣的不安定」（3:67-68），形成一種意味深長的對照。

　　他們活得像「蟲豸」，沒事打個百分牌戲，賭注則是次日關餉同去嫖妓的花費。沒錯，他們在這種與故鄉、與親人切斷，在異鄉

中一吋吋衰老，卻沒有前途、沒有意義的人生中，唯一能抓住的就是短暫的性的刺激，讓他們忘卻生命的荒蕪，並聊勝於無地感覺到他們竟還被接受、被需要——雖然不辨真假，讓他們知道他們還「活著」。他們唯有把自己降低到一種生物性的存在，才能把生命活下去。他們甚至有些怔怔然地陶醉在野狗交配的大自然歡愉中。在一種逆光的、超現實的「一幕生之喜劇」中，「聽得見一種生命和情熱的聲音，使得人、獸、陽光和草木都湊合為一了」（3：69）。這樣一種動物性的「活著」，也是難得的罷，因為還是活著，畢竟又有什麼比活著還重要呢？魯排長在部隊澡堂中尖銳地感受到這樣的一種「活著」的況味：

> 忽然間，魯排長對於滿澡堂裸露的男體感到一種不可思議的稀奇。他從來沒有注意到這種毫無顧忌的裸露的意義。不論是年輕的充員兵，年壯的甚至於近乎衰老的老兵，不論是碩大的北方人或者嶙嶙的瘦子，都活生生地蠕動著，甚至因為在澡室裡都顯出孩提戲水時那樣的單純的歡悅。這種歡悅是令人酸鼻的，然而也令人讚美，因為他們都活著，我也活著，魯排長想。而對於這些人，活著的證據，莫大於他們那纍纍然的男性的象徵、感覺和存在。（3：74-75）

這其實和陳映真在小說創作中經常似有似無地顯現的一種「女性可畏，男性可憐」的信念有關。男性對是否活著向來是焦慮的，而用以證明的也常是性，那可笑復可憫的「纍纍」。但隱藏在這個荒誕的、沒有意義可追尋的「生之喜劇」之後，卻是一種深層的、拂之不去的悲哀，因為他們欲成為草木畜類而不可得，因為他們，幸或不幸，有記憶。他們老是不由自主地陷入回憶，憶起相處不到

一個月的多情愁苦的新婚妻子，憶起慌亂哀憐任他求愛的二表姊，
憶起扶著幼童的他站上木橇遠眺「一線淡青色的，不安定的起伏」
的山脈的那個著「暗花棉襖的初初發育的身影」的姊姊(3：66)。幸，
是因為，如此他們的「活著」就不僅僅如草木野狗般了，他們記得
他們曾愛過也被愛過。不幸，而且是深刻的不幸，是因為這些永遠
地只是記憶罷了。他們和這一切，都如樹葉離了樹、花草離了土般
地永別了。他們的生命只是一種在無盡的黑上頭的「漂浮」、「漂
流」、「浮沈」(3：73)；前頭是黑的，後頭也是黑的，黑得像黑夜
中的台灣海峽一般。他們在一片寂滅上活著，活在死上頭。

　　這種完全缺乏真實感的「活著」，是很多很多底層外省官士兵
的一種真實人生狀態。但我想也是所有底層的、流離的男性──不
分省籍──的共同經驗罷。這些飄零如轉蓬的底層官士兵，於是常
常白日顛倒，神遊故里或是親親如晤。雜揉今昔的結果就是老會產
生一種似曾相識的恍惚感。好比，這天一大早，魯排長就覺得，而
且是許多日以來都如此覺得，兵營的操場還有清晨的霧靄，「竟很
像那已然極其朦朧了的北中國的故鄉」(3:65)。到了日頭近中時，
魯排長「注視著那散落著兵士的草地，很稀奇地又復覺得它何以能
給他一種熟悉的感覺」(3:73)。

　　這個前世今生之間的草蛇灰線，終於在幾個軍官於午睡時分坐
上吉普車，出營尋歡的路上，得到了印契。魯排長記起了「一個空
曠的野地」，那是在「兵亂的大濁流中」，在一個仍然帶著春寒，
但陽光已然美麗的暮春時節中，在山區跋涉數日之後，所驀然驚遇
的「一小片圓圓的曠地」，其上死屍橫陳。這並不稀奇──在那個
年代。稀奇的是，這些死屍都裸露著。更稀奇的是：

　　那些腐朽的死屍，那些纍纍然的男性的標誌，卻都依舊很憤立

著。(3：75)

　　這當然不是「事實」，死屍的那個不會勃起，或憤立。這僅僅
只能說是魯排長不辨今昔、覺夢不分的「回憶」。但是，與其說是
回憶，還不如說是一種因巨大創痛而生的超現實幻想。但問題是，
魯排長為什麼會如此「破解」了那縈繞於他的對營區操場風景的似
曾相識感？為何那個「憤立著」的「纍纍然的男性」的超現實空間
場景，讓他覺得找到了他的似曾相識感的對應符契？1960年代初台
灣的國民黨軍營的風景，和憤立著陽具的腐屍能有何關連，讓魯排
長「正確地想起了和兵營的操場相關的風景」(3：75)？

　　　我的回答是：如果說，這些底層外省官士兵在這個島嶼上、在
這個政權下的「活著」，是活在死上頭、活在一片寂滅上頭，那麼
要直指這個巨大悲劇以及提問「孰令致之」的文學書寫，又有什麼
方式比創造出一群死屍，屍身上插著一根根憤怒的陽具的意象，來
得更驚悚地「合理」呢？這不是那1960年代初千千萬萬青壯年的離
鄉無告的底層外省官士兵的真實生存狀態的超現實寫照嗎？除了陽
具的憤立，他們的人生幾乎已經全倒下來了。

　　當然也不是不可以這麼說，那個「憤立」是指向國民黨──「我
日你祖宗八代」。但那個憤立，更是一種對於異性慰藉的執拗的、
可憐見的需索。吉普車上，暮春的風拂著面的魯排長，於是把自己
從這個荒山死屍的浮想抽離開來，拉回到對於故鄉的山、「小姊姊
的山」的回憶，回到那個留在故鄉的女人的回憶。這麼想著，他突
然寂寞起來，把菸丟到車外，「滿滿地感覺到需要被安慰的情緒」。
於是他有些開心起來：「活著總是好的」(3：76)。於是他們一行人
在一種節日的漂浮中、在一種性的興奮中、在「穢下的笑聲中」，
駛向他們短暫歡樂的目的地。

三、關於娼妓或性產業

　　魯排長等三名軍官嫖妓去了。「噁心的男人！」──某些都會中產衛道者在看完這篇小說之後，也許會皺著眉頭丟下這麼一句話。「男人」，當然；「噁心」？也許罷──如果我們只看到他們的青壯身影、聽到他們的穢下言語、看到他們的嫖妓行止，就把他們想當然爾地視為有錢有權有閒的男性嫖客。而擲石者譴責之餘，也許還會「為他們」提出一個出路：爾等應成立家庭，以解決性或感情之需。這個建議，雖然真誠地符合他們自己的階級立場，但聽者當不免頓生「何不食肉糜？」之感。此外，衛道者從左翼「拿來」的商品拜物教批判，其實也是建立在一個被抽空歷史的主體的前提上。「性交易」，對這些流離的底層外省官士兵而言，遠遠不是用「將性商品化」、「不尊重女性」，或是「男性的淫亂」這些便宜的指責，就可以定性的。這些底層民眾在永遠地失去所愛與慰藉的世界裡，也只有飛蛾般地奔赴這令人鼻酸的、短暫、虛空的慰藉。理解了他們的背景，我們就會知道他們對「性」的需求，不是「出自純粹邪淫的需要」（1：75）──如陳映真在早期的另一篇小說〈死者〉所檢討的，而是銘刻著大時代的印記的。他們作為內戰／冷戰雙重結構下的落葉轉蓬，對女體的需求，骨子裡是一種對自己還活著的證實，對慰藉的渴望；「娼妓」是在一個沒有人真正需要他們、愛他們的世界中的一雙暫時的溫暖臂膀。誠然，這種慰藉有其片刻性與交易性，但這又哪待乎不需要這種證實與慰藉的衛道者來提醒呢？或許人們更應該追問與理解的是，這種悲劇的情色是建立在一種什麼樣的悲劇的主體上？而這個主體又是鑲嵌在一個什麼樣的大歷史中？

　　但陳映真也並沒有因此而歌頌性產業，因為在小說的結尾，在興奮的路上的軍官們之間，有一個「關於近來的雛妓們的年齡越來越小的事」的笑話在講著，而且笑聲很是穢下（3：76）。這個突兀的交代，表現了陳映真對於性產業的兩難，一方面他絕不會如中產衛道者那般的偽善冷酷，但另一方面他也無法敞開地歌頌性產業，因為對他而言，性工作原則上預設了一個不義的階級社會。陳映真在小說〈上班族的一日〉裡，藉由某學者對電影《單車失竊記》的評論，認為該電影精準地展現出一個道理：「窮人為了生存，就必須相互偷竊」（3：198）。因此，他大概也會認為，絕大多數的性工作者是在一種苦難的人壓迫苦難的人的世界中工作。娼妓的苦難不被理解，就像是這些嫖客軍官的苦難不被理解一般，反而被後者拿來襯墊他們的苦難。我想起陳映真的另一篇小說〈悽慘的無言的嘴〉裡的那被一刀刀捅死，每一個傷口都是一張嘴的雛妓屍身。

　　對這個如電影《午夜牛郎》般的「午日牛郎」的飄零主體，我們有理解的道德義務。對於那被分斷的故鄉的親密女性的愛與性的那無法分斷的身體回憶，以及現實上對一種替代慰藉的渺茫的追尋的歷史悲劇，我們不應只是站在一個簡單的道德高點上俯瞰，更遑論鄙視，反而是要在一個更大的結構與更長的歷史中思考：孰令致之。

四、抵抗「遺忘的歷史」

　　《纍纍》之後20年，像魯排長、錢通訊官這般的底層外省官士兵雖然鬢毛已衰，但仍鄉音未改地在台灣各個角落的底層活著，孤獨地拾荒孤獨地門房孤獨地煙酒，被富裕的、寡情的台灣社會謔稱「老芋仔」。1980年代末1990年代初港台之間的航班還經常看到他

們的寂寞的身影、怔忡的面容，以及和整個文明機場格格不入的裝扮行囊；再注意看，他們勞動者的手臂上，有著極粗劣的外科手術所留下的一團紅黑新肉，硬是剜磨掉臂上「殺朱拔毛」之類的刺青。再30年後的今日，他們已經凋零殆盡，就算是在石牌榮總也難得聽到他們粗粗咧咧大聲嚷嚷的異客鄉音了。那是真正的絕響。他們行將被本來就什麼也不想記得的台灣社會更為徹底地遺忘。

或許，還是有人會記得他們的罷。有人會怨恨地記得他們是「國民黨的死忠」、「國民黨的投票部隊」。有人會童騃地記得他們是「寶島某村」的「伯伯」(音「悲悲」)們。有人會考古地記得那個轟動一時的李師科案的主角就是一個老芋仔。當然，也有高級文化人會記得他們是「失敗者」，而如此記得的女士先生，則是要挺起胸膛表彰自己是失敗者的「光榮的後代」──因為1949年被共黨擊潰的大逃亡一代在台灣所建立的政權，在後來的歷史中被證明是更合乎「現代化」的文明準則，以及更繼承著優秀的中國傳統；論者狀似怡然「讓歷史說話」，但其實是嘔著氣地、刺蝟般地護衛著自己的認同。

但這些「記得」其實都是建立在一個巨大扭曲或偏見上。人們常常拿都會的、家業有成的外省中高級軍官的體面形象，遮蓋住外省低階官士兵的佝僂身影，只因為他們都是1949年左右來台的「外省人」；這裡有一個明顯的階級盲與城鄉盲。在這種社會的與歷史的盲目下，人們常把國民黨當個大蓋子把外省低階官士兵和上等外省人一併扣住，好像「他們」是一體的，都是「共犯結構」的部分。而這樣做，恰恰是讓李師科與李煥比翼，讓王迎先與王昇齊飛。把殉葬者當成體制的一部分，這，不荒唐嗎？這裡有一個「階級」的分疏：有進入到這個黨國體制從而與黨國利害榮辱緊緊地綁在一起的國民黨中上層外省軍公教，以及那些從來被黨國欺騙綁架、為歷

史遺忘、爲機場的紳士淑女禮貌地視而不見的「老芋仔」。

　　四十餘年後，我們讀《纍纍》，應該可以得到這麼一種理解：這個「憤立」的「纍纍」，是青年陳映真對底層外省官士兵的生命狀態的最深切的同情，以及對國民黨政權最嚴厲的控訴、譴責與抗議。這篇小說不是孤例。在1966-67年之際，陳映真寫了包括了〈最後的夏日〉、〈唐倩的喜劇〉、〈第一件差事〉、〈六月裡的玫瑰花〉、〈永恒的大地〉、〈某一個日午〉以及《纍纍》等多篇小說。根據作者自稱，這些小說脫落了過去的「感傷主義和悲觀主義色彩」，「增添了嘲弄、諷刺和批判的顏色」[2]。值得注意的是，在這些小說中，有三篇當時沒有發表，而是入獄之後由友人代發的，它們是〈永恆的大地〉、〈某一個日午〉與《纍纍》。我認爲，這三篇小說有一共同特點：都指向國民黨，對它作了不得不形式隱晦但內容異常嚴厲的批判。〈永恆的大地〉指出了國民黨統治階級的虛妄、膽怯與買辦特質；〈某一個日午〉指出國民黨完全拋棄了它五四時期曾有的理想，爲青年所唾棄是理所當然；而《纍纍》則是繼〈將軍族〉之後，討論了一兩百萬之眾的底層外省官士兵的離散生涯，並直接指向現役軍人。

　　直到上個世紀末，已經步入老境的陳映真，對於這些底層外省官士兵的身世，仍然是揪著心地關心著。小說〈歸鄉〉就寫了一個賣早點的老兵老朱對著台籍國民黨老兵楊斌說著當年的痛：

　　　「……民國四十五年以後，我們才知道『一年準備、二年反攻、三年掃蕩……』全是騙人的，」老朱說，「就那年，天天夜裡

2　陳映真，〈後街〉，《陳映真散文集1》（台北：洪範，2004）。

　　蒙著被頭哭。許多人，一下子白了頭。」……「那年以後，逢
　　年過節，我們老兵就想家，部隊裡加菜，勸酒，老兵哭，罵娘……」
　　老朱說，「有些人因罵娘、發牢騷，抓去坐政治牢。一坐就是
　　七年十年。」（6:45-6）

　　這個當年的痛當然還是今天的痛——假如能痛的身體還在的
話，因為這個痛並沒有被真正地面對過，遑論好好處理過。老兵的
痛無處可告，他們沒有「二二八」，也沒有「白色恐怖」這些名義
來稱謂他們的痛。有一陣子，正義的學者紛紛地談「轉型正義」，
但沒有人曾經一念飄過腦際，想到這些老兵也是任何「轉型正義」
的思考也必須面對的。

　　我們文明的、可敬的「台灣人」、「中華民國人」，不分藍綠，
在「老芋仔」還年輕時，對他們的苦痛無從理解，在部隊裡隨人叫
他們「米蟲」，在他們老時，則管他們「老芋仔」。不少學者研究
他們或拍他們的紀錄片，目的只是要解釋他們何以這麼難以被「融
合」、何以如此反台獨，於是就方便地指出他們有「大中國情結」，
或是他們有蔣介石「圖騰崇拜」，或峰迴路轉地證明他們「見山又
是山」的最終認同還是「台灣」，等等……。只有極少數人，如陳
映真，從兵燹的、喪亂的大時代中，看到這些無告之民的踉蹌之影
與離亂之悲，並為這些荒蕪的生命一掬同情之淚。陳映真為已經永
遠逝去的那個1960年代的底層外省官士兵的青春，做了一個偉大的
補白。沒有陳映真這篇小說，作為苦難中國現當代史一章的這些人，
他們的青春、他們的夢囈、他們的失落、他們的荒縱，與他們的空
無，將永遠從這個人世間消失。這是一篇救贖性寫作，所救贖的是
被歷來的文人或史家的歷史書寫中的遺忘。

　　能不說，「還好，有陳映真，為這些人留下一個側影，為不久

之前的當代歷史留下一個見證」嗎？當然，也許會有嚴肅的學者問：
這個以小說為形式的救贖性寫作，又有什麼意義呢？如果我有資格
回答的話，我只能這麼說，陳映真至少是如魯迅一樣「路見不平，
揮了兩拳」吧！其次，它至少讓我們看到1949年來台，作為歷史的
殉葬者的底層外省官士兵的一個精神面貌吧！再其次，它至少也讓
我們知道那個「光榮的失敗」也並不見得那麼光榮罷！

　　趙剛，東海大學社會系教授。最近的寫作是〈頡頏於星空與大地
之間：左翼青年陳映真對理想主義與性／兩性問題的反思〉，將刊
登於《台灣社會研究季刊》，第78期，2010年6月。

《色戒》的兩個版本：
評張愛玲小說兼談李安的電影

孫筑瑾

　　《色戒》這篇故事其實有三個版本。第一個當然是最原始的史料，即國民黨中統局以鄭蘋如為餌策劃謀殺汪精衛特工總頭目丁默邨美人計失敗的真人真事。第二則是張愛玲脫胎於此史實全面改寫的短篇小說。第三才是李安依照張著《色戒》拍攝的電影。

　　張愛玲是有心且大膽地顛覆史料，把正氣凜然從容就義的鄭蘋如換成了在最後關頭動心而自取滅亡的王佳芝。鄭王之間豈可以道里計？張之所以要如此改寫歷史自有其用意，容後交代。從文藝的角度來看，張之《色戒》是純創作，而李安的電影即使費盡心思將張之虛筆坐實，旁白正寫，刻意敷衍張著之所未寫，卻絕非改絃易「張」或借張著而另闢疆場的創作。創新本身並不意味品質的優劣；因襲他作亦大可青出於藍。取決作品優劣的關鍵不在素材的來源，而是素材的選用與安排。細審張愛玲的小說與李安的電影，不難看出他們在素材的取捨調度上都有問題。而李安的問題尤甚於張；之所以如此是因為他完全沒有看到張在材料處理上有先天不足的缺陷。因此他後天再悉心調養也只落得了虛不受補的後果。儘管其聲色俱作，得獎連連，只合莎翁所謂「一切喧譁咆哮（榮耀），到頭來

總歸是虛空一場。」[1]

　　先談張愛玲的問題。張不僅坦承鄭丁的故實爲《色戒》的素材，更在近30年一再改寫後仍不能忘懷初獲此素材的驚喜與震動[2]。鄭丁事件中鄭女如此青春美麗而又如此剛烈果敢爲國捐軀，焉不令人震撼扼腕？但令張愛玲動心的卻絕不在此。否則就不會全盤顛覆史料而重新塑造一個與鄭全然不同的王佳芝了。那麼這鄭丁事件對張的吸引力到底在哪裡？使張爲之編故事近一世而不悔，甚至拋下一句「愛就是不問值不值得」的執著又在哪裡？這個謎可從張對史料的取捨看出端倪。比照鄭丁史料和張愛玲的小説，不難發現，張所取者只有兩處：1. 清純少女與汪僞政權漢奸之間的故事；2. 清純少女慘遭漢奸犧牲的悲劇下場。直言之，鄭丁史料只爲張愛玲提供了這樣的一個大框架而已，而張只是在這個框架下說她自己要說的故事，全然不理會任何史實。這樣的取捨究竟意味著什麼？她爲何要這樣全面改寫史實卻又這樣緊守其架子不放？這矛盾糾纏是否就是《色戒》的敗筆所在？這糾纏的矛盾是否更可帶我們進入張的内心世界，一探其對鄭丁故事框架的迷思又所爲何來？

　　要追究這些問題，且看張是如何顛覆史料的内容來說她的故事。現就其中至關重要之兩處説明之。兩處皆關乎命名：一爲男女主角的姓名；另一是小説的題目。張愛玲比其他寫小説的更是重視

1　今將莎士比亞《馬克白》名句，"All that sound and fury, signifying nothing" 中之「咆哮（fury）」改爲「榮耀（glory）」以便貼切説明李片之盛名實屬虛妄，了無意義。

2　見張愛玲《惘然記》自序「這三個小故事（〈色戒〉為其中首篇）都曾經使我震動，因而甘心一遍遍改寫這麼些年，甚至於想起來只想到最初獲得材料的驚喜，與改寫的歷程，一點都不覺得這三十年的時間過去了。愛就是不問值得不值得。」（台北：皇冠，1999），頁4。

人物故事的名字，深諳名實之間的關係。名乃實之相，而實必借名方能彰其意。命名之事非同小可，關係整個故事人物性格角色的定位和內容梗概重心的揭示。先看《色戒》男女主角的姓名。男角易某只得其姓而不知其名，焦點就落在那個「易」字上。「易」如《易經》之易有多重含義。「易」為變易，暗指整個故事是史料的更變而非其重現；「易」當然昭示男角易主而事的變節行徑；「易」更可能意味男角改變了女角整個生命的情況。男角有姓無名亦標示張在男女兩角中對女角的偏重，視之為整篇故事的中心人物。而女主角王佳芝，好一朵王者之香空谷幽蘭。如此絕妙佳人遭變才是張愛玲要說的故事。

至若這故事的命名，張更是極盡巧思，務使名實相符而語義又表裡雙關。首先《色戒》二字點明了小說的定位，並非從大處著眼描寫抗口愛國青年謀殺漢奸的奮勇事跡，而是把焦距縮小，鎖定在男女情欲的掙扎上。乍看這似乎是專指男角易某為色所誘而有殺身之虞的主題。但從整個故事的發展看來，易是情場老手，色對他的戒惕微乎其微；清純而未經人事的王佳芝才是在色與戒之間戒慎戒恐徘徊至不能把持的悲劇主角。為了要說這樣的一個故事，張愛玲作了如下細緻的布局。她先把鄭丁事件中鄭誘丁為其買皮草的一節挪用了過來而大事刪改[3]，把皮草店改成珠寶店，再把珠寶店的誘物定在有「色」的鑽「戒」上，並以之貫穿全篇故事首尾成為整個情

3　關於鄭丁事件事發當日的情況，按今人王一心的描述是這樣的：「這天，丁默邨到滬西一個朋友家赴宴，臨時打電話給鄭蘋如，約她同去。鄭蘋如立即向中統作了匯報，商定由她以購買皮大衣為由，將丁默邨誘至戈登路與靜安寺路交叉口的西伯利亞皮貨店，讓預先埋伏的中統特務將其擊斃。」見王著《張愛玲與胡蘭成》（北京文藝出版社，2001），頁287。

節發展的樞紐。君不見這故事是以眾太太們在牌桌上談有價無市的
有色鑽戒爲始，最後在千鈞一髮之際又以有色鑽戒打動王佳芝，使
其在生死關頭動了不忍之心放走了易某，終遭殺奸未成反被其誅之
禍？

　　用有色的鑽戒穿針引線，使情節前後呼應內容表裡雙關，固見
張之匠心獨運，但綜觀全篇故事的發展，尤其是人物內心的刻畫，
這獨具的匠心，卻不免成了雕蟲小技。關鍵是這主角王佳芝爲何寫
得這樣撲朔迷離，蒼白貧弱？她既愛國而又不愛國，否則怎麼會在
最後關頭，罔顧所有，當然更顧不了她的同夥，輕易的放走了蓄意
要謀殺的易奸？她真的愛易嗎？愛他的什麼呢？精神上的？物質肉
體上的？作者都未仔細交代。所謂交代並不是要把王佳芝寫得黑白
分明，立場清楚，非此即彼。人心惟危，掌握人物內心世界本是小
說家最大的挑戰。但重要的是要使讀者看到主要人物在關鍵時刻面
臨兩難抉擇當兒內心的徬徨、掙扎和事後的痛楚。王佳芝最後放走
了易某，充其量是即興式的輕浮狂妄。因爲之前並不見其對易之感
情日益深厚而引起必要的矛盾，有的只是一鱗半爪對情欲的渴望；
而在抉擇的刹那，亦不見其內心有任何的掙扎，之後更不見其有些
許的痛楚；有的只是一片倉皇與迷糊。我無意苛責王佳芝臨陣逃脫，
但我絕對要求塑造王佳芝的張愛玲讓讀者看到人性在緊要抉擇關頭
的顫動和力道。少了這一層次交代的故事是沒有質感和深度的，這
和抉擇本身的取向無關。

　　像王佳芝這樣臨陣把持不住的年輕女子其實經常出現在我們生
活的周遭，本不足奇。涉世未深的少女在不明就裡的情況下委身於
人，終至情竇初開不能自拔慘遭悲劇下場的，更是無日無之。張愛
玲筆下的王佳芝本屬這樣的一個人物。以張細緻的筆觸，飛揚的文
采，絕對可以把王在情欲上的迷離懵昧寫得傳神入微；而讀者也絕

對不會責怪張那樣的描述，因為這原是少女情懷的一種啊！張最大的敗筆就是把王這樣一個少女放在抗日刺奸鄭丁事件的框架裡，除非她要寫的是中統局的無能昏憒竟用這樣的女子做間諜，或者是要揭示人性在敵我、公私、理智和情感交戰時所表現的張力。顯然，兩者都不是張的選擇。擅長人物布局的張愛玲，為何選了這樣一個下下策的搭配，把王佳芝這樣一個女子放在鄭丁事件的歷史框架裡，而且一寫就寫了近30年？所謂「愛就是不問值不值得」，說穿了，是自己對這篇故事不滿的一種遁詞。冰雪聰明的張愛玲哪會沒有自知之明，不知自己的敗筆所在？令人費解的是，為何她要這樣見獵心喜緊抓著這鄭丁事件的空架子不放，而做繭自纏；另一方面，卻又要全盤顛覆史實，寫她那王佳芝的故事？

張愛玲如此矛盾的心態，不計時日成敗地寫王佳芝和漢奸悲慘情事的偏執，不禁使人往她內心深處探索。她和漢奸胡蘭成，如天如地短命的愛情及其遭胡變心拋棄的下場，是眾所周知的。比照她自身這段傷心羞辱的往事和《色戒》女角王佳芝與易某的遭遇以及其所套用的鄭丁歷史事件，我們發現三者之間有個最大的共同點：都是清純少女遭漢奸犧牲的慘事。順著這思路，我們更發現張為何在史料的取捨上有這樣大的矛盾和糾纏。為了要吐露自己和胡奸的情事，她不得不借用鄭丁故事中的丁奸；但同時為了要寫自己和胡某之間的這段交往，她又非得全盤把烈女鄭蘋如，改寫成情欲初開不能把持的王佳芝。張的矛盾是雙重的。除了這層在史料取捨上有借「史」「換」魂的矛盾困難外；在如何換魂方面也有欲語還休的矛盾。畢竟寫自己這樣一段遭漢奸遺棄犧牲的慘事，是羞於啟齒的，因而只能用偏筆、藏筆、曲筆吞吞吐吐，是既要和盤托出一吐為快，但又要顧及顏面，只得畏首畏尾，終至寫出《色戒》這樣一篇語焉不詳的故事來。其中一個鮮明的例子，就是那句借別人之口說王佳

芝對情欲頗感興趣的曲筆：「到女人心裡的路通過陰道」。曲筆的效果有時是欲蓋彌「張」的，也許張要透過這樣的筆法，輾轉吐露她對胡的感覺也未可知。因爲做了歹事糗事或不願人知的事，往往會有想盡法子要把自己的隱秘抖出來的衝動。端看這句不倫不類的話語突兀的擺在故事裡，就不由得引人作如此的推測。

以文逆志本是最困難的，稍不留意就變成無聊機械的對號入座。上述的推理式的解讀就是要避免落入這樣的窠臼。《詩》無達詁，《易》無達占，《春秋》無達辭，更遑論虛虛實實的小說？關鍵是要有通情達理的說服力。把《色戒》解讀爲張愛玲影射自身和胡某難於啓齒又不得不吐的一段孽緣，非但能立足於情理，更能有助我們了解張在史料取用和顚覆上的緣由，及其導致故事結構與內容之間矛盾糾纏敗筆的究竟。若此，我們也可更了解《色戒》要寫的只是一位自詡爲高潔若幽蘭的少女和一個變心漢奸郎之間的故事；易（姓）之爲用更關乎其小（變心）而非其大（變節）！一如張愛玲其他的小說，《色戒》所關注的是人物自身的七情六欲，而非人物生活所在時空宏觀的大背景。之所以硬要把抗日和汪僞政府等塞在故事裡，已如上述，只不過是要暗指女角所遇之不淑爲一漢奸而已。無獨有偶，作這樣解讀的讀者，包括李安在內，不在少數。所謂人同此心，心同此理。

《色戒》是篇介乎中下乘的小說。僅就故事的編寫而論，作者不善掌握大時代與小人物之間有機的結合和其中應有的互動與張力，以至虛綁著一個抗日背景的大架子，出脫不清，語焉不詳。若以自傳式的角度閱讀《色戒》，我們只見女角當時惘然的一面——無怪乎這篇故事收在她題名《惘然記》的集子裡，而不見日後追憶，痛定思痛後應該提升到的思維領悟境界，更何況那是近一世的時日啊！春秋責備賢者。對張愛玲這樣優秀的作者，讀者的標準和要求

應該是嚴格的，而且切「戒」帶著有「色」眼鏡，一味喝采，那只是隔靴搔癢，讚又何益！

而李安拍《色戒》，卻就是帶了這樣一副有色的眼鏡。他曾一再強調張的《色戒》是完美無缺的。他的責任就是用電影的語言盡其所能展現小說裡的故事。他同時也認為對王佳芝的詮釋應該定位在張愛玲身上，所以不厭其煩的叮嚀湯唯在電影裡要把自己想像成張愛玲，同時還要電影裡演其他角色的，也要熟讀張的許多小說，俾營造一逼真的張愛玲世界。問題是小說《色戒》究竟要說什麼樣的一個故事？愛國天真的王佳芝謀刺易某的故事？還是要藉這個虛架子吐露張胡之間的孽緣？李安和張愛玲一樣的含糊。張的含糊已如上述有其不得已的苦衷，但是李安完全沒有這層顧忌。他可不必像張一樣硬背著這虛幌子說一個言不由衷的刺奸故事。既然李安已經意識到《色戒》要寫的是張胡之間的事，而且要湯唯假想自己是張愛玲，那他為何不能拋棄張的虛架子，從男女私情的這個角度切入，重新定位《色戒》的主題？

我無意要求李安非得這樣拍《色戒》；我只是要指出李安的盲點。他既沒有看出張情非得已的苦衷，更不知因此之故，《色戒》在內容和結構之間生硬浮泛的關係乃是張最大的敗筆。他只知亦步亦趨用電影立體具像之聲光化影敷演原著平面抽象之敍述。因此，張小說裡上述的缺點和敗筆，電影裡幾乎都繼承了。而原著含蓄隱晦的，電影裡繪影繪聲繪色刻意的鋪陳展現，並沒使故事因此而增色加分。畢竟，原本虛弱的底子，若不能從正本清源做起，是越補越糟的。今舉兩個關乎整部電影內容的例子說明：一為李之「歷史觀」；另一為男女二角之關係。

的確，李安在重現三四十年代上海香港的風貌上，舉凡街景，店招，家具，服飾，乃至當時流行麻將的類別和牌桌上的餐點等等，

都巨細彌遺，竭盡所能，求其真切。甚至爲了尋覓港城尖沙咀等地
舊時景象還不惜到新馬地區四處探訪。其敬業細緻若此，令人感動。
他也將張愛玲三言兩語提及的留港青年演抗日愛國劇的一節鄭重敷
演成舞台戲，讓觀衆聽到看到台上台下一片激情，振臂高呼「中國
不能亡！」他還加添了這些青年斬殺漢奸混混以洩仇日情緒的一場
浴血場景。他更特意用陰暗的燈光，狼犬陰森的眼神，易某陰霾緊
繃的嘴臉快步出入日僞辦事處，來營造汪僞政權之陰毒奸險。的確，
李安在鋪陳張愛玲小說裡對抗日時期上海淪陷區未言或言之未到的
大時代背景著墨較多。但是假如李安以爲，這些支離零星的鏡頭畫
面就可以重現抗日時期汪僞政權賣國求榮、心黑手辣漢奸的行徑勾
當，和愛國青年奮不顧身如鄭蘋如者高昂的仇日情操，那未免把重
如萬鈞的歷史，尤其是抗日時期的歷史，看得太輕了；以爲輕輕的
四兩就可以輕而易舉地挑起苦難大時代沉疴的重擔，是輕浮而輕率
的。端看李安在電影結尾處，特意在易某批准槍斃王佳芝等人用「默
成」二字簽署，是有其歷史企圖的。據李安自己的解釋是這兩個字
取自丁默邨之「默」與胡蘭成之「成」意指易某是兩者的合型，既
是張的愛人，又是鄭丁歷史事件裡的漢奸丁默邨[4]。姑且不論這戲尾
唐突地暗示易某之原型，究竟有何意義與效果，但這最後的表白，
一如戲裡其他所謂歷史場景的重現與塑造，彰顯了李安這份對歷史
的企圖心，只從小處浮面落目，失之輕妄，不足爲取。李安本人和
台灣的文化評論家龍應台等都認爲這部電影的終極宗旨是在「搶救
歷史」[5]！哀哉！李安以輕筆鋪陳的歷史和張愛玲以虛筆扛著的歷史

4　筆者於2008年尾參加台灣中研院文哲所邀約李安討論《色戒》聚
　　會，親聞李安對易某署名做如是解釋。
5　見龍應台「我看《色，戒》」http://www.atchinese.com October 9, 2007.
　　龍文敍述其與李安在香港一酒店的對話，以激賞李拍床戲成功爲開

架子，雖有五十與百步之別，但其與故事內容沒起有機交集，則一也！唯徒亂人意耳！

　　所謂亂人意者，首先是將虛浮瑣碎的影像權充歷史，誤導觀眾，尤其是未經抗戰艱辛的觀眾。其次，李安節外生枝爲易某所加添的「默成」名字，亦同樣誤導觀眾，不知其要搬上影幕的究竟是張愛玲筆下晃著胡蘭成影子的易某還是歷史上的丁某。畢竟李安是張愛玲的信徒，他和張一樣把重頭戲放在男女主角的關係上，而且是定位在張蓄意要寫的張胡關係上。因此歷史上的丁某，只得在戲尾暗示而不能正式亮相。但這戲尾多此一舉的敗筆卻暗示了李安貪心的徬徨：他既要拍刺奸的史實，又要拍張胡的情欲故事。這徬徨的貪心在李安處理男女要角關係上亦顯露無遺。電影《色戒》最令人爭議的莫過於那幾場床戲。我個人的看法是李安拿了張愛玲在小說裡幾句曖昧的話語當令箭，大做文章，並想藉此把刺奸和情欲兩個主體串聯起來。這本來也未始不可，而且可以善加發揮，將情場和戰場緊密糾纏在一起，把私欲和公義的張力拉到最高點。可惜李安功力不到，無法抓到其中最要害最富戲劇張力的交集點。其在男女雲雨情戲時所刻意安排的道具與特寫，諸如牆上懸著的長槍和房外虎視眈眈的狼犬，固然暗示色情裡的火藥味，但這些零星的鏡頭，又是從小處浮面著眼的雕蟲小技，絕不能如李安自己所認爲的，可以

（續）────────────────────

　　　場白：「性愛可以演出這樣一個藝術深度，Bravo，李安，」以「搶救歷史」爲第一大標題，末了以「我突然發現了《色，戒》是什麼」爲結語。文中不時以驚嘆號讚揚李安對諸如辦公桌、梧桐樹、電車等道具務求真切的努力，並推崇李安要求演員熟悉張愛玲作品裡每一個字的良苦用心。唯其如此，龍□才能「進入一有縱深的，完整的歷史情景。」此時，李安說他「很深的『浸泡』在那個歷史情境裡，」「拍到後來，幾乎有點被『附身』的感覺。」

把情欲和戰爭交相結合[6]。而全片最顯著的交集處，也是李安苦心經
營的一場印證床戲效應的對話，卻是一個顧此失彼的大漏洞。王佳
芝向國民黨老謀深算的地下工作頭目老吳吐露苦水的一番話觀衆應
言猶在耳吧！她毫不諱言的告訴老吳她已心力交瘁到無以復加的地
步了，因爲易某已經從她的身子裡進入了她的心裡面去了。這是王
佳芝的告白，更是李安向觀衆說明這幾場床戲絕不能以色情戲目
之，因其威力非同小可，具直入美人計核心的作用。但是最讓人錯
愕的是，這位被李安塑造成足智多謀的資深特務在聽了王佳芝這番
告白後，連最基本應有的反應都沒有。他完全沒有覺察到王患的是
間諜工作者的大忌。他不但沒有當場撤下王佳芝。竟然掩耳盜鈴，
一味的只叫她不要再說了而繼續的讓她去色誘易某。老吳這樣反常
的反應，是任何最糟的間諜片都不可能有的大漏洞。我們當然不能
怪罪於老吳。這個不可原諒的大漏洞是導演的大敗筆，而且是個無
可奈何的敗筆。之所以如此無可奈何，當然是因爲既已決定要拍張
愛玲的小說，就不能撤下王佳芝換人。李安這樣的困境就是來自上
述的貪心徬徨，但卻沒有可以超越困境的智慧和魄力，找到刺奸與
情欲之間的槓桿支點。因此就只能陷在這樣一個顧此即失彼的兩難
困境。美國小說家斯考特‧費茲傑羅德(1896-1940)曾說過，智者的
標誌是能夠同時容納兩個完全相反的意見。真正的智者，我認爲還
應該能够洞察兩者的關係。所謂雖南轅北轍形同胡越亦可視之如肝
膽，端看個人有無識事體物於人之所未見之才情耳。莊子之天下爲
一指者，又是何等境界！

---

6   筆者親聞李安在2008年尾聚會時(見註4)特別提到這兩個鏡頭，並
     對其作用做如是說明。

　　李安是細緻而唯美的，但稱不上是個智者的導演。這部電影，雖不是他最典型的作品，卻也揭示了他這一貫的傾向。張愛玲有超凡的犀利和文字上獨特的風格，但絕不是位偉大的作家。《色戒》不是她最具代表性的小說，但曝露了她在宏觀架構上常有的缺陷。兩位都同樣成了大名，李安更名揚世界。這是我們當今文化水平淺陋，局器狹隘的反映。那一天我們能擺脫浮名的障眼，不讓盛名蒙蔽我們的鑑賞，不作人云亦云的耳食之徒為名人錦上添花，那一天我們的文化才能夠腳踏實地的邁向深廣，遠離貧乏。

　　孫筑瑾，任職美國匹茲堡大學，教授中國古典文學、文化思想和中西比較詩學等多年。其著作包括密西根大學出版之 *Pearl From the Dragon's Mouth: Evocation of Scene and Feeling in Chinese Poetry*（《中詩探驪》）和今年即將要在芝加哥大學出版的 *The Poetics of Repetition in English and Chinese Poetry*（《音重意疊話詩心：比較中英詩作異同》），以及多篇論文。

中國熱*

培瑞‧安德森 著　　殷瑩 譯

　　時下，東方主義的名聲不好。薩依德將它描述爲一種要命的雜
燴，混合了西方所釀製的關於東方社會及文化的幻想與敵意。他的
描述依據英法有關近東的著述，伊斯蘭教與基督教在那裡鬥爭了幾
個世紀，直到近代落入西方帝國主義之手。但遠東從來就是另一回
事。太過遙遠而不至於在軍事或宗教上對歐洲構成威脅，它所生成
的傳說無關恐懼或憎惡，而是奇妙神奇的。馬可‧波羅記述的中國，
如今大多被判作傳聞，當時卻塑造出各種美妙絕倫的景象，一直延
續到哥倫布揚帆起航，去探尋中國的奇蹟。在17和18世紀，當有關
中國的真實資訊傳來，歐洲仍傾向於對中國保有一種敬畏的欽慕態
度，而非恐懼或俯就。從拜勒（1647-1707）、萊布尼茲到伏爾泰、奎
內，哲學家們稱讚中國是比歐洲更文明的帝國：不僅更富裕、人口
更多，而且更寬容、更平和。在這片國土上，沒有教士實施迫害，
國家公職的任用所依據的是人的才能品德而非出身門第。即使是孟
德斯鳩或亞當‧斯密等人，雖然對有關中央王國（the Middle
Kingdom）華而不實的說法心存懷疑，也仍然對其富裕和有序感到迷

---

*　Perry Anderson: "Sinomania"，原載《倫敦書評》32卷第2期（2010
年1月28日），經作者授權譯成中文在此發表。

惑不解、印象至深。

　　輿論的劇變發生在19世紀，當時西方掠奪者越來越意識到清帝國相對的軍力衰弱與經濟落後。中國的確富足，但同時也很原始、殘暴，而且迷信。尊敬讓位於輕蔑，混雜著種族主義的警覺，「中國狂熱」（Sinomania）翻轉為「中國恐懼」（Sinophobia）。到了20世紀初，八國聯軍闖入北京鎮壓義和團之後，「黃禍說」在報刊與政客間肆意流傳，一如傑克·倫敦或霍布森等作家當時所臆想的即將由中國人掌控的未來世界。而在此後幾十年間，鐘擺又擺回來了，賽珍珠和蔣夫人宋美齡博得了人們對中國英勇抗日的普遍同情。1948年以後，在更迅疾的逆轉中，紅色中國成為更強烈的恐懼與憂慮的焦點所在，一個極權主義噩夢，甚至比俄國還要邪惡。如今，中華人民共和國的高速發展再一次轉變著西方的態度，匯聚起諸如商家和媒體之類的亢奮和狂熱。隨之帶來的時尚與魅惑的新浪潮，令人回想起洛可可時期歐洲的中國風。中國恐懼絕對沒有消失，但又一輪中國狂熱正在形成。

　　馬丁·雅克的《當中國統治世界》[1]，其書名屬於第一類（中國恐懼）的危機文學，但它的功能無異於一種商業引誘，意在橫掃預租的銷售展台和機場書攤。而這部書本身則是第二種（中國狂熱）文學的大作。其要旨包含兩個部分。首先是那個如今已眾所周知的預測——按照當前的增長速度——中國將在大約15年內超過美國，成為世界最大的經濟體。中國在人口上四倍於美國，已經擁有最大的

1　馬丁·雅克著，《當中國統治世界：中國的崛起和西方世界的衰落》（*When China Rules the World: The Rise of the Middle Kingdom and the End of the Western World* by Martin Jacques, 2009；繁體字中譯本見李隆生譯，台北聯經出版公司；簡體字中譯本見張莉、劉曲譯，北京中信出版社，2010）。

外匯儲備、是位居首位的出口國、展示出最為壯觀的股票市場收益，並佔據了世界上最大的汽車市場。中國崛起成為經濟霸主所帶來的轉變是如此之巨大，以至於在雅克看來，從此以後歷史就可以直接劃分為BC和AC：中國之前（BC）和中國之後（AC）。這部分論述是直接明瞭的定量推論。雅克通過反覆強調數據走勢來闡明其要旨，而任何有一定經濟學養的人都不會從中獲得多少新的東西。

中國崛起為經濟超級大國，除了改變國際競爭排名表之外，還將意味什麼？雅克著作要旨的第二部分不是論及規模（size），而是事關差異（difference）。他相信，中國和其他國家不同，它甚至根本就不是真正意義上的「民族國家」（nation-state）。它是某種更為遼闊也更為深厚的存在，是一個「文明國家」（civilisation-state），是世界上最古老悠久且連綿不斷之歷史的傳承者，其深層的文化同一性與自信心舉世無雙。遠遠先於西方世界，中國的統治者們就創建了世界上最早的現代官僚體系，浸潤於儒家這種同時具有威權與民主傾向的視野，更多地通過道德教育而非武力來控制國內的臣民，並將周邊區域納入基於共識參與的朝貢體系。通過吸收封建貴族進入非屬於一家一姓的國家公務之中，他們使市場力量從習俗的束縛中解放出來，從而發展出有著無與倫比的驅動活力且又成熟精緻的商業社會。而19世紀的歐洲，只是因為在國內恰巧擁有更多可資利用的燃煤，又在海外對資源進行無情的殖民掠奪，才得以趕超（中國）這個以自己的方式跟西方一樣工業化、但規模更為龐大的偉大的準現代經濟體。但這種西方的優勢將被證明是一個短暫的插曲。如今，中國正再度返回到它作為全球經濟動力中心的歷史位置。

對於世界其他地方，這將會產生什麼後果？雅克認為，對美國而言是創傷性的，中國將相當快地取代美國的霸主地位，不僅是在東亞和東南亞那些中國一貫具有影響力的地區，而且橫跨從前的第

三世界和第一世界。中國的軟實力——包括其高超的體育技能、武術、市值昂貴的畫家、形態多樣應用廣泛的語言、歷史悠久的中醫，更不用說美味的中國菜——將會把中國的光輝灑向四面八方，就像好萊塢、英語和麥當勞成就了今天的美國一樣。最重要的是，中國經濟令人歎為觀止的成功，不僅將刺激所有力爭改善的貧窮國家紛紛效仿，而且將通過主張一種可能的前景來重構整個國際體系的秩序，這不是西方徒勞地試圖提倡的民族國家內部民主的那種前景，而是「民族國家之間的民主」。因為——雅克聲稱——我們正步入這樣一個時代：作為冷戰標誌的政治和意識型態衝突，正在讓位於一種「總體性的文化競爭」，在這種競爭中「另類的現代性」將終結西方的支配地位。在這種解放中，獨一無二的中國現代性——根植於奉獻家庭和尊敬國家的儒學價值之中——將會引領前進的方向。

應當如何判斷這種解釋？無論多麼善意，熱情也無法替代辨識力。古代中國可以追溯到西元前1500年或更早。但是，宣稱這就使今日之中華人民共和國成為特殊類別的「文明國家」，無異於宣稱法蘭西文明造就了法國第三或第四共和國。眾所周知，關於「諸種文明」的談論總是自取所需的，而界定文化又是武斷的：杭廷頓有點力不從心地劃分出了八、九種文明，其中包括非洲文明、拉丁美洲文明和東正教文明。將這一修飾附著於中華人民共和國，一樣無所收穫。當代中國就像1930或1950年代的法國，是一個以帝國的模式存在的整合性民族國家，形式上存在於帝國模式之下，只不過它的歷史要更悠久、規模也更龐大。同樣，有關前現代中國悠久的經濟中心地位或社會智慧的種種浮誇之辭，也對理解這個國家的現在和未來無多助益。如果說，宋朝在技術和商業上遠比歐洲先進，那麼到了明末，它的科學就相當落後了，即便在盛清最繁榮的18世紀，

中國的農業生產力和平均薪酬水準，比起歐洲的前沿發展都是望塵莫及，更不用說寬泛意義上的思想進展。那些先賢關懷民眾福祉的田園詩般的景象同樣也與歷代王朝統治的現實相距甚遠。現實的統治，用一位中國最傑出的歷史學家何炳棣的話來說，從來就是「以儒家緣飾，以法家行事」（「儒表法裡」）——包藏於道德教化修辭之中的壓制。

　　對於《當中國統治世界》這部通俗流行之作，以學術標準來評斷其枱面的論點有失公允。這些對於此書的核心要義也不甚要緊，它在書中只是充當了鋪墊性的民間傳說，以便預先使讀者適應那個理念——中國將至的卓爾不群。中國當然完全有可能會主宰世界，即便它在過去並不總是代表世界發展的巔峰。更為嚴重的問題在於這本書中心寓意的不連貫。《當中國統治世界》的大部分是不加掩飾的吹捧，對中華人民共和國歡呼致敬，不僅將它視若未來的首要強國，而且奉為具有解放意義的破冰者，這位破冰者將會——如這本書美國版的副標題所示——導致「西方世界的終結和全球新秩序的誕生」。這類預見似乎已經成為晚近的一種英國特色：雅克的版本比馬克・里歐納德的《為何歐洲將掌控21世紀》只不過略少些荒謬而已。里歐納德是雅克協助創立的德莫斯智庫（Demos Think Tank）裡的同道預言家。然而，《當中國統治世界》也有另一個層面，與它總體上的樂觀敍事相抵觸。一方面在國際上，中國據說已「信奉多邊主義」，以軟實力吸引其鄰邦與夥伴，並促進「國家間的民主」。但另一方面我們也需要意識到，「中國人將他們自己看作是優於其餘人種的」，繼承了一種或多或少具有種族主義傾向的中原心態（Middle Kingdom mentality），而且還繼承了朝貢體制的治國術傳統，這一傳統可能曾有益於穩定，卻始終以等級制和不平等為基礎。這樣的傳承會不會危及國家間民主體系的美好前景呢？雅克

說，那倒也未必，因為當「西方的世界已成過去，這個新世界不會再以原先的方式——世界曾是西方世界的那種方式——成為中國的世界，至少在下一個世紀不會」。換言之，這本書否定了自己的標題，這個標題純粹是為促銷而炮製的。中國將不會統治世界，正在發生的一切只不過是「我們正步入一個現代性競爭的時代」，中國在其中將「越來越具有優勢，並最終佔據主導地位」。

然而，獨特的「中國現代性」在全球競爭中贏得霸權這一觀點，並不比中國高速發展引領「民族國家之間的民主」這種看法更具有內在邏輯。這一觀點在該書中的作用，可以依據作者的職業經歷來理解。雅克曾經擔任英國共產黨月刊《今日馬克思主義》的主編。他的政黨和刊物在1990年代早期消聲匿跡，此後，他投身於主流新聞業，蛻去了昔日的語言，即便未蛻盡過往的痕跡。冷戰結束、蘇聯解體，社會主義與資本主義的對立如今已是陳年舊事。那麼，中華人民共和國的開放政策，它被接納到世界市場，應當如何與此相關？這不是《當中國統治世界》想要去闡述的問題。這些問題所屬的那種語彙，是這本書力圖要迴避的。超過五百頁的書裡，「資本主義」一詞幾乎沒出現過。然而，全球競爭仍在持續，在其中更令人同情的一方仍有可能會獲勝。簡單地說，如今這場競爭的對手不再是社會主義和資本主義這類過時的政治和意識型態範疇，而是另類的「多種現代性」，即那些層出不窮的各種文化存在方式。這種語彙變化的功能並不難明瞭，它提供的是讓左翼贏得慰藉的機會。既然資本主義在全球範圍內獲勝大概已成定局，那麼何必再為此多費口舌？何不轉而向前去看那可喜前景，看那已經壓倒一切而成為我們今天共同命運的一株非西方變種，正出現在一個其統治政黨至少仍將自己稱作共產黨的國家？

可惜啊，這種一廂情願的渴望中存在著一個邏輯困難，無法克

服。如此構想的另類多種現代性，是文化的而非結構意義的：它們所區分的不是社會體制，而是價值系統——通常是道德與感知的獨特結合，形成生活中特定的民族「風格」。但恰恰因為對任何一種特定文化而言，這都是最為特殊的，所以通常也是最難以轉移給其他文化的東西，也就是說，不可能普遍化。最近另有強調後意識型態世界中的文化差異的著作——可以想到的是杭廷頓的《文明的衝突》或福山的《信任》——就把握了這種不可通約性，未曾主張任何一種複雜文明有可能趨於以某種形態的經濟秩序所能做到的方式，去主導所有其他文明。此外，那些關於中國現代性最終將成為霸權的預測，不僅忘記了任何明確界定的民族文化的那種內在的自我限制特徵，還進而忽視了中國人對其獨特性尤為強烈的堅持，這對任何到過這個國家的人來說都不陌生。沒有多少當代文化，或許除了日本之外，會如此自覺地抗拒國際對比，如此相信自己的形態和傳統之不可複製。雅克以他的方式意識到了這一點，甚至時而將其誇大為一種近於種族主義的根深蒂固的優越感。與此相關的證據其實比他所設想的要少。但他未能看到，對「中華性」（Chineseness）的崇拜何以徹底地破壞了他所想像的具有普遍吸引力的「漢族現代性」在全球勝利傳播的那樣一種未來。

中華人民共和國作為強大的經濟、政治和軍事力量的崛起，是這個時代的重要事實。但這種崛起沒有在空洞的現代性觀念中得到闡明，這一觀念在《當中國統治世界》的最後仍然像它在開始時一樣含混不清。或許可以不失公允地說，這本書實際上所代表的是昔日馬克思主義與亞洲價值的一次遲到的相會。因為除卻在一般意義上堅持儒學的精神延續性（中國的共產主義被視為其直系後裔），這本書極少論及當代中國社會本身，格外引人側目。只有一些文字草草提及不平等現象正在加劇，但政府目前正做出調整；稍多的篇幅

關涉自然資源的短缺和環境問題；一個簡略的段落談及中國共產黨；對邊疆地區的困擾有一些謹慎的思考；同時堅定地確認這個國家還沒有準備好實行民主，所以如果中共能不受干擾地再統治30年，或許就再好不過了——對於那些關切中國社會實際景觀的讀者，這差不多就是他們能從中獲得的全部。當然這本書裏沒有任何煩擾北京當局的內容，可以想見它在北京會大受歡迎。1935年，英國韋伯夫婦曾將他們關於蘇聯的書命名爲《蘇維埃共產主義：一個新文明？》，並在後來的版本中去掉了那個問號。時下對所謂「文明國家」的探討，方式與此也有某些神似之處。

對當代中國的嚴肅理解要到他處另尋。兩部傑出的學術著作，分別來自政治與思想光譜的對立兩極，可以作爲當前的標竿。黃亞生的《中國特色的資本主義》[2]出自自由派右翼，是實證調查、清晰概念和獨立思考的一部力作。任何人想要知道在中國出現的究竟是何種經濟以及什麼類型的增長，都應該從這部著作入手。黃亞生的理論前提是刻板的新古典主義：只有私人所有制、保障財產權、金融自由化以及經濟交易的全面去管制化才能實現合理的發展，別無他途。然而，他的結論清晰地展現了金茲伯格（Carlo Ginzburg）觀察之真確：被誤導的意識型態固然可能（或許通常都是）成爲原創性研究的障礙，但也有可能成爲這類研究的必要前提。通過細緻詳盡地核查原始證據，其中最重要的是大量追蹤貸款及貸款人記錄的銀行文件，而不是僅僅依靠匯總後的二手統計資料，黃亞生得以穿透那些自毛澤東去世後的改革年代裡一直籠罩著中國經濟表現的難解而

2　黃亞生著，《中國特色的資本主義：企業家與國家》（*Capitalism with Chinese Characteristics: Entrepreneurship and the State* by Yasheng Huang, Cambridge, 2008）.

混亂的雲團。

　　他的主要發現是，中國表面上看來持續不斷的高速增長率，其實是基於兩種相當不同的發展模式。在1980年代，金融政策的全面自由化，使鄉村地區私營經濟（其中許多被冠以誤導性的「鄉鎮企業」名號）得以蓬勃發展，當時大量銀行信貸流向農民新創企業，農村的貧困狀態大幅下降。但是1989年的衝擊來臨。此後，國家突兀地改變了路線，中止對農村企業家的信貸，轉而將貸款資金投入龐大的、重建中的國有企業和城市基礎設施，而且（同樣相當重要的是）對大城市引入的外國資本提供了眾多優惠政策。黃亞生指出，這一轉變的社會後果極為嚴重。不僅在農村和城市居民之間，而且在城市人口內部的不平等都不斷加劇，因為勞動工資占GDP的份額下降，而農民則失去土地，農村醫療和學校教育潰散，農村地區文盲率實際在上升。在苛評上海——展示中國「超級現代性」（hyper-modernity）的窗口——的章節中，黃亞生論證了，這座城市的普通家庭從炫麗高樓和先進基礎設施中所得到的收益究竟有多麼微薄。在「大盜橫行的森林」中，在「這個世界上最成功的波將金大都會」[3]裡，官員、開發商和外國經營者飛黃騰達，而私營公司頻頻受挫，普通家庭掙扎度日。在20年間，全國範圍內的官場規模已擴大了一倍以上，官員薪資僅在1998到2001年間就連續四年取得兩位數的高增長率。

　　黃亞生謹慎地表達了對目前胡—溫政府政策走向的某種樂觀態度，認為它糾正了1990年代江—朱體制最糟糕的過度偏差，但同時他也提到，本屆政府的改革可能已經來得太遲，以至於無法挽救那

3　譯註：1787年俄國女皇凱薩琳二世遊巡克里米亞，駐軍司令官波將金Grigory Potyomkin沿著聶伯河岸豎立只有臨街一面牆的假村莊，好讓女皇以為新征服的克里米亞是個富裕地方。

些因勞動力遷徙而被置空的農民企業的瓦解。在結尾處，他將今日
中國攀升的基尼係數與東亞其他地區（日本、韓國和臺灣）高速發展
時所保持的相對平等做出對照，並比照出在中國的發展模式中，外
企和國企起著重要得多的作用，而國內私營部門的重要性則較小。
他堅持認爲，其中一個後果是生產率的增長自1990年代中期開始一
路下滑。在黃亞生看來，經驗教訓是直接明瞭的：效率與公平必須
依賴於自由市場，而自由市場在中國仍然處於半掙扎狀態。中國當
然有資本主義，但卻是被腐敗和自我擴張的國家所扭曲了的變種，
它否定了人民管理自己經濟事務的自由，因而未能創造出公平或福
利的合理條件。黃亞生的處方是過於簡單了，其實只要看一看美國，
任何像黃亞生這樣的麻省理工學院學者，可能就會明白這一點。自
1980年代以來，金融自由化和嚴格的財產權並沒有給美國人帶來多
少社會平等。不過，作者以堪稱典範的認真與明晰所提出的指控，
是不容置疑的。而且其後隱藏著的對於冷漠和不公的憤怒也同樣清
晰可辨。很少有經濟學家會想到將自己的著作，像《中國特色的資
本主義》那樣，題獻給幾位被囚禁的村民和一位被處決的家庭主婦。

　　黃亞生的主要關切在於鄉村中國的命運，正如他所正確強調的
那樣，中國人口的大多數仍然是在農村終其一生。而城市勞工的命
運則是李靜君著作《對抗法律》[4]的主題。關於工人階級的研究，曾
是歷史學和社會學的重要論題，如今卻隨著勞工運動作爲政治力量
的式微，在世界各地都走向衰落；近年來，也許只有法國出現過這
方面真正卓越的著作。李靜君這本書，出自激進左翼的立場，轉變

4　李靜君著，《對抗法律：中國衰敗地區和新興地區的勞工抗議》
　　(*Against the Law: Labour Protests in China's Rustbelt and Sunbelt* by
　　Ching Kwan Lee, California, 2007).

了這一局面。雖然在形態與尺度上相當不同，但在力度上，像這樣的著作，自E. P. 湯普森的《英國工人階級的形成》以來，還未曾出現過。實際上，完全可以將此書命名爲「中國工人階級的解體和再造」。作爲七年實地研究和採訪工作的成果，這是一部人類學和透徹分析的傑作。

這部著作採取雙聯對半結構，一半針對東北的衰敗「銹帶」地區，另一半致力於廣東的新興「陽光帶」。前半部分研究的，是在解放後建設了中國主要工業基地的無產階級如何被摧毀。當東北的大型國有企業被廢棄或變賣，工人紛紛失業，屢屢陷入赤貧，與此同時，官員和奸商卻用工人全部創造的所剩之物中飽私囊。巧合的是，在王兵那部9小時的紀錄片《鐵西區》中，我們還存有一幅這個老工人階級及其世界陷入困境的畫面，令人難忘。這是本世紀世界電影的一個里程碑，也是與《對抗法律》一書相搭配的姐妹篇。這部紀錄片在瀋陽攝製時，李靜君正在同一城市開展她的研究。此書的第二部分探討了東南沿海出口地區出現的新工人階級，他們是來自農村的年輕打工者，其中大約有一半是女性，缺少集體認同或政治記憶。他們做著低薪酬的工作，卻沒有保障，辛苦勞作長達每週70或80小時，工作條件往往十分惡劣，普遍處在易於遭受虐待和工傷事故的境地。在銹帶地區遭遺棄漠視，在陽光帶地區受過度剝削：勞工在這兩種地區受到的待遇都是冷酷無情的。

工人們對此作何反應？處在這樣一種體制中，他們沒有形成工會或政治組織的自由，而過去曾以提供適度保障和自尊來換取他們服從的那種社會契約，如今又被廢棄，那麼法律——無論多麼專制——就成爲他們能夠訴求的唯一資源。由於任何直接行動都有遭到員警鎮壓的風險，抗議通常就走向法庭，寄希望於雇主或地方官員明目張膽的違法行爲能在法庭上得到懲治，並相信，中央政府若

是知道其法律正遭到破壞，就會採取行動保證這些法律得到執行。對中共領導層之良好意願的這種普遍信心，或許可以被視爲俄國人對沙皇「小父親」（Little Father）之傳統信念的中國版本，這位沙皇只是沒有意識到手下官僚和地主的罪行。中央的當權者自然願意助長這種幻想，即他們對下級的非法行爲並不負有責任，爲他們自己留有退路，可以在抗議看上去就要失控的最後關頭，再出面介入調停。

　　事實上，正如李靜君所闡明，要想讓法律作爲控制與神話化的有效體制發揮作用，法院就不能在犯罪或鎮壓問題上一成不變地充當橡皮圖章。一般而言，橡皮圖章正是法院實際運作的方式。但在少數案例中，勞資糾紛的判決——多半是部分地而非全部地——是對工人有利的，這維持了法律仍然是一種保護的那種信念，即使是那些背後有國家權力撐腰的人正在公然蔑視法律。某種意義上類似於湯普森在《輝格黨人與狩獵者》中所描寫的18世紀英格蘭，各種「法治」觀念正演變成一個戰場，在這個戰場上，底層以憤怒對峙上層，努力從後者的傲慢冷漠中爭奪判決結果，這是弱者手中唯一的潛在武器。

　　李靜君展示出，工人們在這場不公平競爭中的頻繁失敗，並沒有導致更具爆發性的抗議形式，其原因主要是物質性的而非意識型態的。在銹帶地區，被剝奪了其他一切的工人們通常保留了自己的住房，這是作爲基本保障住宅在私有化時以低價售予他們的。陽光帶地區的打工者，在他們土地尙未私有化的農村老家，仍然擁有一小塊土地的使用權作爲一條退路。儘管新老工人的命運各有其不幸，兩者卻都不是一無所有：各自都有某些不願失去的東西。

　　這些結論的清醒和現實主義，絲毫沒有削弱《對抗法律》中力透紙背的悲劇意味——這是希望遭背叛與生命被摧殘的悲劇。李靜

君在一個個令人心酸的採訪中，捕捉到了改革時代無情的工業機制中那些受困者的聲音，這是她這部著作最傑出的成就之一。那些故事常常令人心碎，但講述的口吻卻不但有苦澀、聽天由命或絕望，而且表達出勇敢、義憤、艱忍，乃至於幽默。沒有多少社會學研究能夠像本書，如此令人難忘地結合了結構的與存在的、客觀的和主觀的真相。若不對這種真相進行考察，就不會對當代中國有明晰透徹的感知。19世紀時，歐洲曾在美國那裏看到未來，儘管這個未來還相當遙遠。在21世紀，西方以某種相同的方式觀望中國。當然，迄今為止還不曾出現探索東方的托克維爾。他曾獲得的成就是可重複的嗎？還有許多時間可以等待。但是，無論《美國的民主》會在哪裡找到其繼承者，就此指望任何一部《中國的現代性》恐怕都是靠不住的。

　　培瑞·安德森，英文《新左評論》的創辦者兼主要編輯，洛杉磯加州大學歷史系教授。
　　殷瑩，華東師範大學傳播學院文學與傳媒專業碩士，現為華東師範大學—康乃爾大學比較人文研究中心學術秘書。

海峽回聲

和台灣學生的一封通信

錢理群／徐綉惠

　　在我離開台灣的前夕，一位聽課的學生，送來了一封信，提出了一些非常有份量的問題，我來不及回答，一時也不知道如何回答，就和她約定，回京後再作答。現在，時間又過去了兩個月，才抽出空來，寫這封回信。但依然說不清楚，只能勉力寫出我的想法與困惑，算是和這位學生，以及有相同興趣的台灣年輕人，一起討論吧。

錢理群　誌

　　這是學生來信的開頭——

　　錢老師，你好。我是1984年出生於台灣，目前就讀於暨南大學中文所的學生徐綉惠。這學期旁聽您的課程，那生命經歷凝結的思緒與痛苦，給我啟發甚深。因自己對大陸的陌生與歷史造成，長期缺乏「左眼」的觀看，有許多貧乏、幼稚的問題，盤繞於心。提問方向有個人感觸，亦有涉及目前碩士論文處理知青世代遭遇的瓶頸，唐突的提問，還望您包涵。

以下是她所提的6個問題和我的回答——

問：第一個問題是去中國旅遊所觸發。讓部分人富起來的副作用是不可避免的貧富差距。面對國家機器，知識分子（或百姓）是否有回應的方式呢？對於生在紅旗、長在紅旗下的幾代人來說（這代際之間是否又有特別的差異？）又是怎樣調適？當發達資本主義已滲透到中國的各大城市，而許多偏遠的農村還在經歷「衛生的現代性」改良，雖有許多後現代的理論供我們分析、討論，但我更想理解你的親身感受：近年來大陸經濟起飛以後，作為一個熱烈擁抱（過）社會主義的中國知識分子，您如何看待今日中國（您少年時滿懷理想地追問：中國何處去？世界何處去？這些年又發生了什麼樣轉折呢？）？八五新潮、第二波現代化的洗禮，對您的思想是否有巨大的變化？或是許多問題和質疑早已在您心中累積，這種思想的轉換點是來自於外在的衝擊，或是內在的發生？

答：你問的問題很大，我把它歸結一下，大概有兩個方面的問題，一是如何看待當下的大陸中國社會？二是作為一個知識分子，特別是我這樣的「紅旗下長大」的，曾經懷著社會主義理想的知識分子，對這樣的中國變化，持什麼態度，作何反應？

對30年中國改革，我有兩個判斷：一是改革的結果，中國經濟確實在起飛，人民生活有了改善，這就意味著中國基本上解決了幾億人口的吃飯問題，同時，中國在世界格局中也獲得了更為獨立的地位，這一直是近百年來人們奮鬥的一個基本目標，因此具有重大意義。對此，作為一個愛國主義者，我和我這樣的知識分子是持肯定態度的。我們不贊成不加分析地將改革開放30年全盤否定，反對回到毛澤東時代去，這是和當今中國的許多老、新「毛派」相區別的。但同時我們又要強調，中國的經濟起飛，是以資源的大破壞、

勞動者權利的大剝奪爲代價的。按我在課堂上引用的顧准的說法，這是「用野蠻的方式來實現現代文明」，因此，在經濟起飛的同時，又形成了權貴資本主義的特權階層，造成了巨大的兩極分化，和道德底線的大突破，形成了巨大的政治、社會、思想、道德的危機。對此，作爲一個曾經懷有社會主義理想的知識分子，我們持尖銳的批判立場，而要和用「經濟決定論」來觀察當下中國，因而美化改革開放，美化當今中國社會的所謂「愛國的自大」的知識分子，劃清界線。

當下中國大陸社會，我有兩個判斷：一個是這是最壞的社會主義和最壞的資本主義的惡性嫁接，同時患有東方專制病和西方文明病，是魯迅說的「兩患交伐」的病態社會。另一個就是你在中國旅遊所感受到的大城市和邊遠農村的巨大差距，我稱之爲「前現代，現代，與後現代」的並存，這就更造成了中國問題的複雜性。我在台北的公開演講〈「魯迅左翼」傳統〉裡，對此已經作過詳細闡釋，不知你去聽了沒有？我最近已將講稿整理了出來，你有興趣，可以看看。

你的問題的第二個方面，是大陸知識分子的反應。從前面的分析中，你大概不難看出，當下中國知識分子已經發生了深刻的分化，不可能有統一的立場。這是一個更加複雜的問題，以後有機會再作討論。因此，我這裡只能談談我自己的反應，而不能代表任何其他知識分子。

應該說，這樣的結果是完全出乎我的意外的。這也是我在講課中已經說到的，在文革後期的民間思想村落裡，我們討論「中國何處去」時，因爲面對文革發展到極端的東方專制主義，我們討論得最多的是民主問題，而我和我的朋友所理解和期待的民主，又具有鮮明的社會主義色彩，是以勞動者參加國家管理爲核心的民主。這

樣的民主理想在以後的中國改革中基本是無人問津，更不用說是化
爲實踐了，相反，卻走上了一條剝奪勞動者的不歸路。到了1980年
代，我又受西方自由主義思想的影響，以西方現代化模式作爲中國
改革的理想，卻缺乏必要的反思，因此，當西方文明病的毒瘤在中
國蔓延時，至少我是完全沒有思想準備的。這樣，對我來說，是面
臨著曾經的「社會主義夢」和「西方現代化夢」的雙重破滅的。因
此，像我這樣的知識分子，要面對當下中國社會，主要的問題，還
在自己，就是要對自己的理想、觀念，進行新的反思，找到自己的
批判立場和立足點。這是我真正困惑之處：既不願意放棄青少年時
期的社會主義理想中的平等、正義等普世價值，又不願意放棄西方
現代化中的民主、自由、人道等普世價值，同時又要對現實的社會
主義模式和資本主義模式都進行批判性的反思。我走出困境的辦
法，是從中國自己的近百年歷史，包括共和國60年歷史經驗教訓的
總結中去尋找新的資源，這就是這些年我不遺餘力地研究魯迅，特
別是後期魯迅，以及共和國民間思潮的原因。這次來台灣講學，就
是把初步的研究成果告訴今天的年輕一代，我雖然直接面對的是你
們這些台灣學生，其實我心中還始終存有大陸青年。我在講學中重
點講述的「魯迅左翼傳統」，在某種程度上，就是我通過總結魯迅
的經驗而爲自己找到的一個新的價值理想與立場。我願意和你們年
輕一代分享我的經驗和認識，這大概也是在當下我能夠爲中國所做
的唯一的事。

　　問：第二個問題是自身台灣人認同錯置的困惑。當我來到黃河
岸壺口瀑布，理應有慷慨激昂、民族情感的浮現，但很荒謬的，我
失落，難以言喻，是祖國，還是異國？腦子浮出「大陸尋奇」（在台
灣播出十數年介紹大陸風光的電視節目）主題曲：「九曲黃河怒濤

湧，長江三峽一舟輕」。觸摸黃河水，細細滑滑，濁濁的黃泥，說不上感慨，只是覺得自己很可笑，自然特色景觀帶來的震撼似乎超過了我本來預期的滿腔的歷史文化感。叨叨絮絮的抒發，只是想要詢問老師對於1949年後「離散」有什麼看法？這種「認同」危機是否也在你的身上發生過？認同問題讓我延續思考的是民族國家的問題，中國為何沒有獨立分裂成歐洲諸國？這種強烈的認同感是如何凝聚的？用階級取代民族？您又如何看現今中國對少數民族的政策？

答：坦白地說，你的問題恰恰是我較少思考的，這大概就是我在課堂上一次講話中曾經提到的大陸知識分子常有的中心心態。我是來了台灣以後，才有了反省，也才注意到台灣老百姓，包括年輕一代的「認同危機」的。最早讓我意識到「認同」問題的嚴重性的，是一位香港同學和一位澳門同學跟我的談話，他們告訴我，儘管香港和澳門已經回歸大陸，但他們是在與大陸隔絕背景下成長的，因此，一直很難達到對大陸的認同，但不認同又不行，就處在十分尷尬的境地。台灣情況當然不同於香港和澳門，你們有你們的認同危機。你談到了1949年以後的「離散」，我在課堂上講過，這樣的離散是直接影響了我的家庭的，我是深感離散之苦的。但對我來說，主要是親人的離散之苦，而我因為成長於大陸，也就幾乎不存在國家認同的問題。我的問題是對國家現行體制的不認同，因此，我是堅決地拒絕大陸當局極力鼓吹的「愛國就是愛黨，愛社會主義」這類的「愛國主義」意識型態，以及為了所謂國家利益，實際是統治這個國家的黨的利益而犧牲個人一切利益的「國家主義」說教。對我來說，國家和政府、執政黨是嚴格區分的，我所認同的中國，始終是中國這塊土地上的文化和人民。

但問題的複雜性就在於，國家和統治國家的政府的關係，又有

難以分開的一面，特別是大陸實行「黨、國一體」的體制，就更是如此。因此，我雖然對政府及其背後的現行國家體制持尖銳批判的態度，我作爲一個國民，又必須服從政府的領導，也不能、不會一味地反政府。我所能做的，是竭力堅持自己的獨立立場，支持政府所採取的符合國家利益，大多數老百姓的利益的舉措，同時，對其一切侵犯老百姓利益的行爲持批判與保留態度，並在可能範圍內促進其改革。我認爲，這是我對國家的責任。這樣，我對現行國家體制的批判與國家認同，就統一了起來。在這個意義上，我始終理直氣壯地認爲，自己是一個「真正的愛國主義者」，而那些「愛黨國」者，卻是魯迅說的「奴才」式的「愛國主義者」：「滿口愛國，滿身國粹，也於實際上做奴才並不妨礙」。

在我的感覺中，你的問題比我要複雜得多。你是生活在另一個政府統治下的中國人，你並不認同大陸的政府及其建立的國家體制，但你又不能像我這樣，把對大陸國家體制的批判，作爲自己對國家的責任。而你在大陸旅行，觀察、體驗這個國家時，又無法將你預期的歷史文化和眼前的現實文化（如你強烈感受到的兩極分化）分割開來，這就很容易產生你所說的「是祖國，還是異國」的失落感。這就說明，在大陸沒有實行認真的政治體制改革之前，要真正讓台灣的年輕一代產生完全的國家認同，是困難的。可惜，大陸的政府當局不願意承認這一點，以爲單憑經濟實力的增強和所謂統戰，就可以實現國家統一，這其實也是對台問題上的「經濟決定論」。

當然，在我看來，爲增強國家認同，你和有這樣願望的台灣年輕人還是有事可以做的。具體來說，我建議你要加強對海峽兩岸的中國歷史的了解。據我的觀察，缺乏歷史感可能是台灣青年的一個弱點。不僅是古代和近代、現代的兩岸歷史，更是1949年以後，也即兩岸分離後的歷史——我發現，你們不僅對1949年以後的大陸歷

史完全隔絕，而且對1949年以後的台灣歷史也相當的陌生。你們需要補這一課，當你們真正進入兩岸歷史中去的時候，就會發現兩岸歷史與現實文化、精神上的血緣般的深刻聯繫，即使在分離以後也存在著或明或隱的糾纏關係。或許你會用一個新的歷史眼光來看待兩岸共有的中國歷史與文化。

　　你還問到大陸的民族問題。我不是這方面的專家，因此也只能談談我自己的經驗和觀察。你大概知道，我在貴州生活過18年，貴州就是一個多民族聚居的地區，但那裡的多民族並沒有發生分裂，相反，卻出現了相互融合的趨勢，而總的傾向又是逐漸被漢化，這可能和貴州的少數民族自身文化力量不夠強大，而以漢文化爲中心的中原文化傳統特別深遠與深厚有關。因此，你可以注意到，所有有分離傾向的民族，如藏族、蒙族，都是具有相對獨立的、強大的民族文化的。但這樣的民族並不多，因此，中國的民族分裂的傾向並不嚴重與廣泛，民族認同感卻是相當強烈的。在這個意義上，我以爲中國政府當局是過分誇大了民族分離的趨勢，對任何對民族文化獨立性的強調，都視爲「民族分裂主義」而加以強力打壓，有時候反而起到了「爲淵驅魚，爲叢驅雀」的反作用。這就說到了你問及的大陸政府對少數民族的政策。這個問題需要專門討論，這裡只講我的一個新觀察。我發現最近中國政府在處理西藏與新疆民族問題時日益顯露了一個思路，就是用「發展經濟，改善民生」來解決民族問題。這固然會有一定的作用，並且有一定的積極意義，但這還是一個「經濟決定論」的思路，並不能解決根本問題，如果再同時採取政治上的高壓政策，這實際上是將內地「經濟放鬆，政治壓緊壓死」的模式移植到西藏、新疆，也就必然將這種模式的後果，諸如兩極分化，不斷產生的新的社會矛盾，也移植到西藏和新疆，而所有的這些社會問題，在西藏、新疆這樣的民族地區都會變成民

族問題。這正是我所擔憂的。

　　問：三，毛澤東、史達林獨裁專斷，是否源於社會主義要求以「群眾」訴諸理想？喪失「個人」獨立思考後，領袖很容易就被神格化，這種奮不顧身的理想性最後都成為歷史上最可怕的大災難。（烏托邦落入現實下墜？）我很難理解社會主義最後為何會演變成個人意志操控群眾（這種說法或許不準確，老師在課堂上也曾提到過這是一個複雜的平行四邊形結構，不僅是施壓與被施壓這麼單純）。但每次新的運動都是由當權者提出，然後群眾腦子發熱，這樣的社會關係究竟是怎麼發生，又該怎麼清理回顧？官方拍板的說法並不能彌平歷史當事人的傷痛。大陸近年許多的回憶錄，是否都可以視為一個廣義的「傷痕」文學（如章詒和《最後的貴族》，楊絳《幹校六記》，楊顯惠《定西孤兒院紀事》）？對於記憶與傷痛的文學，讀者感歎之餘還能做些什麼？每次讀完這類散文雜記除了情緒性的氣憤，自己竟是這麼無力。對於楊顯惠的書寫策略最感興趣，他談到了反右運動、大躍進、大饑荒年代，那讓人驚心動魄的揭露背後似乎沒有控訴和反思，甚至讓我覺得有一絲為黨說話的錯覺（僅是多年前個人的閱讀感受）。或許現在重讀會有不同觀點，但實在提不起勇氣讀第二次。不知老師如何看待傷痛的回憶錄？又是怎樣閱讀回憶錄的書寫動機、策略？

　　答：你其實是問了兩個問題。先說第一個問題：社會主義、黨、毛澤東和群眾的關係問題。講到「社會主義」，應該有兩個方面，一是作為理想的社會主義，一是現實實現形態的社會主義，如蘇聯式的社會主義，中國式的社會主義。魯迅對社會主義有一個理解，也是我所認同的，就是「幾萬萬的群眾自己做了支配自己命運的人」，應該說，這是一個社會主義的理想。但魯迅卻又有一個誤解，

以爲1930年代的蘇聯已經實現了這一點，後來我們也曾經誤認爲毛澤東時代的中國，也做到了這一點（今天也還有人在竭力鼓吹這一點）。我在課堂上也講過，毛澤東本人就不斷地宣稱「勞動人民已經開始統治中國這塊土地」云云。但歷史與現實卻恰恰相反，群眾、勞動者並沒有真正成爲主人；如前面所說，中國經濟的起飛是以剝奪勞動者爲代價的。真正的主人始終是自稱「代表」群眾利益的黨和領袖毛澤東，而群眾不過是被利用的物件。因此，有人把毛澤東所發動的「群眾運動」稱爲「運動群眾」，這或許是更接近事實的。當然，這裡還有一個爲什麼群眾會「被運動」的問題。這大概也是你的疑問所在。

我覺得這可能有兩方面的原因。一是必須承認，毛澤東作爲一個政治家，他很能夠把握群眾的情緒，因此，他發動的運動大都有一定的民意基礎。比如他的大躍進，至少在開始階段是反映了中國老百姓，特別是農民迅速改變一窮二白的落後狀態的要求的；他發動文化大革命，也是掌握了群眾日益積累的不滿情緒的（儘管造成不滿的原因實際在他那裡）。這就是每回他登高一呼，總有群眾響應的原因。

但問題在於，在毛澤東的統治下，普通百姓，包括被稱爲主人公的工人、農民在內，是沒有任何政治權利的，既不能成立獨立的組織，沒有結社自由，也沒有自由表達意志的言論、出版、集合、遊行的自由。也就是說，他們無法獨立而自由地提出自己的利益訴求，也無力爲自己的利益而抗爭，一切都被黨和毛澤東「代表」了。而如上所說，毛澤東有時也會從自己的需要出發，來發動群眾，而要發動群眾也必定要在一定程度上表達了群眾的某些意志，但正因爲這樣的意志是「被代表」的，群眾從一開始就是被動的，只能隨著毛澤東的意志而動。比如文革初毛澤東需要群眾造反，群眾本來

因爲內心蘊結不滿也有造反的要求，於是就跟著毛澤東造反，但當群眾的造反超出了毛澤東允許的範圍，毛澤東就毫不猶豫地加以無情鎮壓，沒有任何權利的群眾的大多數也只能束手就範。但也有反抗到底的，這些人後來也都成了毛澤東的反對者，我在課堂上講到的林希翎、林昭等就是其中的傑出代表。而更重要的是，儘管大多數老百姓是沉默的，但人心自在，毛澤東一次次地利用群眾，到文革後期，終於失去民心，而成了孤家寡人。當然，由於最根本的人民權利的問題沒有解決，又開始了被新的領袖如鄧小平利用的歷史。這樣一個「利用，反抗，再利用，再反抗」的歷史在大陸還在不同程度上繼續，但利用卻是越來越困難了。簡單說，就是群眾越來越不聽話了，這正是當下大陸統治者常有如坐火山不安全之感的原因。但他們只願意用適當照顧民生的辦法來緩和矛盾，卻不肯真正給人民以他們應有的權利和自由，這也是我前面一再說到的「經濟決定論」的治國思路，在我看來，很可能是短期有效而長期無效的。

從這個角度看，你所問及的這些作家的寫作，以及這些年大量出現的各種對過去苦難歷史的回憶錄，都是一種反抗，我們在大陸稱爲「拒絕遺忘」。因爲「強迫遺忘」正成爲大陸官方的既定文化政策，就是設置各種禁區，對中共建國以來的錯誤（包括前面說到的利用、欺騙）都禁止討論和研究。如我在好多場合都提到的，有四大禁區，即1957年的反右運動，1959-1961年大饑荒，1966-1976年的文化大革命和1989年的六四大鎮壓，在大陸都是不准說及的。其結果，就是造成了今天大陸的年輕一代，連六四都不知道了。在這一點上，恐怕連你們這些台灣的青年都不如，你們至少還有可能聽到我這樣的課，但我的課在大陸是絕不可能講的。這正是我們這些歷史的親歷者最感痛苦和最爲憂慮的。你如果了解了這樣的背景，就

會懂得大陸作家能夠寫出你所說的「記憶和傷痛」的文學和回憶，
是需要極大的勇氣，並且是極難的。在這個意義上，這些寫作都是
在不自由的情況下的不自由的寫作。他們不能不多有顧慮，欲說還
休。他們不得不採取只敍述事實而不多分析，只揭露而不控訴、不
反思的寫作策略。這些，都是需要你這樣的生活在不同環境裡的台
灣年輕讀者理解和諒解的，而不能苛求他們。作爲大陸的學者、作
家、知識分子，當然不能滿足於這樣的歷史事實的展示和揭露，我
們的責任是要進行學理的反思，提升出批判的理論，這才能真正總
結歷史的經驗教訓，以啓示後人。這其實正是我這次講課所要做的
工作。但你也可以看出，我實際上是力不從心的，每個人都有許多
限制，只能盡力而爲，這也是一種掙扎吧。

　　問：四，老師縝密的推論毛澤東時代與其邏輯謬誤，談到自己
深受毛影響與吸引，但或許是自己不身在其中，離時代氣氛太遙遠，
始終無法理解毛一次次政策與實踐出現巨大落差後，人民怎麼繼續
被吸引？這強大的魔力來源是中國自鴉片戰爭以來的民族挫敗感？
社會主義理想？或是什麼呢？社會主義理想者的身影（如陳映真）讓
人感到沮喪與嘲諷，自己也有向左向右的困惑。這是很膚淺、粗疏
的認識。想請教老師關於現代知識分子心靈的幾個面向，如張承志
的遁入伊斯蘭信仰，韓少功回歸農村這些選擇背後的因素，而老師
個人又是怎麼安頓自身的？

　　答：先討論你的關於中共一次次錯誤，人民卻繼續被吸引的問
題。我想，我們不要抽象地來討論，還是對具體的歷史作具體分析。
實際上建國60年來是出現過三次大的危機的：大躍進造成的大饑
荒；文革造成的大破壞；六四造成的信任危機。而實際情況也並非
你說的「人民繼續被吸引」。事實上每一次危機後，都有因對根本

體制的懷疑而引起的民間反抗，如我在課堂裡所介紹的，在大饑荒年代，林昭他們就成立了「中國自由青年戰鬥同盟」；在文革結束以後，也有以「西單民主牆」爲代表的民間民主運動；六四之後這樣的民間反抗更是一直沒有停止過。而這樣的反抗，也都遭到了殘酷的鎮壓，以致今天人們（包括你在內）都已經不知道這些確實有過的反抗。這是「硬」的一手。當局同時還有「軟」的一手：一是對人民作出讓步，這也是我講過的，如大饑荒年代所採取的全面調整方針，讓老百姓喘了一口氣，也就緩和了矛盾。另一方面，就是提出一個多少反映了老百姓要求的新的目標，例如在饑荒年代借著外國的封鎖而提出「自力更生」，高舉維護民族獨立自主的旗幟；在文革結束以後提出「四個現代化」的新目標；在六四以後提出「繼續堅持改革開放」，這些都是符合民意的，至少向老百姓表明，毛澤東、共產黨雖然犯了錯誤，但他們還是願意改正的。這裡，還要特別提出的一點，就是我們前面說過的，在中國只有一個黨，而完全不允許反對黨的存在，共產黨始終是唯一者，而不可能有任何力量取代。這是和1949年前國民黨統治時代大不一樣的。在上一世紀1940年代末，國民黨腐敗了，但還有共產黨，共產黨又高舉反腐敗、反專政、要民主的旗幟，人民自然就選擇了共產黨，這是國民黨最後失敗的主要原因。而當今的共產黨，其腐敗程度比國民黨早就有過之而無不及，但由於沒有反對黨，人民儘管不滿，也毫無其他選擇，只能寄希望於共產黨自己改正。而如前所說，共產黨又總能及時做出要改正的姿態，而且多多少少也改了一些，有的地方（如經濟發展）還取得了相當的成績。這樣，在更根本的、也更徹底的反抗被鎮壓的情況下，大多數人就只能採取支持共產黨自己改革的態度，這就很容易給人（包括你）一個「人民繼續被吸引」的印象，其實是有許多無奈的。

　　通過這樣的難免有些粗疏的討論，我們大概對共產黨和毛澤東，以及他們的統治，有兩個認識。首先是所謂「硬」的一手，即強硬的專制，絕對的壟斷一切權力的唯一者，將一切反抗都消滅在萌芽狀態中，這是能反映其本質的一個方面。另一方面，所謂「軟」的一手，也並不完全是策略、手段的問題，他們總能夠提出一些多少符合人民要求的口號，以度過自身的統治危機，也多少反映了他們自身的某些本質性的特點的。這就是我在課堂上也說過的，中國共產黨和它的領袖毛澤東，宣稱自己是馬克思主義者，其實他們更是一個民族主義者。毛澤東一再提倡「馬克思主義的中國化」，他所作的實際上是將馬克思主義中的空想社會主義和中國農民的原始社會主義結合起來；而今天的當局更是把他們所說的「中國特色的社會主義」的核心價值歸結為「愛國主義」（當然是意識型態化的「愛國主義」，即愛國即愛黨，愛社會主義之類）。這都表明，中國共產黨和毛澤東和他們自稱的「馬克思主義」其實是相距甚遠的，歷史給他們提出的任務，就是解決民族國家的獨立、統一和人民的溫飽這三大問題。他們在大饑荒以後提出維護國家獨立自主，在文革後提出現代化，六四之後提出繼續改革開放，都是自覺地在完成這三大歷史任務。而且客觀地說，從今天中國發展的實際來看，他們也基本上完成了這樣的三大任務。——當然，我們還必須同時強調兩點：他們是用專制的野蠻手段來完成這些歷史任務的；同時又產生了許多十分嚴重的問題，如生態破壞，兩極分化等等。這兩個方面，也正是中國當局要竭力掩蓋和否認的。這就是今天大陸的統治還具有一定的合法性，同時又面臨日趨嚴重的合法性危機的原因。

　　應該說，正是大陸體制的這兩面性，造成了我這樣的既懷有民主、自由、平等、正義理想，但也同樣不能不堅持民族立場的知識分子選擇上的困難。對此，我在回答第一個問題時，已有說明，不

再多說。今天要堅持自己理想的知識分子，是可以有不同的選擇的，你所說的張承志、韓少功的選擇，都是令我尊敬的。而我自己，則如前面所說，是從「魯迅左翼」這裡找到自己的基本立場，而藉以「安頓自身」的。

問：五，中國（或是社會主義）是如何建構自己的「現代化進程」？我們當下面對的問題，似乎和晚清面臨的相差不遠？我們仍有「中體西用」的情結，仍舊在尋找自己的民族自信心，儘管方案不同，時空、現實問題不相類，但似乎沒有跳脫回應西方現代化的框架，老師又是如何思考這個命題？

答：對你的問題，我想作幾個方面的回應。首先，我要強調，今天的中國大陸，實際上所推行的依然是「中體西用」，所謂「中體」，就是以毛澤東建立的一黨專政體制為體，在這一點上，當局是絕不會讓步，鬆動的；在這一前提下，西方的科學技術，管理方法，以至某些不涉及專政體制的具體制度，都可以為我所「用」。這樣的「中體西用」，就既維護了黨對國家權力的壟斷，又保持一定的彈性和靈活性，便於應對危機，中共正是依靠這硬、軟兩手維持其統治的。其二，我要提醒注意的，是當下中國經濟的「崛起」，固然有助於提高你所關注的「民族自信心」，這是有積極意義的。但卻又可能被煽動起極端的民族主義，中華中心主義情緒，這正是要警惕的。這樣的極端民族主義的一個重要表現，就是藉口要「走中國自己的現代化道路」，拒絕西方經驗，否定普世價值，同時又要將所謂「中國模式」普世化。在我看來，這樣一個新一輪的極端民族主義、國家主義思潮在大陸還有繼續發展的趨勢，其危險性就在於它是為當局所要推行的以「集中力量辦大事」為核心的「國家社會主義」張目的。——這個問題比較複雜，以後再找機會詳盡討

論。其三，在我看來，你所提出的「構建自己的現代化進程」的問題，是有價值的，也確是當下中國大陸(或許還有台灣)需要解決的問題。但首先要和所謂「中國特色的社會主義」劃清界線，我們所說的「自己的現代化進程」不是和西方世界隔絕的，更不是拒絕普世價值的，而是要真正用魯迅所說的「拿來主義」的胸懷，吸取人類一切文明成果，包括西方文明的成果，也包括東方文明的成果。同時也要認真總結我們自己的經驗，因為中華民族現代化歷程已經有一百多年的歷史，在這方面積累了相當豐富的經驗，也有許多慘痛的歷史教訓，這些經驗、教訓包括大陸的，也包括台灣的，都需要認真的總結。這裡，還有一個如何總結的問題，如果把一些歷史的謬誤當作寶貴經驗來總結與推廣，那會帶來更大的災難。總結歷史經驗的同時，還應該作現狀的調查、研究和實踐經驗的總結。比如當今的大陸社會、台灣社會的性質，就是一個沒有搞清楚的問題，而社會性質不清，又何談去構建自己的現代化？應該說，這樣的歷史和現實的調查、研究、總結、實踐，都有極大的空間，還有許多空白，需要我們去填補，開拓。這樣的歷史使命可能要落在你們——台灣和大陸的年輕一代身上。這也是我的一個期待吧。

　　問：六，老師在課堂上提及中國農民有不自覺的原始社會主義色彩，毛澤東〈為印發張魯傳寫的批語〉裡也談了很多次的宗教起義，這種宗教引發農民起義的危機感與中共限制法輪功是否有關？老師又是如何看待法輪功的迅速發展？這與中國信仰真空(或許很長時間社會主義是信仰，但今天還有多少人保持信仰？)是否有關呢？

　　答：法輪功問題在大陸比較敏感，我也因此沒有機會談我的看法，現在正可以借你的提問，簡單地說一點。我自己對法輪功的信

仰和他們的一些行為，是有保留，有不同意見的。但必須承認，它
最初是一個具有準宗教性質的大陸民間組織。它的特點有二。一是
它在民間社會有相當的基礎和影響：它們提出的「真、善、忍」三
大理念，是能夠打動尚有求真、求善之心，而不得不忍受無盡災難
的底層普通民眾的心的，其簡明扼要的概括語言又是文化程度不高
的民眾所能接受的，真正是為老百姓所喜聞樂見。我曾經略帶自嘲
地說，我們這些啟蒙主義知識分子說了無數的話，對民眾的影響還
不如法輪功的這三個字。另一方面，法輪功的練功，實際起到了健
身和情感交流的作用，這對缺乏基本醫療保障和社會交往機會的底
層老百姓，特別是退休、下崗的工人、市民是特別有吸引力的。我
印象最深的是一位朋友告訴我的一件事：在法輪功遭鎮壓以後，一
位參與練功的老人痛苦地說，我是因為不想增加孩子的醫療負擔而
去練功強身的，沒想到反而因此連累了孩子。這是很能說明問題的。
法輪功的另一個特點，就是具有極強的組織力。我注意到，後來遭
審訊的法輪功的骨幹，其中有不少人是中共黨員和幹部，在某種意
義上可以說他們是按共產黨的組織方式來組織法輪功的。這樣一個
在民間深有影響，組織力如此之強，而又不受共產黨控制的獨立組
織，自然是共產黨所不能容忍的。你所說的農民反抗運動中的宗教
影響，確實是中共最為擔憂的。所以，你可以注意到，毛澤東對中
國的統治，始終把握住一條，就是防止農民成為遊民，對民間宗教
更是高度警惕，在建國初期，就把許多民間宗教，如一貫道取締了。
也是靠民間造反起家的毛澤東深知農民反抗運動和民間宗教結合對
政權的危險性，是他一定要防控的。他的繼承人也當然繼承了毛的
傳統，但由於鄧小平的改革開放，允許農民流動，這就使得在九十
年代的中國，逐漸出現了有相當規模的流民群體，這樣的流民如果
和民間宗教結合起來，那是會形成顛覆性力量的。這也就是最高當

局對法輪功特別警惕的原因所在。我查了一下江某人的文選，他在1999年4月25日寫給政治局常委的信中就說：「人不知、鬼不曉，突然在黨和國家權力中心的大門口周圍聚集了一萬多人，圍了整整一天，其組織紀律之嚴密，資訊傳遞之迅速，實屬罕見」，「對這種已形成全國性組織，涉及相當多黨員、幹部、知識分子、軍人和工人、農民的社會群體，卻遲遲沒有引起我們的警覺」，「說明我們外面一些地方和部門的思想政治工作和群眾工作軟弱無力到了什麼程度」，結果就開始了殘酷鎮壓，卻引起如此巨大、持續的反抗。這大概也是當局所沒有想到的，他們都低估了宗教和準宗教的反抗力量。

你還談到中國人的信仰真空的問題，這是一個很大的問題。我在清華講魯迅，最後也討論了這個問題。中國文化本身就缺少信仰文化傳統，魯迅也沒有解決這個問題，而在當下信仰的缺失更是大陸（或許也包括台灣）年輕一代最大的問題。我對彌漫一時的虛無主義是非常警惕與擔憂的。在這樣的背景下，宗教活動在中國社會，特別是農村社會的迅速發展，是一個非常值得重視的思想文化現象，我沒有專門的調查與研究，因此，無法發表具體意見，這裡就不多談了。這封信也寫得太長，應該就此打住了。

學生來信最後寫道——

抱歉提問得不夠清楚與直接明確，很想跟老師分享這學期上課後自己的感想。但這糾纏、豐富的感受似乎只能這麼扭曲受阻的表達，希望沒造成老師的困擾。

　　　　　　　　　　　　學生　綉惠敬上　2009年10月17日

　　我最後的回覆是——

　　我的回答大概也有些纏繞，這是要請你原諒的。而且依然要感謝你的提問，引起了我的許多思考，一些過去沒有機會談及的問題也談到了。而所說的一切，都是一己之見，僅供參考。寫完此信，已近春節，那麼，就致新春的祝福吧。

理群

2010年2月3-7日

　　錢理群，北京大學中文系退休教授。1960年畢業於人民大學新聞系，在貴州任教18年，1978年考取北京大學中文系研究生，1981年畢業留校任教。代表作有《心靈的探尋》(1988)、《豐富的痛苦：堂吉訶德和哈姆雷特的東移》(1993)、《1948：天地玄黃》(1998)、《與魯迅相遇》(2003)、《拒絕遺忘》(2007)、《我的精神自傳》(2008)等二十餘種。

　　徐綉惠，台灣暨南大學中國語文學所碩士生，研究興趣為當代兩岸華語文學。

六十年來家國，萬千心事誰訴：
讀龍應台《大江大海一九四九》劄記*

高　華

一、引子：龍應台要說什麼？

　　龍應台去年出版的《大江大海一九四九》一書在台、港和海外華人社會引起強烈反響。作爲一名近代史研究者，我讀過許多探討1949前後中國歷史變化的著述，我自己也曾就其中的某些問題寫過文章，但是龍應台的書還是給我留下十分深刻的印象。應該說，這是一部用散文的文體，以新的思維對1949年前往台灣的一群中國人進行全新論述的重要作品。

　　《大江大海一九四九》意象複雜，場面宏大：從1949年200萬大陸人渡海遷台，再到二戰時期的德、俄戰場和南太平洋戰場；從「白色恐怖」對「外省人」的殘酷迫害；到「本省人」對「祖國軍」的期盼和失望，再到「亞細亞孤兒」的悲情……。全書有家有國，以個人和家族的變遷，來折射時代和國家的大勢走向對個人命運的影

＊　美國加州大學聖地亞哥分校歷史系博士候選人常成對本文的修訂提出意見，對本文的完善有所幫助，他和香港中文大學社會工作系的博士候選人王泳還分別給我寄來龍應台的《大江大海一九四九》，在此向他們一併表示誠摯的謝意。

響。以人文的、人道的史觀，穿透被宏大話語總結、歸納的歷史，從中還原一條條鮮活的生命，尋求其中的意義和價值，這是《大江大海一九四九》一書的基本特點。在我多年的閱讀中很少見到兩岸的歷史學家有如龍應台這樣，將自己的研究與人性關切如此緊密地聯繫在一起。

在書中，龍應台滿懷溫情地寫了她的父母槐生和美君千辛萬苦、萬里漂泊到台灣的故事；也寫了一系列當年的小人物，在60年前背井離鄉、生離死別、逃難、跨海、落地生根於台灣的故事。過去人們只知道國民黨政權1949年被中共打敗，被迫退往台島；今天龍應台第一次向世人展現1949年庶民渡海遷台的畫卷，裡面由無數的個人和家庭組成，結合起來，就成了一部罕見的中國近代「南渡」史。

該書是寫給台灣人看的，也是寫給大陸人和所有中國人看的，全書的中心意旨是以普世價值觀，來反思1949年由國民黨政府的大失敗而引發的國內一部分人群的大遷徙、大逃亡，「向所有被時代踐踏、污辱、傷害的人致敬」。龍應台在書中著力描述了被意識型態宏大話語長期遮蔽的一個個歷史場景，討論了一系列與1949年相聯繫的重大的歷史事件和歷史問題，但是她不直接評判那場內戰的是非功過，而是重點敘述那些內戰的犧牲者及1949來到台灣的人群，對他們寄予了深切的同情和尊敬：

> 他們曾經意氣風發，風華正茂，有的人被國家感動，被理想激勵，有的人被貧窮所迫，被境遇所壓，他們被帶往戰場，凍餒於荒野，暴屍於溝渠。時代的鐵輪，輾過他們的身軀。那烽火倖存的，一生動盪，萬里飄零。

她寫道，當夜裡她一人獨對史料：

　　我感覺一種莫名的湧動，千軍萬馬繼續奔騰，受傷的魂魄殷殷期盼，所有溫柔無助的心靈仍舊懸空在尋尋覓覓……（頁16）

　　龍應台告訴人們，正是這批被視爲是「失敗者」的人群，「在跌倒流血的地方，重新低頭播種」，「以失敗教導了我們，什麼才是真正值得追求的價值」。她並表示，以身爲「失敗者」的下一代爲榮！

　　在我的印象中，在很長的時間裡，在台灣談論「外省人」和「失敗者」的關係，是十分敏感的話題，龍應台直截了當地提出以失敗者的下一代爲榮，這是極爲罕見的，需要直面歷史的非凡的勇氣！許多年來，「外省人」是和貶義性的「失敗者」一詞相聯繫的。設想若非1940年代末國民黨的大失敗，當年的200萬人怎麼可能背井離鄉，如潮水般湧向台灣？2003年秋，在台北的一次有關抗戰史的學術討論會的茶敘上，我親耳聽到當年參加抗戰的前國軍將領說：敗軍之將，何以言勇？方知時間雖已過去幾十年，這個「敗」字，還是這樣使人刻骨銘心。

　　國民黨之「敗」於中共，也讓它在台灣的一些反對者對打敗國民黨的中共傾羨不已，也學著運用馬列毛理論來挑戰國民黨，只是以後越走越偏，居然走到「台獨」的方向。近十多年，把「外省人」等同於「占領者」的「台灣自主性／主體性」話語，又成爲新的壓迫性話語。在「失敗者」和「占領者」這兩種強勢話語的壓力下，雖然許多外省老一輩的內中有諸多苦楚，但還是「隱忍不言」，直到這次龍應台的新書問世。

　　龍應台是飲譽華人世界的著名作家，然而她對書寫的局限性有

充分的認識，她寫道：

> 我沒辦法給你任何事情的全貌，……沒有人知道全貌。而且，
> 那麼大的國土，那麼複雜的歷史，那麼分化的詮釋，那麼撲朔
> 迷離的真相和快速流失無法復原的記憶，我很懷疑什麼叫「全
> 貌」。何況，即使知道「全貌」，語言和文字又怎麼可能表達
> 呢？所以我只能給你一個「以偏蓋全」的歷史印象。我所知的
> 的，記得的，發現的，感受的，都只能是非常個人的承受，也
> 是絕對個人的傳輸（頁146）。

　　龍應台開宗名義表明自己的敘述的有限性，顯示了她的自信、
真誠和科學態度。確實，她做的是一個非常大的題目，要在一本15
萬字的書裡把所有與1949年有關的問題都闡述清楚，那是極為困
難，甚至是不可能的，對書中的某些內容與論斷，不同的讀者因關
切不同而存有異議也是正常的。任何一本書都不會是完美無缺的，
同樣，《大江大海一九四九》也不是沒有可議之處。例如有一些內
容，無論是作為1949年大變局的近因還是遠因，都間隔得較遠，不
一定和主題十分貼切等等。只是這些瑕疵與該書的成就相比，是微
不足道的。讓我印象深刻的還有，作為一名作家，龍應台已在做歷
史學家的工作——她不僅對眾多的歷史見證者作了口述採訪和搶救
採訪，還查閱了台灣和大陸的大量文獻資料，例如：龍應台查閱了
著名的台灣《傳記文學》的創辦人劉紹唐於1951年出版的《紅色中
國的叛徒》一書，該書通過劉紹唐在林彪率領的解放軍「四野」的
一段生活及其出走香港的經歷，反映了易代之際的社會和人心變
化，具有頗高的史料價值。據我所知，該書早已絕版，許多專家都
未必看過，龍應台卻找到了。她所做的這一切的努力，使得她的敘

述更貼進歷史真實。

二、他們爲什麼去了台灣？

　　對於研究近現代歷史，又是出生在20世紀1950年代初的我，早就知道1949年是一道分界線，是把歷史和人的命運分開的座標線。這一年，中華人民共和國建立，國民黨在大陸的統治崩潰，蔣介石率領一批國民黨軍政人員逃往台灣。在我成長的那些年代，大陸每天都在搞政治運動，「深挖國民黨殘渣餘孽」是每一次運動必有的內容，所以我對1949年去台人員總是有很深的興趣，他們爲什麼去台灣？他們是怎麼去的？

　　1987年兩岸恢復聯繫後，我曾當面聽過一些台灣學者談論他們當年去台的經歷：

> 張玉法教授是山東流亡學生，他是先經澎湖，再去台的（在龍應台的書中，專門有一節敘述了他的1949年）；
> 尉天驄教授是南京「國民革命軍遺族子弟學校」的學生，1949年跟隨學校經廣州輾轉遷台；
> 蔣永敬教授是從東北戰場南下南京，再從上海坐軍船，經舟山去了台灣……。

　　2004年，我在台北，見到錢永祥先生和錢伯母，他說當年他母親和他當國軍團長的父親是分別來台的，他的母親一手攙著他的姊姊，另一隻手懷抱著剛出生不久的他，在海南島上了前往台灣的軍艦。而錢伯母的去台路線，恰與龍應台的母親美君一樣，都是在海南島登艦，目的地是台灣。

　　顯然，他們和龍應台的書中所寫的那些被抓的壯丁完全不同，他們有其「各人的理由」或「自由意志」，都是在內戰的烽火中自願去台灣的。於是又回到那個最關鍵的問題，他們為什麼去台灣？

　　1949年的國民黨政權，前景一片渺茫，年初蔣介石下野，李宗仁接任「代總統」，以為蔣下台，在美國的支援下，可以在保存國民黨原有架構下與中共「謀和」，實現劃江而治。結果希望落空，美國對國府沉淪袖手旁觀；知識分子大多留下等待新政權。

　　「山那邊」的共產黨則如日東升，氣象萬千，正緊鑼密鼓準備開國。暫居在香港的民主黨派和左派知識分子紛紛北上，「青春做伴好還鄉」。我從民國老報人雷嘯岑的書中看到，1949年10月10日，在香港的親國府人士為紀念「雙十」而舉辦的招待會上，出席者僅十餘人，為首的還是民社黨的伍憲子和徐復觀等人，場面之蕭條，可稱之為「慘不忍睹」。在那年夏天，國民黨當局很不容易湊了一點錢，在香港辦了一份《香港時報》，每天只印5000份，其中一半以上寄贈給在港避難的國民黨前官員和香港的社會名流，那些人卻視國民黨政權為「過去式」，惟恐避之不及。

　　1949年4月，解放軍渡江後，迅速占領首都南京和東方大都會上海，國府南遷，先廣州、後重慶、再成都，最後轉移到西昌，1949年12月10日遷往台北。國府南渡，與歷史上的南渡完全不一樣。解放軍以席捲之勢揮師南下，勢如破竹，在許多地區就是一路收編國軍，國民黨沒有任何喘息的空隙來站住腳跟，更別說在長江以南維持一個偏安的局面。解放軍只用了大半年的時間，就把在大陸的國軍全部殲滅，時間之短，在歷史上亦是罕見。

　　可就在這歷史的轉捩點，有人卻追隨國民黨前往風雨飄搖的台灣；也有人留下來觀察新政權，但為時不久，也選擇離開，其中有滬上名作家張愛玲，以及當時還沒有名氣的國軍少校柏楊、小知識

分子聶華苓、劉紹唐、傅建中等。

龍應台對「他們為什麼去台？」是虛化處理的，她當然知道其「因」，她說，在其後面，「早有埋得極深的因」(頁195)，但她就是點到為止。龍應台在書中選用了柏楊在迎接解放軍入城的北京街頭，流著淚，怒罵左翼青年那一段話：「政府對你們有什麼不好？你們整天遊行，反饑餓、反暴政，你們饑餓嗎？八路軍進城那一天起，你們立刻改吃陳年小米，連一塊肉都沒有，你們卻不反饑餓？」(頁192-193)

國民黨很多事做得太爛，抗戰勝利後，將「接收」變為「劫收」，特別是惡性通貨膨脹，搞得天怒人怨，這都是事實。台大教授齊邦媛當年親歷「六一慘案」：國民黨軍警在武漢大學校園槍殺了三名左派學生，這是國民黨的瘋狂行動，有可能是地方當局的個別行為，未必是受最高當局指使。從總體上講，國府對教育是盡了心的，特別是在抗戰時期，為了給國家培育人材，對學生的助學貸款等於免費全給，當局辦西南聯大，辦各省聯中，也都盡心盡力，只是人性特點之一就是多關心眼下，國民黨在戰後的執政實在是乏善可陳，左翼青年把幾年前國府的照顧忘得一乾二淨，也就毫不奇怪了。易代之際，社會快速變化，各種人因地位、處境不同而對新社會的看法、態度有異。知名人士因社會影響大，人民政府出於穩定大局的需要，對他們多有安排，吸收了他們中的不少人參加了各級新政權；相比之下，這些知名人士可能比一般小知識分子更能接受新思想，更加擁戴新社會；小知識分子雖然和社會及底層百姓接觸多，卻因地位卑微，不具統戰價值，不少人甚至還失業，這批人反而對新思想或新社會有批評或保留，這才有柏楊在北京街頭指斥左翼學生的那一幕，最後他們選擇離開。

由是觀之，當年去台灣的200萬軍民(內有63萬軍人，其他為公

教人員及其家屬），固然有一部分人是被抓的壯丁或被無奈裏脅去
的，然而，不可迴避的是，還有很多人去台灣是自動的選擇。他們
不願生活在即將開始的共產黨的統治下，自願追隨國民黨，投奔風
雨飄搖，前途未卜的台灣。

三、死的都是農家子弟

　　大陸在上世紀1950-60年代出生的人，所受的基本政治教育就是
戰爭為「正義」和「非正義」兩種；我們被告知，革命戰爭是推動
歷史前進的火車頭，「戰爭引起革命，革命制止戰爭」。革命戰士
應「發揚一不怕苦、二不怕死的革命英雄主義精神」，還有就是林
彪在東北戰場上的名言：「在需要犧牲的時候，就要敢於犧牲……
槍聲一響，老子上了戰場，今天就準備死在戰場」。1960年代初，
中共批判蘇聯的赫魯雪夫，罪狀之一就是「渲染戰爭恐怖」，中國
還連帶批判反映赫魯雪夫「和平主義」錯誤的蘇聯作家蕭洛霍夫的
小說《一個人的遭遇》。1968年，北越派出黎德壽和美國在巴黎談
判，中國正值文革高峰，當時就影影綽綽傳聞北越受了蘇聯修正主
義影響，不敢再打仗了云云。

　　「革命英雄主義」要有具體的人物做典範。犧牲自己，為部隊
前進開闢道路的董存瑞就是解放戰爭時期的英雄人物，他曾被稱為
「中國的馬特洛索夫」（衛國戰爭期間蘇聯的戰鬥英雄）。當然各部
隊還有自己的「爆破大王」、「射擊英雄」等等。1949年新中國成
立後，在全國各地廣建烈士陵園，供社會各界，特別是年輕人憑弔
瞻仰。

　　國民黨和共產黨打了幾十年的仗，但很少有什麼思想政治動
員。蔣介石對其部下說得最多的是鼓勵他們殺身成仁（頁178）。1950

年後才有消極性的「克難英雄」的評選活動，這也是當時因美援中斷，國民黨當局軍費極爲緊張，爲了克服軍中的供應困難才發起的運動。台北有集中祭祀的「忠烈祠」，卻未聽說每年清明節組織大批青少年爲國軍陣亡將士陵園掃墓。

　　中共宣傳、鼓動革命英雄主義，但絕不會傻到在力量對比不利於自己時也主張打仗：1945年抗戰結束不久，國共就開打，當時共軍力量較弱，在一兩年內，中共和左翼方面就一直高呼「實現國內和平」。然而到了1948年10月遼瀋戰役後，解放軍已完全占領東北全境，還解放了濟南、鄭州等華北、中原大城市，對國軍已占明顯壓倒優勢，此時還有一些知識分子呼籲和平，就被視爲是國民黨的「反動走狗」了。張申府是中共創黨元老之一，也是周恩來、朱德的入黨介紹人，以後退出中共，一直以左派教授身分參加政治活動，是民盟的主要成員之一。此君卻「書生氣」或「憐憫心」太重，於1948年10月23日在儲安平主辦的《觀察》上發表了〈呼籲和平〉一文，結果《人民日報》斥責張申府是「人民的敵人」，其妻劉清揚已到了解放區，宣布與他離婚，民盟宣布開除他的盟籍，建國後他本人則被打入另冊，長期不准發表文章，也沒有安排他任何職務，1957年還被打爲「右派」。

　　所以，「反戰」、「要和平」不是任何時候都正確的口號。龐樸回憶說，1949年設在濟南的華東大學幹訓班的學員們個個歡呼共產黨，可是同學中又普遍存在有渴望和平，結束動亂的情緒，經過上思想大課和反覆討論，大家才認識到：「這樣的和平的願望，又很容易傾向於在事實上同情敵人」，「雖說痛恨蔣，未必不會冒出有利於蔣的思想和情緒來」[1]。這些未來的新幹部們終於發現自己立

1　龐樸，〈火紅的歲月：1949年華東大學社一部學習生活點滴〉，《歷

場還有問題，於是紛紛開展「批評與自我批評」，才把思想端正了過來。

易代之際，通常都是血流成河。龍應台對「四野」長春圍城造成大量民眾餓死哀痛不已，也強烈譴責國軍在山東戰場下達造成「絕地」，「無論男女老幼，一律格殺」的命令（頁188）。她寫了新一軍將領孫立人、陳明仁對共軍死傷的不忍，「看了敵人的屍體也不禁流下了眼淚」（頁132-133）。她的筆下對國軍多有同情，因為率領國軍的都是前不久與日軍浴血奮戰的抗日名將。

她再現了內戰的真實場景：國共為爭奪蘇北重鎮鹽城，造成大量的傷亡：1946年冬，國軍攻下鹽城，發現周邊的戰壕裡掩埋了700多具被凍僵的共軍士兵的屍體，每個人的口袋裡都有被雪水浸透了的家書和親人的照片（頁259）；而在同一城的護城河裡，國軍又發現有王鐵漢的國軍第49軍3000多具屍體（頁261）。

龍應台在書中描繪的濟南戰役後的一個場景和所引用的一位叫盧雪芳女子的話，尤其令人震撼。在解放軍攻下濟南後，街上走著一位渾身發抖的國民黨傷兵，他的右眼、鼻子和上嘴唇都被戰火削掉了。盧雪芳正在街上行走，看到這位傷兵，她的眼淚一下湧了上來，卻聽見後面兩位八路軍士兵說：這就是給國民黨賣命的下場。盧雪芳轉身對那兩位士兵說：「你們怎麼可以這樣說他？他算什麼國民黨？還不是跟你們一樣只是一個兵而已。」（頁150)的確，如果不是被拉上戰場，這位可憐的傷兵不就是一位在田裡耕作的農民嗎？龍應台引用一位國軍給家人的信說，「脫下了軍衣，是一個良善的國民」，這句話飽含情感，使我非常感動：那些從死人堆裡爬出來的，脫去軍裝的國共士兵，他們或在海峽此岸的家鄉務農，或

在台島被派去修築橫貫公路，他們哪一個不是農家子弟？

龍應台在書中說：「歷史往往沒有聲音」。在之前，也有人說，「誰掌握了現在，誰就掌握了過去」。在幾十年裡，大陸的歷史撰寫中，國軍抗戰的史跡被抹去了，直到1980年代後才重見天日。在台灣，228事件和「白色恐怖」的受難者直到1990年代實現民主化後才得以平反昭雪。

儘管「朝代可以起滅，家國可以興亡」，歷史記述往往也是勝利者的專利，但是時代變了，價值觀也會隨之變化了。台灣自不待言，在大陸，也有某些改變。我認識的一位女學者原先研究1945-1949軍事史，幾年前她對我說，不想再研究這一段歷史了，「實在沒意思，因為都是中國人打中國人」，這句話使我印象深刻。但是，從人文和人道的角度，對1949年的歷史作出反思，在大陸和台灣都還沒有出現，龍應台為第一人。

四、1949年——重塑社會的關鍵年代

在中國幾千年歷史上，年年有饑荒，有災難，1949年也如此。但是1949年不是普通的一年，它是「城頭變幻大王旗」的一年。卻完全不同於中國歷史上一般的王朝更替或改朝換代，這一次是天翻地覆，是政治與經濟制度、思想、文化、生活方式、價值觀念等的快速、徹底的改變。

1949年11月27日，朱光潛在《人民日報》發表〈自我檢討〉的文章，這是知識分子為適應新社會而進行思想改造的開端。一年後，江蘇揚州中學的教師進行思想改造運動，這是一所建於清末的著名中學，曾培養了許多知名的專家、學者。一份1950年代初的檔案材料寫道，該校「178名教師有變天思想，怕蔣匪捲土重來的達59人，

懷疑敵對蘇聯共產黨、人民政府的有61人，存在同情地主的封建思想的有39人，比較顯著的懷疑、反對鎮反、認爲殺人太多者達60人，崇美、恐美、親美的達105人之多。」[2]以現在的眼光看，這份檔案多少反映了建國初「寧左勿右」的思想，但如此多的知識分子有「變天思想」，並在建國後沒幾年就被劃入另冊，這也是令人吃驚的，更是那些知識分子沒有想到的。

1949年，跟隨國民黨去台灣的是少數人，大批原國民黨軍政人員都留在了大陸，包括被共產黨視爲最具危險性的「階級敵人」：地主和國民黨「軍、警、憲、特」。這些人在易代之際選擇留下，等待新社會的到來，一方面是對國民黨完全失望，另一方面也是相信共產黨的《約法八章》。當然還有許多南方鄉村裡的地主，不知世事有變化，以爲自己勤儉持家，老實本份，沒有招惹誰，還可以像往常一樣過日子。在一年後「鎮反運動」中，有現行破壞活動的國民黨殘餘分子及有反共「血債」的前國民黨「軍、警、憲、特」和「惡霸地主」等，約71萬人被鎮壓，和跑到台灣的那些人相比，他們成爲引頸待戮的一群。

去台灣的人，雖然還生活在熟悉的歷史文化的氛圍中，但是台灣社會正在發生深刻的變化：那就是四處彌漫的白色恐怖：跑到台灣的200萬軍、公、教人員，居然有4000餘人被當作「匪諜」，命喪馬場町等刑場。幾十年後，人們才知道，他們中的絕大多數都不是共產黨員，至多是左翼青年或左翼文學愛好者。這些所謂「匪諜」大多是「外省人」，他們千辛萬苦到台灣，「自投羅網」，把命丟在了台灣！

2　揚州中學各種錯誤思想的檢查，江蘇檔案館館藏蘇北行署檔案，3001-短期-0079。

　　在大陸時代，國共有兩次合作，以後雖然翻臉，但是畢竟不久前還是朋友和戰友，不少國民黨高官一時還拉不下臉面，許多人都保護過共產黨員。例如：蔣作賓爲被捕的廖承志做過擔保；陳誠曾幫助過田漢在皖南事變後避難，杜聿明也曾保護過田漢在昆明不被騷擾等等。共產黨高幹基本上則是「六親不認」（即「親不親，階級分」），但這不能歸之於黨員和幹部個人品德，而是黨的嚴格紀律使然。在1947年的老區土改中，一大批共產黨員和根據地的區、縣幹部因「包庇地主家庭」而受到開除黨籍等嚴厲的處分。因此在建國後，除個別外，很少與聞共產黨高中級幹部對那些即將要被槍斃的，曾幫助過自己的前國民黨軍政人員伸出援手。

　　1949年後，台灣的國民黨當局成了驚弓之鳥，龍應台說：「很多殘酷，來自不安」（頁90），這是千真萬確的。那些國民黨大官很少再出面保人了。在台灣，往往就因爲讀了一本左翼作家的書，就隨意把人長期關在火燒島。更令人髮指的是，1949年12月，澎湖防衛司令李振清把追隨國府，千辛萬苦，帶領八千山東流亡中學生到澎湖的山東聯合中學校長張敏之（前煙台中學校長）及老師等7人全當作「匪諜」槍斃，造成千古冤案！這件事，過去未見史書記載。杭立武是當時的教育部長，爲山東聯中（由8所中學組成）撤退澎湖，親自和澎湖駐軍辦過交涉，但是在1980年代後期台灣中研院近史所對他進行的口述採訪中，他只是提到該校培養了多少人材，卻對當年的慘劇無一字說明和交代。2004年春，我在台北第一次聽尉天驄教授親口對我說過此案，至今還記得尉教授在講述這件事時的憤怒表情。去年，我讀王鼎鈞的《文學江湖》，知道了該案的更多細節；今天龍應台的書讓廣大的讀者了解那個年代「白色恐怖」的無恥和無法無天！

　　龍應台以外省人後代的身分理解、同情台籍人士在228事件中所

蒙受的苦難和犧牲，又公正地提出外省人爲1950-60年代白色恐怖的
最大受害者。現在看來，當年的國民黨不管是有意還是無意，客觀
上通過兩大事件：228事件和「澎湖山東中學匪諜案」實現了台灣社
會氛圍的轉變。蔣經國等依靠白色恐怖，使亡國之君蔣介石的威儀
重新確立，也使台灣的政局穩定了下來。以後國民黨從「抓匪諜」
中嘗到了甜頭，就頻頻運用「匪諜」的罪名來抓人。

在這個問題上，國共的路數完全不一樣。在大陸，共產黨採取
公開的、大張旗鼓的方式，運用一切宣傳手段，通過群眾運動和專
門機關相結合的方式，開展「鎮反」和「肅反」運動；在制度建構
方面，以「階級分類」爲依據，依靠單位、街道和公安部門三結合
的方式，建立起社會治安網絡，以監督「四類分子」（地主、富農、
反革命、壞分子，1957年後再加上「右派」，統稱「五類分子」）
和一切「破壞分子」；國民黨則專由特工部門負責，以暗箱作業的
方式，在全島各行各業密布「眼線」（即「線民」），形成天羅地網，
重在製造恐怖，形成威懾。龍應台在她的另一篇文章中提到，1962
年，她10歲的時候，曾親眼看到穿著「黃卡其衣服的一堆人，手裡
有槍」，到她就讀的小學來抓一位數學老師，那位老師跑出教室，
特務們緊追，最後那位老師的「屍體呈大字型打開」，死在學校操
場的黃沙上，而所有的師生都不言語，好像沒發生過此事一般。

龍應台親眼所見的這件事，在那個年代經常發生。《萬象》上
刊載的一篇文章〈稻田裡的學校〉也寫到和龍應台在小學時所見到
的幾乎一模一樣的抓「匪諜」案，這次是穿中山裝的人來學校，把
正在上課的外省籍老師抓走。恐怖形成巨大的震懾力，被抓者猶如
人間蒸發，大家都迴避談論。顯然，這就是國民黨當局所要的社會
效果：白色恐怖造成無邊的社會恐怖和心理恐怖，使百姓彼此分開，
就在百姓的恐懼中，黨國的威權如日中天，無所不在。

五、白色恐怖？還是歲月無憂的日子？

　　1950-60年代的台灣的「白色恐怖」打擊的主要目標是「外省人」。龍應台的父親龍槐生在大陸時代當過國民黨的憲兵連長，去台灣後就做一個鄉村員警，按理說不應是黨國體制的「懷疑對象」，但還得寫自傳。齊邦媛的丈夫是鐵路工程師，也被要求寫出歷史反省材料。相比之下，本省人的處境似乎要好得多，只要當順民，政治上「安分守己」，不涉及左翼和台獨，該幹麼幹麼，一般不會遇上太多的麻煩。

　　在「白色恐怖下」有沒有正常的生活？應該說這是一種受到政治干擾的被扭曲的生活，在「白色恐怖」下，百姓的日子還得過，居然還越過越好，這裡主要的社會結構性的背景是，台灣不是單一的，由政府掌控一切的計劃經濟體制。1950年代中期後，在當局的管制經濟之外，「市場」的因素也開始增長，小百姓依靠「市場」，總還能找一碗飯吃。龍應台的母親美君設在高雄港的賣菜的小攤子，在她的經營下，1953年擴充爲一家小店——「美君商號」，這也是大陸開始消滅私有經濟，加速社會主義改造的關鍵年代。在當時一般人不會特別注意到這些，人們關心的只是美國對台灣給了多少經援，蘇聯給了大陸多少援助，而不知道一個社會的經濟自由才是最重要的。再則，台灣沒有如同大陸那樣搞「群眾專政」，「匪諜」的家屬、子女雖然也受到歧視——龍應台的書中提到王曉波因母親被冤殺，而受到學校老師的侮辱——但是總的說來，「匪諜」的家屬、子女還不至於被普遍視爲「不可接觸者」，遭遇到「人人喊打」的境地，其子女還可以讀書、升大學。

　　雖然身處白色恐怖的年代，也有人沒覺得有什麼壓力，這裡面

既有外省人，也有本省人。《萬象》雜誌有文章談1950年代初某作者從大陸流亡到台灣，有幸在台大法學院讀書，度過了他稱之爲「象牙塔裡」的一段平靜的求學歲月。在文章中，這位作者自稱當年他是國民黨外圍組織成員，也是台大校園社團活動的活躍分子，還代表「中華民國」參加過出外訪問的大學生代表團。顯然，作者是當局信任的對象，他對1950年代的回憶是有其角度和立場的。

這種情況無獨有偶，對大陸上世紀1950年代的社會生活，不同的人也是有不同的感受。例如：有許多知識分子在數十年後對「思想改造」持批評和反思的態度，有的甚至直接批評爲「洗腦」；但是也有知名知識分子欣賞、懷念那段生活，把它稱之爲是「永遠力量源泉」的「火紅的歲月」[3]。

鄭鴻生是一位本省籍批判知識分子，他生長在台南的一個小康之家，家境頗優渥。他在回憶他的中學時代時，很少提到那時在許多外省人心頭上時刻存在的對白色恐怖的驚悚感，也很少提到一些外省人在回憶中通常會提到的1950-60年代初的困窘生活。他詳細描述了他的味覺開發的過程，從台南的外省人的食物小店或小攤子，一路吃到求學的台北，從此喜歡上了外省菜菜餚和食物[4]。

台灣的「戡亂戒嚴時期」是一奇怪的狀態。它的高峰期應是1950年代的10年，1960年代後開始緩和，以後特務雖然還不時抓人，告密仍然盛行，甚至達到了普遍化和深入化，許多有「卓越反共表現」的「忠貞黨員」都遭過「檢舉」，但是社會的緊張度已有所鬆弛。這個時期的台灣社會，已有一定的自由度，又被穿上緊身衣。龍應

3　龐樸，〈火紅的歲月：1949年華東大學社一部學習生活點滴〉，《歷史學家茶座》2009年第4輯，頁14。

4　鄭鴻生，〈山東白、四川菜與台南外省麵：記一個府城少年在昇平年代的味覺探索〉，《萬象》第12卷第1期（2010年1月）。

台成長在這一時期，她既親眼見過穿黃卡其裝的特務來抓她所在學校的老師，也和那一代人一樣，「在和平中，天真而開闊地長大」。

六、省籍問題的癥結

近十多年來，「台灣自主性／主體性」政治正確話語，在台灣學術、思想、文化領域不斷擴大影響，這種思潮自有其歷史根源，龍應台以理性客觀的的態度，將其抽絲剝繭，展現在公眾面前。

龍應台在書中花了許多筆墨描述了台灣本省籍人士在國家認同問題上的困惑和迷惘，只是在我看來，有些已不是「困惑」和「迷惘」，而是錯將殖民國日本作為認同對象！給我印象特別深的是，日據時代的台灣青年以當日本兵的「軍屬」、「軍夫」為榮，在太平洋戰爭爆發後，積極報名參軍，報名者居然高達100萬人，而被錄取的少數人莫不以為日本效力而自豪！我讀到這一段，感到怵目驚心，日本在台「皇民化」政策的推行居然如此「成功」，這是我過去沒有想到的。我不由想起蔣渭水之弟蔣渭川對蔣介石說的一段話：台灣人敬畏而不懷德。蔣渭川是台籍人士，卻說出如此貶低台人的話語，是在國民黨高壓下為討好蔣介石而違心說的假話，還是他真實的想法？這些都不得而知了。

1945年10月25日，台灣光復，被台灣人民盼望的「祖國軍」卻形同乞丐，毫無文明舉止，被稱為「叫化子軍」，再次讓台灣老百姓失望，因為他們看到的是：日本兵就是戰敗了，也是軍容整齊，威風凜凜。沒兩年，在1947年的228事件中，大批台籍精英被枉殺，讓台灣百姓徹底領教了國民黨的專橫和殘暴，從此省籍問題成了台灣本省人的一個難解的心結。

幾十年後，台灣歌手羅大佑頗有深意地用日據時期台灣老一輩

作家吳濁流的名著《亞細亞的孤兒》的書名，寫出著名的歌曲〈亞
細亞的孤兒〉，唱出了台灣人在冷戰時期面對冠之以「紅色」和「白
色」的高壓和恐怖的那種驚懼感和淒涼感：

> 亞細亞的孤兒在風中哭泣
> 黃色的臉孔有紅色的污泥
> 黑色的眼珠有白色的恐懼
> 西風在東方唱著悲傷的歌曲

> 亞細亞的孤兒在風中哭泣
> 沒有人要和你玩平等的遊戲
> 每個人都想要你心愛的玩具
> 親愛的孩子你為何哭泣

> 多少人在追尋那解不開的問題
> 多少人在深夜裡無奈地歎息
> 多少人的眼淚在無言中抹去
> 親愛的母親這是什麼道理
> 親愛的母親這是什麼真理

龍應台和羅大佑理解和同情台灣本省人在兩蔣統治時期所受到
的壓力，寫出了許多人都感同身受的那種無助感和無力感。這都是
歷史事實。但是若要說，國民黨自台灣光復就蓄意打擊台人，則與
事實不符。國民黨治下的中國和日本不在同一社會發展的水準上。
1945年抗戰勝利時，國民黨不是沒有裝束整齊。兵員素質較高的精
銳部隊，只是他們遠在印緬戰區；國民黨也不是不重視收復台灣的

準備工作，他們在重慶早就設有專門機構謀畫此事，只是國民黨不是共產黨——1935年初，紅軍長征進入貴州遵義城，為使該城百姓對紅軍留下好印象，上級命令紅軍一律著鞋。國民黨辦事大而化之，太不認真，更不重視辦事的落實，這是它的一貫風格。國民黨軍隊和陳儀的長官公署對在日人長期統治下台灣民眾的心理，沒有興趣去深入研究，更不會有的放矢去做收買人心的工作，加上不少官員存有貪污行為，態度又很驕橫，在推行國語運動時過快過急，讓百姓無所適從等等，於是長官公署和「祖國軍」在台灣人心目中的地位就一落千丈了。228事件在客觀上強化了國民黨的權威，使台省同胞對國家的感情產生嚴重的疏離，但那時蔣介石並沒料想兩年後他會丟掉大陸，退守到台島。事件後蔣改派文人魏道明做省主席，任命台籍人士丘念台為民政廳長、林獻堂、杜聰明等為省府委員，其著眼點都是安撫人心。客觀地說，228事件中蔣介石派兵去台灣鎮壓，不是他為退守台灣預做準備，而是當局在整體中國的框架下的一次伴有大量濫殺行為的反共治安整肅行動。

　　省籍問題以後越演越烈的全部癥結乃是「反攻大陸」不成，由統治合法性危機而造成。中央級「民意代表」為外省人占據，以後成為「萬年國代」確是事實，但又事出有因。設想若無于右任、吳稚暉、王世杰、王雲五、胡秋原等等充任「立法委員」或「國大代表」，「中華民國」的「法統」又如何體現？蔣氏父子一方面堵住台籍人士參與高層政治的渠道，嚴密監視他們任何形式的結社活動，逼使他們走上經營私人經濟的道路；另一方面，為了攏絡人心，也給了少數本省籍人士省、縣參議會議員等位子，20年後，終於開花結果。隨著台灣經濟起飛，台灣出現了大批本省籍的企業家和專業人士，到了1970年代初，更有蔣經國「崔苔菁」，大量提拔台籍精英參與政治，台灣的政治生態終於發生重大的變化。

七、新價值從失敗而來嗎？

　　從「丟失江山」的角度講，國民黨、國民政府是「失敗者」，這是無可更改的事實。熊式輝說，想起在大陸的失敗，「切膚痛心，不敢回顧」。陳誠痛切反省國民黨失敗的原因，從他參與並領導的江西剿共戰爭一路反思，他聲稱：未能在1934年10月消滅朱毛紅軍，致使功虧一簣，遺恨千古。國民黨高官的這些反省和反思，都是從「黨國」丟掉大陸江山的角度出發的。

　　如今龍應台從民間的角度提出「向失敗者致敬」，並坦陳：以身為「失敗者」的下一代為榮！但是這裡有兩個問題：第一，台灣是不是失敗者？齊邦媛教授就不同意這個命題，她認為國民政府、台灣百姓不是「失敗者」，她說，如此看問題，是因為各人的「價值觀」不同；

　　第二，龍應台在《大江大海一九四九》一書中沒有展開論述她的一個隱匿的命題，而在她的其他文章裡都有所涉及，這就是1949年國府的失敗與台灣以後開出的自由民主新價值的關係。

　　可是人們也會提出疑問，難道沒有1949年國府的失敗，自由民主的新價值就開不出來？證諸大陸時代，雖經戰亂摧殘，不是也有新價值和民間社會的存在嗎？只是這些新價值最終擋不住左傾思潮的衝擊而花果凋零。

　　當然，如果只是「思潮」是沖不垮手上握有數百萬大軍的國民黨政權的。關鍵是在左翼思潮背後有高度組織化的強大的軍事、政治集團，並得到廣大農民及蘇聯的幫助和支持。而國民黨與社會底層。特別是廣大農民極為隔膜，又被普遍認為是貪污腐敗，這就使得左翼的解釋直逼人心，為共產黨爭取到越來越多的支持者和同情

者，國民黨也因軍事失敗造成全局崩潰，最後被迫退守台灣。

　　龍應台在書中沒有專門討論國民黨大陸失敗的「因」，但是她實際上已相當程度地涉及到這個關鍵的問題：書中引用一位被俘的國軍軍長對淮海戰役的一段回憶說，國軍打仗，老百姓「快閃」，「糧食也都被藏了起來」，而「共軍和老百姓在一起，像一家人那樣親切」，「除了所穿的衣服，便衣和軍服不同外，簡直分不清軍與民的界線」（頁185）。

　　常言道，人在屋簷下，不得不低頭，這位被解放軍俘虜的國軍軍長或許只能按照共軍的口徑如此這般說；可是逃到台灣的前國軍連長林精武也是這麼說，那就說明他們所言都是事實了。林精武在淮海戰役中負傷逃亡的路上，看到老百姓推著幾百輛獨輪車，「碰到河溝或結冰的路面，深陷的地潭，二話不說就把推車扛在肩膀上，繼續往前走，走到前線去給共軍補給。老老少少成群的婦女碾麵、紡紗、織布，蹲下來就給解放軍的傷兵上藥、包紮。」（頁185-186）

　　國府失去了民眾的支持，使自己猶如空中樓閣般的脆弱，最終難逃覆亡的命運。1949年初陳誠奉蔣介石命接掌台省主席一職後，痛定思痛，宣稱以「人民至上，民生第一」為治台之理念，從「三七五減租」著手，將社會基礎夯實，開始新的出發。顯然，台灣以後取得的成就和進步是與其失敗相聯繫的。龍應台不會為國民政府1949的大流亡而驕傲；她是為台灣人從失敗後站起來，又開出新價值而自豪。

　　龍應台非常動情地描繪了以下幾個鏡頭：

　　為躲避解放區土改和清算鬥爭衝擊的豫衡聯中五千名流亡學生，和同樣原因逃離家鄉的山東聯中八千名學生一樣，一邊讀書，一邊南下流亡，到了宿營地，「背包一放下，學生們就開

始升旗、唱國歌、讀書、聽課。」一位返鄉不願南下的同學留下的《古文觀止》，「變成顛沛流離中的珍貴教材」。豫衡聯中的流亡學生，帶著這本《古文觀止》，一路艱難跋涉，在廣西和黃杰率領的國軍第一兵團下的九十七軍二四六團會合，在他們的保護下，於1949年12月13日，和黃杰部屬一起退入法國統治下的越南，原來的五千多學生此時不到三百人，隨後他們又和國軍官兵被法國人遷往富國島，在一場大火中，張子靜校長搶救出的唯一物品就是這本《古文觀止》，1953年，豫衡聯中最後到達台灣的學生只有208人(頁106)；

進入越南的國軍黃杰部下三萬多人在富國島剛剛安頓下來，就建起「中山堂」和「中州豫劇團」……；

也是在1949年，錢穆等離開大陸，前來香港，在極其困難的條件下，篳路襤褸，創辦新亞書院，中華文化的薪火，從中原大地一路南下到了香江之濱；

唐君毅先生說過，1949年，是文化南渡之年，中國文化從黃河、長江轉移到珠江流域……。

無庸諱言，1949年後的台灣，在長達數十年的時間裡，是由一個專制主義的國民黨黨國機器嚴密統治的。一方面，兩蔣臥薪嚐膽，勵精圖治；另一方面，國民黨風聲鶴唳，草木皆兵，在思想、文化方面厲行禁書和「文字獄」，在這種背景下，怎麼可能開出「新價值」？

歷史的悖論也許就在這裡：國民黨吸取大陸時代「放任主義」的歷史教訓，以蠻橫、粗暴的「一刀切」的方式，徹底清剿一切「煽動階級對立」的1930年代左翼文學或社會科學，終於實現了它多年以來夢寐以求，在大陸時代一直沒能達到的目標：台灣社會的面貌

被高度同質化了，依照黨國機器的設計並在它的一再努力下，「反共」成了台灣社會的主導價值，台灣社會也成了一個反共社會。

和台灣形成對照的是，1949年後，大陸成了「革命社會」，與台灣一樣，大陸也禁絕一切「反動」讀物，不斷清理、淘汰圖書館的藏書，甚至街頭的「小人書」的攤子也被反覆清理。和台灣不一樣的是，大陸是越到後來禁書越嚴，及至文革爆發，所有圖書館關門，在馬、恩、列、斯、毛、魯迅外，所有書籍都被禁。而在台灣，到了1960年代後，禁書的尺度大為鬆弛，出現了許多翻印本。大陸禁書對達到「輿論一律」的目標居功厥偉，所以以後才會有狂熱效忠於領袖的「紅衛兵運動」。但是，大陸畢竟很大，無論怎麼禁書，總有漏網之魚；再則，1960年代初，大陸為「反修」而在內部出版的「灰皮書」、「黃皮書」，在文革中流傳到社會，多少打開了通往外部世界的視窗，實際起了啟蒙的作用。

在禁書方面，類似台灣的還有新加坡。二戰後的許多非西方國家在經濟衰敗的同時，還會受到世界性的左翼思潮的影響，大多會加劇這些國家和地區的社會動盪。老練的李光耀為了截斷中華人民共和國對新加坡這個華人社會的影響，也是嚴禁左翼讀物的流通。幾十年後，當該國的中產社會已經穩固，當局又開禁左翼文學，此時那些作品已少有人問津，不再具有革命動員的作用了。

長期的禁絕左翼讀物，使得台灣一些知識分子對某些左翼名著的社會作用充滿不切實際的想像。我認識的幾位台灣學者都對我說，他們在解嚴後如何買了馬克思的《資本論》仔細研讀，其潛台詞是讀了該巨著，也就可以了解中共革命了。我告訴他們，他們是被某些「匪情專家」誤導了。在大陸的共產革命年代，除了非常少的黨內學者和「教條主義者」，中共大多數領導和黨的高中級幹部是不讀《資本論》的。在那個年代，占黨內80%以上的黨員都是農

民文盲，他們所接受的就是毛澤東的若干重要概念，以及「打土豪
分田地」，「保衛土改果實」，「翻身打老蔣」等口號。至於知識
分子，與其說他們是被《資本論》吸引參加中共革命，還不如說他
們是受了魯迅和蘇俄文學的影響才投奔延安和參加學運的。我的這
番話讓這些朋友多少有些失望，他們大概不會接受我的看法；作爲
學院知識分子，他們還會一如既往地去讀他們認爲非常重要的左翼
名著的。

　　說到台灣長期的反共宣傳，其間雖然有許多歪曲和誇張（「反共
八股」），但是大陸在1950-70年代的一些執政方面的極左錯誤，被
台灣方面利用，用來凝聚台灣的民心，並取得成效，這也是不爭的
事實。兩蔣時代台灣對大陸的「心戰」廣播，對大陸的城鄉青年尤
其是偏遠地區的一些青年也產生了影響。君不見，文革期間，大陸
「公檢法」的宣判公告裡，有多少「偷聽敵台犯」，其中最多的就
是偷聽來自台灣的廣播。一些城鄉青年，其中不少還是工農子弟，
居然按照台灣廣播中提供的地址，給國民黨敵特機構寫「反革命掛
勾信」，要求寄錢寄物給他們，最後都落入「公檢法」的法網。文
革期間，大陸對台廣播也有影響，但是吸引的多爲台灣左翼青年，
對一般民眾影響很小。大陸長期搞政治運動，搞株連，文革又大肆
破壞文物典籍，把台灣民眾嚇壞了，蔣氏父子相應推出「中華文化
復興運動」，雖爲官辦，也有形式主義的流弊，但在台灣社會傳播
優秀典籍，普及中國傳統文化，總比「評法批儒」，歌頌秦始皇，
更易讓台灣百姓接受。

　　今年春節前，CCTV四頻道報導哈爾濱工業大學一位在台學習
的大學生對台灣社會的感受。她說：「台灣人超好」。我理解她說
的「超好」就是她在那兒感受到了一種在大陸生活中缺乏的、人與
人之間的溫良恭儉讓的氛圍，而這是去過台灣訪問、旅遊的大陸人

對台印象最深的地方：台灣雖然很小，卻充滿濃郁的中國文化的氛圍，與大陸相比，更有傳統文化的底蘊！所以，我非常理解龍應台對台灣的深情和眷戀，我也完全讀懂齊邦媛為什麼會說出那麼感性的話語：「天佑台灣」，「願台灣在歷史上長久存在」。無獨有偶，這兩位傑出的女性都是外省籍人士：龍應台於1952年出生於台灣，她的父母1949年來自大陸；齊邦媛於1948年來到台灣，當時她是24歲，從那以後，她在台灣生活了62年。

如果說，新價值的孕育需要市場經濟的土壤，中國傳統文化追求「日新又新」的特質又推動了新價值融合、落戶於台灣社會，那麼戰後西方思想、文化就成了新價值的直接的搬運者。

1949年後，台灣被納入到美國冷戰反共的軌道，受到西方戰後思想、文化很深的影響。儘管自由主義思想在台灣長期被壓抑，受打壓，但始終是台灣的一個重要的思想潛流，其長效作用隨經濟和社會的發展而慢慢凸顯。而在美國和西方戰後文化的影響下，1957年後，台灣的現代文學運動興起，1960年代後，台灣一些人還引入了存在主義哲學，於是西方個人主義與兩蔣的專制主義又形成張力。

走筆到此，我想起以前讀的鄭鴻生的《青春之歌》。他說，由於兩蔣當局完全禁絕左翼讀物，1968年，錢永祥等反抗黨國專制壓迫的青年知識分子，是從羅素、薩特還有一些歐陸的邏輯經驗論者那兒吸取思想養分的。使我特別印象深的是錢永祥等坐在台北的冰果室裡，一邊抽著煙、喝著熱檸檬茶，一邊在為他們的社團刊物《大學論壇》安排稿件。啊，熱檸檬茶！多麼神奇的物品！我敢肯定，1968年的絕大多數的大陸青年還不知熱檸檬茶為何物！同樣都是在思索著青年的出路，那個年代海峽兩岸青年可以說是生活在完全不同的物質和精神世界裡。相比之下，錢永祥等是幸運的，他讀的是全台最好的中學——台北建國中學，以後又進入台灣最好的大

學——台大，如果他的母親沒有把他帶往台灣，在上世紀1960年代的大陸，「國民黨反動軍官的子弟」是不可能享有平等受教育的權利的，更別說考入大學，甚至還會因思想異端，被送上斷頭台。——在1970年的「一打三反運動」中，一些「出身不好」的青年人就是因爲「離經叛道」而被處以了極刑。所以可以這麼說，相比於「極左主義」，台灣的右翼專制主義還有其「柔性」的一面的：柏楊居然在台灣的牢房裡寫出他的名著《中國人史綱》，而丁玲因長期被單獨監禁，不許閱讀，是靠著背誦兒時母親教給的古詩詞才免於發瘋的。兩蔣父子從來沒有認同過自由主義價值觀，但是在他們的治下，台灣也從來沒有切斷過與美國的密切的政、經、文化溝通的管道，於是西方的自由主義和個人主義的思潮，「隨風潛入夜」，最終爲新價值的孕育和成長提供了豐饒的土壤。當所有這一切都聚合在一起，1987年7月，蔣經國宣布開放報禁、黨禁和大陸探親，台灣就跨過了通向現代民主社會的門檻。

八、千古興亡多少事，不盡長江滾滾流

去年是中華人民共和國建國60周年，也是國民黨退守台灣的60年，60年，這是兩代人的時間，但是在歷史的長河中，也就是短短一瞬間。

10月下旬，我在上海醫院的病榻上，手術後的傷口疼痛，沒有使我流一滴眼淚，但是當我讀到《大江大海一九四九》的最後一段，也是全書點睛之筆，我的眼睛充盈著淚水，龍應台的幾段話深深地觸動了我。

龍應台寫道：

> 太多的債務，沒有理清；太多的恩情，沒有回報；太多的傷口，
> 沒有癒合；太多的虧欠，沒有補償……
> 太多，太多的不公平，六十年沒一聲「對不起」。

　　龍應台不迴避，不遮掩，以赤子之心，將她對公平正義的立場和態度，完全無保留地展現在公眾面前，分量之重，超過了任何宏篇大論。

　　幾個月後，我還是在醫院的病榻上，春節期間的醫院十分安靜，我再讀龍應台的書，這次是在南京，更是別有一番滋味在心頭。

山圍故國周遭在，潮打空城寂寞回。

　　南京，是舊時國民政府的首都，也是中國歷代建都最多的城市之一，石頭城下，秦淮煙水，見證了多少王朝的興亡和更替。然而，在這兒建都的王朝幾乎都沒有興旺長命的，這就使得這座古城有一種淒涼落暮之感，白先勇筆下《台北人》中的南京，也有幾絲愁苦的意蘊。

　　1998年，蔣介石的機要秘書周宏濤，回到南京總統府舊址。1946年初，他曾陪同蔣介石從陪都重慶回到這裡，那時南京萬人空巷，歡迎蔣委員長勝利還都，可是三年不到，蔣介石倉惶辭廟，再也沒有回到南京。半個世紀過去了，如今他作為蔣的機要秘書重歸舊地，觸景傷情，百感交集，想蔣氏去台後，「念念不忘光復大陸的使命」，卻事與願違，「淚水不禁奪眶而出」。

　　10年後，龍應台也回到南京，望滔滔長江，尋找她父親曾經戰鬥過的抗日戰場和已消失的，在日軍侵占南京時曾關押「八百壯士」的老虎橋監獄，造訪城郊的外交九烈士墓和航空烈士墓，著眼點是

恢復歷史真貌和彰顯人性。

60年過去了，南京已高樓林立，長江上已建成三座橫跨南北的大橋，中山路上的梧桐依舊，卻不復舊時的靜謐。就在總統府旁，建成了南京最大的仿民國建築的時尚酒吧區「1912」，民國時代達官貴人的住宅區——江蘇路上的洋房群，也被重新修繕一新，據說將作爲城市的新的旅遊亮點。那些和1949年相關連的地點：通往上海的下關火車站，已成爲一個小車站，那個曾經擠滿逃亡人群的小廣場，如今只有幾個老人坐在那兒曬太陽。城東的中山門，是1949年國民政府各機關從陸路逃離南京，南下宜興、杭州的出發點和必經通道，現在已樹木蔥蔥，成爲滬寧高速公路的起點。

「人生有情淚沾臆，江水江花豈終極？」在南京，我看到一個遠去的民國時代的背影。

歲月無聲，江山有情，今天，經濟成長了，國力強大了，和60年前和30年前相比，大陸民眾的生活得到很大的改善，但是離一個自由和公平、正義的社會，路途仍然遙遠。展讀《大江大海一九四九》，不同的人群有不同的感受。如果說台灣的外省老一輩，從中讀出「傷」與「痛」；那麼在大陸的許多讀者，則帶著自己的關懷，已不全然是爲了追憶歷史，更是祈盼新價值成爲福佑人民的燈火，從此照亮國族前行的方向。

家國60年，河山千萬里，「世界無窮願無盡，海天寥廓立多時」。

2010年2-4月於南京

高華，南京大學歷史系教授，華東師範大學歷史系講座教授，著有《紅太陽是怎樣升起的：延安整風運動的來龍去脈》(2000)，《在歷史的風陵渡口》(2005)，《革命年代》(2010)等。

思想
人生

殷海光故家的幾件往事

李文熹

　　在研究殷海光先生的著作中，可能是囿於資料，很少提到他故家的情況。我們家與殷家是四代世交，特別是海光先生的父親子平公與我家三代——伯祖父、二伯母、家父和我——都交好，本文就我所親見、親知、親聞的一些往事，分成幾個小段臚列如下。

道德文章堪稱楷模的基督徒

　　殷海光先生的父親殷子平老先生，號綠野農、綠野軒農，1885年1月21日（清光緒十年十二月初六）出生在湖北省黃岡縣殷家樓一個教師（私塾）家庭。子平公一生負詩名，精通音律，篤信基督。1918年畢業於湖北荊州神學院，即被基督教聖公會分配至黃岡縣上巴河鎮福音堂任牧師，全家遂遷居上巴河。海光先生的母親殷老夫人本名吳如意，是子平公的表姐，即子平公的母親是她的姑母，1884年11月27日（清光緒十年十月初十）出生於湖北省黃岡縣雅淡洲吳家嶺一個很有名望的教師家庭；叔父吳貢三，影響和帶領子平公的長兄子衡公加入早期反清革命團體日知會，對殷氏家族思想影響很大，此事我將在後面談到。殷老夫人亦信仰基督，相夫教子，聰慧樸慤。子平公詩宗老杜，留存於世的十餘首詩詞，是我憑記憶保存下來的。

下面從幾首詩的背景切入，談談一些往事和子平公的晚年生活狀況。

　　　小院夜蘭開，先生步月來。行吟無盡興，臨去又徘徊。

　　這首送給我二伯母張信貞的五言絕句，是現存詩詞中寫作最早的，時間約在1930年前後。在上巴河西街，我們家開了一個線舖，兼營百貨，由二伯父掌管經營。二伯母娘家與二伯父家都信奉基督，二伯母小時在家塾讀書，後又讀過教會辦的女子師範，稟其家教，溫厚有禮，通大義。出嫁到上巴河後，時子平公是上巴河福音堂的牧師，與我家通好，二伯母便義務承擔了福音堂的一些宗教事務。福音堂大門臨街，屋後有兩間學屋，圍著一個院子，種滿了各色花卉，側邊就是明淨清澈的四方塘，晨濯暮浣，景致很美，這首詩就是記述一次在福音堂院內步月賞花吟詩之事。這裡提一件詩詞之外但我們家極為珍視的往事。

　　二伯父性好絲弦，與一班聲氣相投的人吹拉彈唱，常常沒有日夜，於生意上則甚不在意。請的先生夥計見狀，偷的偷，騙的騙，支寬入窄，生意日蹙。二伯母苦口規勸，要二伯父少玩一點，為生計著想，分出時間管一下生意。二伯父充耳不聞，玩樂如故，家境每況愈下。二伯母對家庭前途日益憂慮，常閉戶飲泣。時間一長，二伯母為子女今後的教育著想，攢起了私房錢。但這些錢又不能放在家裡，於是，她想到了子平公。子平公學貫中西，為人正直、寬厚、謙和，至誠至公，且富同情心，在鄉里極有口碑。二伯母把自己的想法告訴了子平公，子平公非常同情二伯母的境況，答應通過他的手把錢借貸出去。自此，二伯母手上只要有點錢，一塊兩塊，十塊八塊（銀元），都交給子平公，因怕二伯父知道，她自己沒有留賬。子平公倒是寫了一本賬，時間錢數記得清清楚楚，借貸出去也

有字據，幾年下來，竟有幾百塊大洋，這在當時不是一筆小數目，且這事除他們二人外，任何人都不知道。1933年，二伯母分娩大出血，驟然去世。喪事後，子平公把二伯父、家父和叔父等幾兄弟請到福音堂，告訴他們這件事及其原委。子平公強調，為完成二伯母的囑託，這筆錢不能交給二伯父，今後孩子們上學所需就從這筆錢中開支。二伯父他們都無異議（後來果如二伯母所料，生意嚴重虧空，幸好幾兄弟支持才沒有倒閉，但已顧及不上其他的事了）。後來，我的兩個堂姐、一個堂兄讀書及在校生活所需就是用的這筆錢。而且，這件事在我們家族中幾代相傳，成為教育子女的一個典型事例。

> 貧居陋室掩蓬蒿，頹廢無為感寂寥。架上殘書堪寶貴，樹頭好鳥當知交。潛心今古千秋恨，滿眼風塵萬眾勞。惆悵終朝思故舊，夜深魂夢蕩江濤。

這首七言律詩是子平公1962年元月下旬寫在信箋內送給家父的。1962年元月初，家父得脫縲絏回家，家兄即函告子平公。此前三年，子平公曾專程到我家裡來看望慰問，他握著家母的手說：「吉人自有天相，莫著急。」這對當時我們家庭來說，是很大的慰藉。我們很快收到子平公的回信，說得知我父親回來，喜而泣下，恨不得馬上相見，望中何限，蒼涼寂寞，惆悵終朝，寫下了這首語言樸實而感情強烈、思致綿邈而鬱勃跌宕的好詩。子平公還在信中把這幾年來的家庭變故一一告知：子平公的三兒子浩生先生被打成極右派，押在湖北沙洋強制勞動改造；最痛心的是子平公的二兒子順生先生已因病於1961年元月去世。可想而知，子平公過的是什麼日子！

上世紀1950年代初，上巴河福音堂被當地政府沒收，子平公失去了職業，經濟沒有了來源，只得靠兒女贍養。現在三個兒子，一

個死了，一個在勞改，一個在海外；唯一的一個女兒在丈夫因歷史
反革命問題勞改後，拖著兩個孩子自顧不暇；一個寡媳先是給人當
傭人，後在街道做臨時工；一個半大的孫子在飯店挑水，70多歲的
兩位老人靠著教中學的長孫女（殷永秀）每月寄回10元錢生活，這風
燭殘年好不淒涼！

　　家父在得知子平公的這些情況後，好不難過！1962年秋，家父
命我專程到上巴河去看望子平公。那時我太年輕，體會不到老人的
難處，一聽說去上巴河，心裡很高興，因爲那段時間我讀詞興趣正
濃，早就知道子平公精通音律，琴簫臻於化境，正好向他老人家討
教詞的唱法。記得1956年孟春家父帶我偕子平公同遊漢陽龜山，那
天他老人家興致很高，路上一直牽著我的手，談笑風生，唱了許多
詞給我聽，此情此景，恍如昨日。

　　家父叮囑，如子平公身體尚可，就接來我們家裡住些時。我在
上巴河子平公家裡住了五六天，對子平公的生活狀況有了進一步的
瞭解。子平公一家住在原福音堂後的兩小間學屋內，屋前有一個小
院子，種了兩小塊菜地；室內簡陋而整潔，牆上掛著一個相框，約
兩尺見方，放滿了照片，印象最深的有兩張；一張是子平公與其長
兄子衡公的全身合影，他們都穿著棉袍，白髯拂胸，慈祥而軒昂；
一張是海光先生夫婦的合影，可能是結婚時照的。

　　夜裡靜下來，一燈如豆，我與子平公抵膝而坐。子平公給我詳
細講解詞的唱法、他的師承，並拿出宋、明、清等幾種版本的詞譜
講給我聽。子平公還把他的詩詞集拿給我看，我記得是兩本小學生
用的作文抄本，直行寫得滿滿的，約二百餘首詩詞。子平公告訴我，
這是從幾十年寫的詩詞稿中選出來的。我說：「三爹，就用這出版
一本《綠野農詩集》吧！」子平公捋著鬍鬚微笑著說：「如果能夠
出，可叫《綠野農詩稿》或《綠野農詩抄》，謙遜一些。」子平公

這句平平淡淡的話使我肅然，至今未忘。可惜的是，這兩本詩詞手稿在「文革」初期的抄家暴行中被焚毀。

子平公晚年的生活既拮据又淒涼。他親口告訴我，新加坡的張清和先生和上海的熊十力先生經常接濟他，或錢，或營養品。我在子平公處就看到好多封張清和女士的來信和熊十力先生寄來的明信片。熊十力先生在一張明信片上提到張清和先生專函勸他皈依基督，熊先生告知子平公，說自己獻身儒學，不宜再入基督教，並已將此意函告張先生。此前不久，熊先生的《體用論》影印了二百本，他送給子平公一本，子平公轉贈與我並保存至今。

艱難困苦的生活並沒有壓倒子平公昂揚的精神追求，他的辛酸，他的憤懣，他的鞭笞，他燃燒的感情，都在他的筆下傾瀉：

> 一輪紅日又平西，唱晚漁舟泛碧溪。天際高飛橫塞雁，巷頭群集入籠雞。蒼茫雲外千山合，搖曳門前五柳低。何處簫聲連野哭，幽人默默聽悲啼。

在一首〈拾薪〉的詩裡，我們看到子平公雖在困苦生活中艱難掙扎，但我們依然能感受到昂藏於詩中的節操和寄託——

> 拾薪因為度殘生，山徑崎嶇恨不平。每日必遭愚婦侮，多時怕聽病兒聲。粗茶淡飯何曾飽，敝屨鶉衣久未更。深夜開窗天際望，一輪孤月點疏星。

在〈秋興〉這首七言絕句裡，我們不是看到子平公對「美」的熱愛、對「真」的追求和對「善」的希望嗎？

　　一年容易又秋風，扁豆花開屋角紅。探得自然天趣足，性靈常
與太和通。

　　離開上巴河的那天上午，子平公送我到車站，路上，他吟誦了
一首七言絕句送給我：

　　白髮何堪遠別情，送君腸斷向西行。沿途霜葉紅於杏，面列松
　　山疊疊青。

　　40多年來，這首詩時常於不經意間從我嘴裡蹦出來，「面列松
山疊疊青」，子平公送給我一個多麼深邃淡雅、超塵拔俗的意境啊！
　　子平公答允來年春天到我家裡來住些時，他在給家父的信中有
這樣的詩句：「故人有約遊江漢，可待花開富貴春。」第二年初春
花朝日，子平公特意寫了一首《浪淘沙》詞送給我：

　　吟詠宋詩鈔，忽動思潮。衷心耿耿憶知交。時勢可趁休草草，
　　造就文豪。……別恨待全消，其樂滔滔。恢宏德慧尚情操。人
　　意天機無限好，鼓暢花朝。

　　老人的鼓勵和期望讓我至今都感到慚愧！不久，我們寄去路
費，並做好接待子平公的準備。誰知暮春的一個下午突然接到子平
公去世的噩耗，嗚呼！悲哉斯人！稍能讓我們得到安慰的是，子平
公是驟然去世的，沒有受到疾病的折磨，這也是他老人家修來的福。
那天上午，家裡來了一位客人，子平公還上街買來菜肴，午飯時，
子平公和客人邊吃邊談，很高興的，突然，他身子一歪，家人趕忙
扶住，抬到床上，已不能說話，請來一位中醫，說是痰中，不一會，

老人就停止了呼吸，與世長辭！

寧死不向威權屈服的殷浩生

　　殷浩生先生原名晚生，浩生是他20歲後改的名字，他是海光先生的三弟，亦即子平公的三兒子，1922年11月出生。1927年大別山鬧紅軍，我們家跑反到上巴河，在子平公家住了一年。1938年秋，子平公爲避日寇，攜全家逃難住在黃岡縣三里畈我們家裡（當時三里畈是敵後，黃岡行署及部分省政府機關遷駐於此，國民革命軍鄂東總指揮部亦駐此），兩家人親密無間一起生活了好多年。老有老朋友，少有少朋友，很自然的，年輕人聚在了一起，浩生先生和我大哥雷雯成了很要好的朋友。浩生先生僅長雷雯5歲，他戲呼雷雯爲「俊先生」（雷雯原名李文俊），而我們兄弟則稱浩生先生爲「晚爺」（黃岡方言，稱祖父輩爲爹，稱叔叔、姑姑爲爺）。每天，不是瀟灑倜儻的晚爺來找俊先生，就是眉清目秀的俊先生去找晚爺。滿腹詩書的晚爺將五四的自由民主思想帶進閉塞的山區，給俊先生展現出了一個嶄新的精神和思想世界。晚爺還告誡俊先生：「**讀書要具橫空眼，莫落人間第二流。**」在晚爺的影響下，俊先生走進了新文學領地。聰明絕頂而又孤傲不群的浩生先生在抗戰後期參加抗日部隊，他能詩善畫還寫得一手好文章，爲抗日宣傳做了許多極受歡迎的工作。

　　1957年，浩生先生因對土改和農業合作化提出了尖銳的反對意見，被打成極右派，當時他在黃岡縣總路咀中學教書。同年底，在黃州召開的全縣教育系統鬥爭大會上，命被五花大綁的浩生先生等極右派跪在台上接受群眾鬥爭，別的極右派都跪下了，只有浩生先生在台上大聲喊：「不跪！」昂然挺立！這時，家庭被劃爲地主、急於圖表現向共產黨表示忠心的上巴河小學女教員胡木蘭衝上台，

大罵浩生先生：「你這個反動透頂的東西！」邊罵邊幾耳光朝浩生先生臉上使勁抽去，頓時，浩生先生的鼻子嘴角流出了鮮血。又有幾個打手衝上台，將浩生先生一陣亂打，打得浩生先生在台上亂滾，直到暈死過去。

1958年初，浩生先生被押往湖北省沙洋強制勞動改造。由於性格剛直、峻切，時常受到非人的折磨。一次全身被緊緊捆綁後，橫放在糞坑中央搭跳板的小塊土台上長達50多個小時，時值盛夏，別的不說，就連耳朵裡都爬滿了蛆。

「文革」中期，浩生先生刑滿回到上巴河，睹物思人，寫下了一首淒涼憤懣的〈浪淘沙〉詞：

千里獨歸來，百事堪哀！玉樓畫閣沒蒿萊。山殘水盡悲浩劫，對景難排。……白骨已沉埋，淚滴塵埃。數行野菊為誰開？剪剪西風催雁翅，魂斷南台。

嚴酷的政治鬥爭纏住了浩生先生大半生。為了不拖累別人，浩生先生終生獨身。在上巴河，他獨自一人住在一間破屋子裡，他留下的這首〈索居〉的七言律詩，是他生命最後幾年的淒涼寫照：

破屋一角寄行藏，四壁蕭條歲月長。獨坐深宵聽雨漏，喜逢故友話滄桑。青山豈管人間事，綠水依然映夕陽。索居莫怨淒涼味，聊賦新詩奈自傷。

浩生先生住處屬於上巴河人民公社上巴河大隊四小隊，比社員群眾更辛苦的是，浩生先生戴著「四類份子」的帽子，一切重活髒活首先就派他去做，即使累斷了筋骨，他也咬緊牙關默默忍受著。

1973年秋，公社黨委書記胡朝松到四小隊蹲點，雖然一呼二叫拍桌子瞎指揮是他駕輕就熟的事，但却時常為上報政績發愁，因為胡朝松等一幫幹部都沒有什麼文化。但上報政績却是有關前程的大事，胡朝松早就想利用浩生先生這隻筆了。於是，他把浩生先生叫到跟前說：「你要在社員群眾的監督下，老老實實勞動，改造你的反動思想。你去勞動改造了十幾年，現在回來了，家鄉有這麼巨大的變化，一派大好形勢，你好好寫出來交給我。」浩生先生當即回答：「什麼變化？我看到的是貧下中農日夜做却只能喝稀粥的變化！你說哪一家有餐飽飯吃？你說的變化我沒有看到，我也寫不了！」胡朝松惡聲道：「寫不了也要寫！我還叫你不動？還反了不成！」過了幾天，胡朝松問浩生先生家鄉巨變寫出來沒有？浩生先生斷然拒絕！胡朝松氣極敗壞，當即布置鬥爭浩生先生的大會。

在那個充滿大話假話的年代，浩生先生却寧死也不說違心的話，不寫違心的文字，不做人格上的退讓。面對淫威，浩生先生威武不屈，用生命維護一個真正知識分子人格氣節的底線，維護做人的尊嚴，在一個黑沉沉的深夜自縊身亡！

不向邪惡低頭是殷氏家族的傳統，正直善良是殷氏家族做人的準則，自由民主平等博愛是殷氏家族執著的追求。子平公和浩生先生父子兩代可以說是寧折不彎的現代中國知識分子的光輝典範！他們矢志不移地追求真理，面對威權，即使命運坎坷，即使付出生命！子平公在一首《言志》的詩中寫道：

江城風雨夜，哀雁破天寒。自覺前程遠，高飛過浦南。

子平公和浩生先生所處的時代正是最黑暗最殘酷的專制年代，知識分子的人格受到了最嚴酷的考驗，很多人在那個年代退縮了，

扭曲了，志節蕩然，人心頹喪。但應大書特書的，是如子平公和浩
生先生一樣風骨峻嶒視信仰爲生命的真正知識分子，他們爲了追求
民主自由反抗專制邪惡而慷慨獻身！爝火不熄，他們才是中國文化
的脊樑！儘管罪惡的洶濤淹沒了許許多多正直善良的生命，儘管民
主自由一再被邪惡蹂躪踐踏，但在歷史的長河中，永遠矗立著這些
知識分子的豐碑。

海光先生的年齡少了三歲

在有關殷海光先生的著作中，都說他是1919年出生的。實際上，
海光先生是1916年出生的。海光先生的親侄女殷永秀女士多次和我
談到，她祖母、也就是海光先生的母親，經常向她談起生養孩子的
具體時間。女孩子在這方面是記得很清楚的。特別是永秀姐姐的父
親、海光先生同父同母的嫡親大弟弟殷順生先生，是1917年出生的。

海光先生的母親共生了8個孩子（加上小產共13個），不幸的是夭
折了4個，活下來的4個分別是：長女殷啓慧，民國元年正月初二（1912
年2月19日）出生；長子殷福生（即殷海光），民國五年十月十五日
（1916年11月10日）午時出生；次子殷順生，民國六年十一月十六日
（1917年12月29日）出生；三子殷晚生（即殷浩生），民國十一年十月
（1922年11月）出生。

海光先生的年齡爲什麼少了三歲呢？我和永秀姐姐討論過這個
問題，也沒有一個肯定的答案。但可不可以從這幾個方面去猜測：
一是他考大學時瞞了年齡。海光先生先是考取武漢大學，1935年在
北京又考取清華大學，報捷的從黃州一路敲鑼打鼓到上巴河，轟動
一時。再一個可能是，據台灣胡學古先生說，當時從大陸去台灣的
人，有的要先填一個表，年紀輕的馬上走，年紀大的往後排。海光

先生是否填了這個表？如果填了，是不是想早點離開，就瞞了三歲？
當然，這都是猜測。1998年6月我在武昌見到福嬸（海光先生夫人殷
夏君璐女士）和他們的獨生女兒文麗妹妹時，說起這事，我這人性急
口快，沒遮攔地說：「福嬸，是不是當年福爺追求你時瞞了三歲？」
慈祥的福嬸微微一笑，輕聲說道：「我們當時根本沒有談到年齡的
事。對你福爺，不是能用年齡認識的。」一直七哥前七哥後對我很
親切的文麗妹妹朝我友善的一笑，我當時感覺自己太淺薄了，好難
為情！現在寫出這件事也是排除法吧！還有最後一個可能，就是中
國俗文化中有流年不利的說法，俗稱過坎子。有人每到這樣的年份，
就給自己加上一歲或減去一歲，表示不會碰到流年不利的事，這方
面的典型例子是大畫家齊白石，他前後給自己加了三歲，所以他晚
年畫上落款的年齡不是實際的。但我想海光先生不會相信這些名堂。

福跩

「福跩」是海光先生在上巴河的外號，「跩」，黃岡方言腳有點
不方便的意思，但還沒有到「跛」的程度。福跩，解釋成普通話就
是：「福生的腳有點不方便」，或倒過來說：「腳有點不方便的福
生」，說的只是一個生理特點、現象，沒有什麼褒貶意。

海光先生的腳是怎麼不方便的呢？原來是他9歲時在四方塘游
泳，把腳崴了，很厲害，怕大人責怪，回家後不敢說，等到父母發
現時，踝骨嚴重變形並發炎，送到漢口協和醫院動手術，傷是診好
了，終究是延誤了治療，留了點殘疾。海光先生在1967年6月14日寫
給殷樂義、林毓生等親友的信中說：「我兒時為治腳痛，在醫院住
了一年多」，指的就是這件事（見《殷海光林毓生書信錄》）。說起
來還有個巧事，海光先生出生後，算命的說，這孩子命中有三個

五──民國五年一個五、十五日一個五、午時(諧音)一個五──不
吉利，須帶殘疾才能養大。殷家是虔誠的基督徒，未在意算命的話，
哪知終究是帶了點殘疾。

少年羅素迷

　　少年時代的海光先生就迷上了羅素的著作，並嘗試著從英文譯
成中文，到了廢寢忘食的地步，被人稱為小羅素迷。他16歲的那年
冬天，子平公讓他到距上巴河約80里路的老家殷家樓去辦事，他的
二伯父子林公一家人還住在那裡。那時候沒有公路，出門完全靠兩
隻腳走，有時還得挑擔子。

　　到他二伯父家辦完事後，天色已晚，他點起油燈，旁若無人地
看起隨身帶的一本羅素的著作，直到雞叫兩遍才沉沉睡去。

　　第二天曚曚亮，他心裡記著家裡的事，翻身起來就往回走。到
底是少年人，半下午回到家後，才發現書不在身上，頓時著急起來。
回想半天，最後斷定是昨晚臨睡時塞在枕頭底下了，他說了聲到殷
家樓去拿書，扭頭就走。他母親和姐姐把他一把扯住，說天色已晚，
又要下雪了，以後再說。他不聽，非走不可。家人拗不過他，只得
一再叮囑注意安全。

　　哪知雪越下越大，幾個小時就白茫茫一片，四野空無一人，少
年海光迷了路！這時天已完全黑了，急得他在曠野裡大喊：我是殷
家樓的殷福生，有沒有殷家樓的人，出來幫我引個路啊！邊走邊喊，
也不知道走得對不對。正在他焦急之時，一個老人牽著牛從雪地那
邊走過來，聽他大喊，問明原因，把他送到了殷家樓。

　　海光先生離開故鄉後，家裡人特別是父母非常思念他，每當談
起他，都要提到這件事。

表姐弟的婚姻

前文說到，海光先生的父母是嫡親的姑舅表姐弟，這種婚姻在中國過去是一種很普遍的傳統，不僅在小說戲曲裡多有表現，就是現在年齡稍長的人群中也不少見。

但過去人們認識不到這種婚姻帶來的負面問題，就拿殷家來說，海光先生兄弟們的智商雖是超群的，但身體都不好，共同的問題就是胃的毛病，而且遺傳到了第四代。另外就是海光先生兄弟中沒有高壽的人，海光先生去世時只53歲，他的二弟去世時還不到44歲，三弟是自殺的，他的姐姐也只活了62歲。海光先生的父親子平公是1963年5月去世的，享年79歲，母親1965年去世，享年81歲。

浩生先生的最後一點牽掛

1970年，家父因是「四類份子」（以莫須有的罪名戴著歷史反革命帽子），被武漢市公安局花樓街派出所和紅衛兵強行遣送到湖北省羅田縣三里畈公社朱元洞大隊（原屬黃岡縣）。朱元洞地處大別山區，老百姓雖然貧困，但淳樸厚道，古風猶存。家父懂一點醫道，為遠近百姓免費看病施藥，加之1949年以前家父30餘年澤被桑梓，所以，不僅社員群眾很尊敬照顧家父，就是朱元洞大隊小隊的幹部甚至三里畈公社書記張奎生對家父也一直很客氣，沒有讓年邁的家父出一天工，當地百姓評價家父道：「只有千里路的人情，沒有千里路的威風。」真是公道自在人心！我們每月將三哥寄回的生活費轉寄去，家父說，他到了世外桃源。這在當時也算是一個例外吧。1973年深秋的一個上午，家父正在房裡看書，突然走進來一個人，

斜掛著一頂草帽，朝著家父大聲說：「二哥，還認不認得我？」家
父抬頭一看，驚詫地脫口說道：「是晚生呀！」浩生先生大笑道：
「二哥，我們今天談一天詩，好不好？」家父笑道：「好！」趁著
家父起身沏茶的工夫，浩生先生邊摘草帽邊說：「剛才我從那邊山
坳走過來，沿途深暗幽遠，真有雲深不知處的感覺。忽然聽到幾聲
雞叫，就信口做了這樣四句：『*行到深山不見人，但聞風送午雞聲。
果然谷口通幽處，一派丹楓紅葉村。*』你看行麼？」家父拊掌道：
「好！有意境。」兩個20多年未見面的老友，乍一見面，什麼家常
話都沒有說，徑直談起了詩詞。

　　午飯後，兩人也沒有休息，繼續談詩詞。古代的，現代的，朋
友的，談不完。其間浩生先生說道：「二哥，你做的『*冒雨排棉漬，
迎風播豆苗*』該是多麼自然貼切！」家父吃了一驚，道：「你怎麼
還記得？這是幾十年前的事了？」浩生先生微微一笑，沒有做聲。
家父歎了口氣，說：「我到這裡來三年了，也寫了幾首詩，其中有
兩句是這樣寫的：『*七十餘年起落多，每逢失意讀詩歌。*』」浩生
先生聽後默然良久。第二天早飯後，浩生先生飄然離去。不久，就
傳來了他自殺的噩耗。

　　想起這些往事，心裡慘然！浩生先生的剛直瀟灑，他爽朗的笑
聲，彷彿就在眼前。20多年未見面的老友，該有多少推心置腹的話
要說，該有多少辛酸的往事要傾訴！然而，他是那樣灑脫！他沒有
讓任何人分擔一點他的痛苦和不幸！他無家無室，「赤條條來去無
牽掛」。當他決意離開這個世界時，唯一想做的，就是到百里之外
視若兄長的朋友那裡談一天詩——那畢竟是幾千年的罪惡專制歷史
中僅存的一點美好的東西——他滿足了，也就毫無牽掛地離開了這
個讓他受盡屈辱和折磨的世界！

　　大哥雷雯生前曾寫過一首悼念浩生先生的詩——〈船過赤壁悼

晚爺〉，錄在這裡，也算是我對飽受磨難去世的父親、浩生先生和大哥的悼念：

> 憶昔髫年山路遙，梅花瘦馬過霜橋。雲深月黑驚風吼，帶血冤魂化怒濤。

獻身基督

海光先生的父親子平公是基督教的牧師，他獻身基督是受他大哥的影響，他大哥殷子衡（亦稱殷子恒）老先生是基督教武昌聖公會聖三一堂的牧師。但他們兄弟信仰基督正式受洗是民國初年的事，說起來這事還跟反清革命連在一起。

清末，在舅父吳貢三的影響下，子衡公和貢三公以及熊子貞（十力）等加入以著名革命領袖劉靜庵爲主、陸費逵等爲副的反清革命團體日知會，並成爲日知會主要成員，爲反抗專制統治做了大量革命宣傳工作。1907年1月，因叛徒出賣，包括劉靜庵、吳貢三、殷子衡在內的九名日知會骨幹被捕，史稱「丙午之獄」，亦稱「日知會案」。在獄中殘酷的刑罰面前，9名日知會員個個都是視死如歸的錚錚鐵漢，子衡公被打得「背肉橫飛，血流濕褲」，血肉都飛濺到旁邊被綁的日知會員臉上，在各種酷刑下幾次死去活來，仍堅貞不屈！清吏威脅殺頭，日知會員朱子龍引頸大叫：「殺！殺！殺！革命黨遍天下，殺之難，殺盡尤難！不殺不多，殺！殺！殺！」浩氣沖天！眾多日知會員亦放聲大罵大笑，置生死於度外，嚇得主審的張之洞幕僚梁鼎芬當堂拉了一褲子。當局本擬砍頭，9人亦做好了犧牲的準備，但在武昌的基督教聖公會美國籍主教吳德施（Logan Herbert Roots）的極力營救下，美國駐北京公使出面干預，這九位英雄才未

被殺害。（見《武昌革命真史》）

　　子平公時至武昌獄中探視，子衡公《獄中日記》載；「三胞弟子平來，是夜同予宿，未解衣帶，時嗚嗚哭，終夜不已，以爲予必不能久於人世。」時獄中大疫，日日死人，子衡公受酷刑後復受傳染，血痢不止。子平公憂心如焚，冒著過膝的大雪回鄉爲子衡公求醫，手足情深，哀感於茲！（見《武昌革命真史》）

　　在劉靜庵的影響和導引下，子衡公在獄中皈依基督教。武昌首義成功後，子衡公方始出獄。他買舟東下，但沿途所見皆與平生爲之奮鬥的理想出入太大，心緣物感，情隨事遷，於政治甚爲灰心，遂正式受洗，獻身基督，頤養天年。

　　子平公受乃兄的影響，終生篤信基督，形成他博愛、平等、寬厚、謙和、與人爲善的性格特色；另一方面，傳統的儒家教育又將他塑造成傳統文化的「士」，講究仁義道德，修身養性。所以，子平公身上融匯著中西文化中最美的思想核心──仁愛、善良和慈悲。從子平公身上，我們看到不同的文化、不同的宗教的最根本之處都是相通的、同源的，那就是──悲憫的情懷和深沉的愛。

　　子平公所處的社會，是動盪的社會；所處的時代，是變革的時代。但不論怎樣艱難，他身上博愛的基督獻身精神和仁德的儒家人格力量受到人們的極大尊重。儘管影響子平公的思想淵源是複雜的，多方面的，儘管他過著窮困的生活，但他不因人事滄桑和生活重壓而氣餒，而頹喪，他堅定著他的信仰，他擁抱著上帝的愛，他給予的是上帝通過他的手帶到人間的一片溫暖。

　　李文熹，退休前長期從事中共黨史研究工作，1980-90年代曾任《當代武漢》副主編、《武漢地方志‧中國共產黨》主筆，現爲自由撰稿人，多寫小民的凄慘境遇。

致讀者

　　過去十餘年間，文化研究從西方開始而漸及東方，在人文與社會科學領域掀起了根本的典範轉移效應，影響既深且廣。舉凡學科的疆界如何區劃、問題意識如何構成、如何設想知識的性格、學術與社會實踐的關係等議題，文化研究都提出了紛雜但不失獨特的觀點，形成強大的挑戰。1998年台灣的文化研究學會成立，每逢定期年會，參與的人數和學科之眾多、議題之廣泛與活潑，都不是傳統人文社會學門所能望其項背者。不過，文化研究的反思與批判動力，不能不指向自己。文化研究對於本身的自我意識與背後的眾多設定，也應該有所反省和質疑。

　　在2009年初的文化研究學會年會中，主事者安排了一次座談，針對文化研究的積累成果、發展路徑、以及文化研究與廣泛學術界和大社會的關係，有所探討反思。有鑑於文化研究的影響並不局限在該領域內部、更不囿於學界本身，這次討論很值得公諸最廣泛的知識、文化、藝文界。感謝文化研究學會以及諸位與談人的協助，本期《思想》得以刊布整個討論內容。尤其需要指出，這次的討論引進了香港以及新加坡文化研究發展的經驗，關注範圍也涉及亞洲，正符合文化研究的「跨域」抱負。未來，若是「跨域」能及於傳統的學科畛域，能見到其他人文社會學科反向對文化研究作分析、提意見，應當更有相互攻錯的意義。

　　由於文化研究標舉「文化」，論者有謂「結構」會不會因此隱而不彰呢？會不會遺忘了歷史上政治經濟學的整體性關懷呢？其

實，只要問題意識完整，結構與文化完全可以兼顧。美國哲學家安卡德教授應邀來台灣演講，從女性主義的立場肯定資本主義體制，著眼點便在於資本主義生產方式對於傳統性別文化的顛覆作用，以及資本主義提倡技術與文化的創新有助於女性的福祉和解放。資本主義與女性主義都是聚訟紛紜的主題，其間關係更常被視為水火，安卡德對於兩者有自己的獨特理解與評價，所言勢必會引起相反的意見，值得進一步討論。這篇演講能在《思想》發表，我們要感謝安卡德教授的惠允、以及陸品妃博士的鼎力協助。

李安的電影《色戒》、以及龍應台的《大江大海一九四九》，本刊都已經發表過評論文章，但是評論不會有定論或止境。本期孫筑瑾教授的文章甘冒不韙別立一說，對張愛玲原著以及李安電影均提出了相當負面的評價，當然值得發表，供讀者參考。高華教授是大陸很知名的黨史學者，病榻上寫下了龍應台所述60年前歷史變局在他心裡引起的悲情與思緒，尤其不能不讓跨海的讀者一讀與共鳴。我們在此祝福高華教授早占勿藥，恢復健康。（高華此文的簡體字版，將在北京的《領導者》雙月刊6月號發表。）

最後需要說明，本刊的文章以首發為原則，一般不再翻譯已經以外文發表的文字。本期發表的培瑞安德森〈中國熱〉一文，英文版雖已在2月間以英文發表，但本刊係在英文版發表之前即獲安德森教授授權刊登中文版。中譯的發表有所耽擱，請讀者、作者以及譯者諒解。今後，本刊會在首發的原則之下，不時翻譯發表具有介入中文世界知識討論功能的外文文章，以資豐富整個中文世界的思想資源。

編者 2010年 初夏

台灣哲學學會與《思想》季刊年度徵文啓事

2010年度主題：應該廢除死刑嗎？

　　台灣社會近來掀起一陣討論死刑存廢與否的風潮。到底我們該不該廢除死刑呢？有人說，廢除死刑是所謂的世界潮流，但是，綜觀世界，世界上至少還有58個國家維持死刑，日本、美國與新加坡於2008年有執行死刑的紀錄。目前流行的說法是，死刑可以廢除，但是配套措施要足夠。但是，這樣的說法是否成立呢？宗教人士會反駁說，生命神聖，作爲人本有的尊嚴不可用所謂「配套措施」的說法概括。所謂的「人權」不僅是法律權利，更是一種道德權利。所以，我們應該立刻廢除死刑。不過，許多經驗統計研究也證明，維持死刑的確可以嚇阻殺人事件的發生。所以，單從人道考量似乎也無法充分回應死刑的存廢。然而，許多經驗研究也同樣表示，積極支持死刑的社會制度也無法真的有效降低社會犯罪率。因此，對於死刑這種涉及了公權力決定個人生死的議題，難以只從有限的經驗證據獲得解答。死刑不僅表達受害者家屬的悲傷情緒，也反映在公領域中如何展現正義的問題。我們應該怎麼面對受害者的家屬呢？他們反對廢除死刑的心理難道僅用報復心理即可說明的？爲何維持死刑制度不是在表達正義呢？由此看來，死刑本身可涉及的議題與專長領域非常廣泛。舉凡生命倫理、社會制度、法律裁量、經濟效益、遺傳醫學、正義界定、宗教態度、民主成熟度，社會觀感、公共利益等等各式各樣的層面都值得我們進一步思索與釐清。台灣

哲學學會與《思想》季刊本次邀請社會大眾共同參與討論這項公共議題，透過不同且多元的聲音，以深化我們對於死刑議題的認識，同時期盼設計出更符合公眾期待的公共政策。

注意事項：

1. 作者身分、學科專業、居住地不限。
2. 來稿請用中文撰寫，行文請盡量避免註腳、引文、外文；但是說明性的註解不在此限。
3. 我們期待來稿是您參考理論資源後發揮一己思考的結晶，非必要請勿贅筆解說、重複名家的論點。
4. 台灣哲學學會與《思想》將委請學者組成委員會匿名評選，原則上推薦一篇；入選作品將刊登於《思想》，並由《思想》提供獎金新台幣一萬元，不另發稿費。
5. 來稿請另頁繕寫標題與作者個人資料。
6. 來稿字數限在5,000字至10,000字之間，請勿超過。
7. 來稿請寄：kalos.tpa@gmail.com或(116)台北市文山區指南路二段64號政治大學哲學系劉夏泱先生收。
8. 截稿日期：**2010/9/12**。

《思想》徵稿啓事

1. 《思想》旨在透過論述與對話，呈現、梳理與檢討這個時代的思想狀況，針對廣義的文化創造、學術生產、社會動向以及其他各類精神活動，建立自我認識，開拓前瞻的視野。

2. 《思想》的園地開放，面對各地以中文閱讀與寫作的知識分子，並盼望在各個華人社群之間建立交往，因此議題和稿源並無地區的限制。

3. 《思想》歡迎各類主題與文體，專論、評論、報導、書評、回應或者隨筆均可，但請言之有物，並於行文時盡量便利讀者的閱讀與理解。

4. 《思想》的文章以明曉精簡為佳，以不超過1萬字為宜，以1萬5千字為極限。文章中請盡量減少外文、引註或其他妝點，但說明或討論性質的註釋不在此限。

5. 惠賜文章，由《思想》編委會決定是否刊登。一旦發表，敬致薄酬。

6. 來稿請寄：reflexion.linking@gmail.com，或郵遞110台北市忠孝東路四段561號4樓聯經出版公司《思想》編輯部收。

各期專輯

第11期：民主社會如何可能(2009年3月出版)

第12期：族群平等與言論自由

（2009年5月出版）

第13期：一九四九：交替與再生（2009年10月出版）

第14期：台灣的日本症候群(2010年1月出版)

思想15
文化研究：游與疑

2010年5月初版　　　　　　　　　　　　　　　　定價：新臺幣360元
有著作權‧翻印必究
Printed in Taiwan.

編　　著	思想編委會	
發 行 人	林　載　爵	

出　版　者　聯經出版事業股份有限公司　　叢書主編　沙　淑　芬
地　　　址　台北市忠孝東路四段561號4樓　　校　　對　劉　佳　奇
編輯部地址　台北市忠孝東路四段561號4樓　　封面設計　蔡　婕　岑
叢書主編電話　(02)87876242轉212
台北忠孝門市：台北市忠孝東路四段561號1樓
電　　　話：(02)27683708
台北新生門市：台北市新生南路三段94號
電　　　話：(02)23620308
台中分公司：台中市健行路321號
暨門市電話：(04)22371234ext.5
高雄辦事處：高雄市成功一路363號2樓
電　　　話：(07)2211234ext.5
郵政劃撥帳戶第0100559-3號
郵撥電話：27683708
印　刷　者　世和印製企業有限公司
總　經　銷　聯合發行股份有限公司
發　行　所　台北縣新店市寶橋路235巷6弄6號2樓
電　　　話：(02)29178022

行政院新聞局出版事業登記證局版臺業字第0130號

國家圖書館出版品預行編目資料

文化研究：游與疑/思想編委會編著.
初版 . 臺北市 . 聯經 . 2010年5月（民99年）.
336面 . 14.8×21公分 .（思想：15）
ISBN　978-957-08-3613-4（平裝）

1.文化研究　2.文集

541.207　　　　　　　　　　　　99008604